Pour D.

SEPTEMBRE

Mardi 8 septembre

Jour de rentrée. Cette année, je vais être une maman 100 % exemplaire. J'en suis tout à fait capable. Cette année, mes journées de mère de famille vont se dérouler comme suit :

6 heures : Réveil, douche. J'enfile une tenue stylée choisie la veille dans mon dressing minimaliste (collection capsule) puis j'applique un make-up léger mais sophistiqué, selon les suggestions de Pinterest, terminé par un rapide trait d'eye-liner. Je me sèche les cheveux et je les coiffe en chignon « flou » – toujours en accord avec les diktats de Pinterest – le tout afin de créer un look moderne mais classique, égayé d'une touche perso. Une fois parfaite, je mets de l'ordre dans la maison pour retrouver ce soir un cadre accueillant et serein.

7 heures : Je réveille mes p'tits loups et je leur propose un choix de petits déjeuners équilibrés et faits maison. S'ils peuvent m'aider à confectionner des crêpes/gaufres/œufs brouillés ? « Mais bien sûr ! » (Accepter avec joie.) Rayonner d'amour maternel devant leur petite bouille rouge d'application tandis qu'ils réalisent de concert de délicieuses préparations. Pendant ce temps, je programme au robot cuiseur un bon petit plat pour ce soir.

7 heures 45 : Je demande à mes amours d'enfants d'aller faire leur toilette et de s'habiller, étape d'autant plus rapide et simplifiée que leur uniforme scolaire aura été préparé la veille.

Pendant qu'ils s'habillent, je débarrasse en un clin d'œil la table du petit déjeuner et je mets tout au lave-vaisselle. Je sors du réfrigérateur les bentos sains et nourrissants que je leur ai confectionnés pour midi, à savoir d'amusants sandwichs en forme de personnages rigolos et un large assortiment de fruits, tous détaillés de façon originale et appétissante.

8 heures : Je brosse les cheveux de Jane et je lui fais des tresses africaines ou toute autre coiffure similaire. Je donne un coup de peigne à Peter et, puisqu'il nous reste dix minutes, je leur lis une charmante petite histoire avant de passer un dernier coup de balai. Les chaussures, les manteaux et c'est parti !

8 heures 25 : Nous allons à l'école à pied, peut-être en chantant des chansons dynamisantes, en faisant un crochet par le parc afin que le chien puisse se dépenser tout son saoul. Je regarde mes chérubins faire les fous dans les tas de feuilles mortes et gambader avec mon adorable chien. Je me rengorge intérieurement à l'idée que le bon air et l'exercice matinal auront stimulé leur jeune cerveau qui pourra ensuite absorber les informations comme une éponge.

8 heures 50 : Je laisse tendrement mes chères têtes blondes dans la cour de l'école avec mille bisous et câlins, et je rentre à la maison d'un pas vif. Puis, une fois le chien couché dans son panier, attendant sagement que sa promeneuse vienne le chercher à midi, je saute dans ma voiture toute propre et je file au bureau.

15 heures 15 : Je vais récupérer mes adorables bouts de chou. Dans la cour, je bavarde agréablement avec les autres mamans, de sujets neutres et inoffensifs.

15 heures 30 : Je donne aux enfants un goûter diététique et nourrissant, incluant peut-être du granola maison. Pendant qu'ils se restaurent, je passe leurs sacs en revue, je parcours avec attention toutes les communications de l'école et je prends bonne note de toutes les requêtes/excursions/manifestations à venir. Éventuellement, je regroupe ces documents dans un dossier avec code couleur pour chaque enfant, afin de les retrouver facilement en cas de besoin. À partir des cahiers de texte, j'établis un planning qui répartit les devoirs sur tous les soirs de la semaine.

15 heures 45 : J'envoie les enfants se changer en vue des activités extrascolaires qu'exige l'appartenance à la classe moyenne britannique.

16 heures : J'emmène les enfants au cours de natation/musique/tennis/danse/jiu-jitsu, selon le cas. Si un seul enfant est pris par une activité, j'en profite pour me ménager un moment de complicité avec l'autre et discuter de sa journée/ses espoirs/rêves/ambitions. Si les deux enfants sont pris par une activité, je consulte mes mails professionnels comme toute femme du vingt et unième siècle qui se respecte.

17 heures : Je surveille les devoirs choisis dans le planning hebdomadaire organisé avec soin.

17 heures 30 : Je sers un repas appétissant, fait maison mais sans effort grâce à mon robot cuiseur. Je me rengorge intérieurement en songeant à la mère parfaite que je suis et j'ai une pensée pour toutes celles qui n'ont pas mon sens de l'organisation au rasoir et mon instinct maternel sans égal.

18 heures : Je fais travailler le piano, réviser les tables de multiplication et les mots à savoir orthographier.

18 heures 45 : J'autorise une demi-heure de jeux sur écran.

19 heures 15 : Heure du bain.

19 heures 45 : Heure du coucher. Je lis aux enfants un chapitre du livre éducatif qu'ils auront choisi.

20 heures : Je savoure une bonne tasse de thé vert en récompense de cette journée satisfaisante et productive.

Cette année, on ne répétera pas les erreurs de l'année dernière où, trop souvent, les journées se sont déroulées comme suit :

5 heures : Je suis réveillée par une galopade de petits pieds dans l'escalier. Je dégringole à mon tour et trouve l'enfant dans le canapé, scotché à son iPad. Je passe un savon à l'abominable petit monstre que je somme d'aller se recoucher, et fissa ! Je regagne mon lit, écumante de rage. Je finis par me rendormir juste avant que le réveil sonne.

6 heures : J'appuie sur la touche « répéter alarme ».

6 heures 10 : Je rappuie sur la touche « répéter alarme ».

7 heures 10 : Je me réveille en panique. Je fonce sous la douche. J'enfile les premières fringues qui me tombent sous la main. Bref moment de désespoir : mon cul a connu une telle expansion que mon slip reste coincé au niveau des genoux. Je me rends compte que, dans ma hâte, j'ai pris une petite culotte de Jane rangée par erreur dans mon tiroir. Je sanglote de soulagement : mon cul n'est peut-être pas un modèle de fermeté ni de minceur, mais je défie toute femme d'âge adulte de mouler le sien dans une culotte taille huit ans. Je me sèche les cheveux au séchoir, tête en bas. Je contemple le résultat avec consternation : avec ma tignasse en pétard, je ressemble à un porc-épic échappé de l'asile. Je m'attache les cheveux avec un élastique Hello Kitty. Je fais comme si le port d'un élastique Hello Killy était un acte *délibéré* de ma part, l'expression de mon individualité unique. Échec.

7 heures 30 : Je descends, je crie à mes p'tits loups de lâcher leurs écrans à la con et de venir prendre le petit déjeuner.

7 heures 37 : Je leur arrache leurs écrans de merde en hurlant que la tablette est définitivement confisquée ! J'exige une fois de plus qu'ils viennent prendre leur petit déjeuner. Les enfants lèvent les yeux, tout surpris, ayant complètement zappé les sept dernières minutes de mon show de Carabosse en vrille.

7 heures 40 : Je balance un paquet de Coco Pops aux enfants. Je fais cesser la dispute autour du jouet en plastique débile trouvé dans le paquet de céréales susmentionné. Je réponds à douze mille questions ineptes telles que : « Qui c'est qui gagnerait dans un combat : l'écureuil-vampire ou le chat-fouine ? » Ou encore : « Ça se mange, les phacochères ? » Je crie : « J'en sais rien, j'en sais rien, je chercherai sur Google, s'il te plaît, arrête de jouer avec la nourriture, mange, allez, on se dépêche, c'est juste un bol de céréales, ça s'avale à toute vitesse, non, s'il te plaît, arrête, tu vas le renverser, oui, attention et voilà, bravo ! Je t'avais bien dit que tu allais le renverser, non LAISSE ÇA maintenant, je nettoierai, allez, DÉPÊCHEZ-VOUS ! »

8 heures : J'envoie les enfants faire leur toilette et s'habiller. Bien que leur uniforme ait été préparé la veille, j'affronte leur

obstination à ne pas le trouver et à prétendre qu'il n'est pas là. Je monte d'un pas martial pour leur désigner ledit uniforme, posé bien en évidence sur la chaise, au même endroit que tous les matins, bordel ! En parallèle, je bricole des sandwichs pour midi et je lance un truc au robot cuiseur, histoire qu'ils aient quelque chose à manger ce soir : spags bolo. Je donne à manger au chien. Je le regarde bâfrer, s'étouffer, vomir. Je nettoie le vomi de chien.

8 heures 20 : Je tente de démêler le nœud gordien qui forme la chevelure de Jane. Je lui explique pour la énième fois que JE NE SAIS PAS FAIRE LES TRESSES AFRICAINES et je lui fais des couettes à la place. J'écoute Jane répliquer que je suis trop nulle : les mamans de *toutes* ses copines savent faire des tresses africaines, même le *papa* de Tilly Barker il sait les faire, les tresses africaines ! J'endure sa longue diatribe sur sa vie foutue et la totale nullité de son existence si elle doit la passer sans tresses africaines, tout en coursant Peter dans toute la baraque pour tenter d'aplatir les étranges épis qui lui ont poussé sur la tête durant la nuit. Peter m'esquive avec des cris perçants comme si j'allais lui planter des aiguilles dans le corps.

8 heures 35 : Je commence à hurler aux enfants d'enfiler leurs chaussures, leur manteau et de prendre leur sac, vite, *vite, vite*, VITE ! J'essaie de ne pas écumer *littéralement* de rage (genre bave aux commissures) face à leur regard vide : Chaussures ? Manteau ? Sac ? Connais pas. Un enfant m'informe qu'un billet d'autorisation de sortie hyper-important doit être retourné ce jour même à sa maîtresse. Je fourrage en vain dans des tonnes de papiers et finis par exhumer le document en question. Je rassemble tant bien que mal les 5 livres qu'exige l'école en récupérant les pièces passées entre le dossier et les coussins du canapé, vu que je n'ai qu'un billet de 20.

8 heures 47 : Nous partons enfin pour l'école. Sur le trajet, je houspille les enfants tout en remorquant le chien qui essaie de faire pipi contre tous les réverbères.

8 heures 57 : Je pousse les enfants dans la cour, j'adresse un faible sourire à leur dragon de directrice qui, sous prétexte d'ac-

cueillir les parents, se poste à la grille pour les *juger*. J'empêche le chien de lever la patte sur ses collants couleur chair. Je cavale jusqu'à la maison en marmonnant des excuses à mon pauvre chien, privé de promenade digne de ce nom.

9 heures 07 : Je laisse un petit mot à la promeneuse de chiens : si elle a le temps, peut-elle prolonger la balade de cinq minutes ? Je m'engouffre dans la voiture – c'est quoi, cette drôle d'odeur ? –, je fonce au bureau. Je me maquille en me persuadant que se mettre du gloss en conduisant n'est ni dangereux ni proscrit par le Code de la route. J'essaie de ne pas penser à la zone bombardée que j'ai laissée derrière moi.

15 heures 15 : Je vais récupérer les enfants à l'école. Je papote sans conviction avec les autres parents tout en tentant d'éviter le Gang des foutues-mamans-parfaites, conduites par la plus-parfaite-de-toutes, la parfaite-maman de la Parfaite-Lucy Atkinson. Si possible, je me retiens de commettre un énième impair en société, comme faire remarquer que tel animateur vedette de chaîne jeunesse a une tête de pervers sexuel.

15 heures 30 : Je donne des chips aux enfants tout en m'attaquant au chaos qui règne dans la baraque.

15 heures 45 : J'envoie les enfants se changer pour leurs activités extrascolaires. Je leur démontre les vertus des cours de natation/musique/tennis/danse/jiu-jitsu qui, non, ne sont pas une stupide perte de temps. À nouveau, je les écoute me traiter de mère débile qui leur pourrit la vie. Je leur jure que si j'entends encore une seule fois l'expression « C'est pas juste ! » je ne réponds plus de mes actes. J'explique à Peter que non, je ne monterai pas dans sa chambre pour sentir son pet. Je finis quand même par monter pour dégoter les tenues de sport qui, selon les enfants, se sont une fois de plus volatilisées. Je tente d'aller aux toilettes, découvre un gros étron au fond de la cuvette et m'emporte contre le Chieur Fantôme pendant que les enfants se baladent en slip et petite culotte. Je braille : « On part dans CINQ MINUTES ! » pendant dix bonnes minutes. On me répond une fois de plus que c'est pas juste. Je rétorque

vertement : c'est la vie qui n'est pas juste ! Je me demande à quel moment je vais enfin pouvoir me taper un verre de vin.

16 heures 05 : Dans le vain espoir de faire de mes enfants des êtres à l'esprit sain dans un corps sain, je les emmène contre leur gré se livrer à des activités ridicules et sans intérêt. Si un seul enfant est pris par une activité, j'autorise l'autre à jouer sur son écran, et ce nonobstant mes menaces du matin (confiscation *ad vitam aeternam*), pendant qu'armée de mon téléphone, j'espionne des gens sur Facebook. Si les deux enfants sont pris par une activité, j'ouvre ma messagerie pro, je contemple mes mails avec découragement et je retourne espionner des gens sur Facebook.

17 heures : Je cède à la demande générale et j'accorde une rallonge de jeux sur écran.

17 heures 30 : Je m'aperçois que j'ai oublié de brancher ce robot cuiseur à la con. Je file des pâtes au fromage aux enfants. Je les force à manger un fruit en dessert – tentative dérisoire pour qu'ils fassent un repas équilibré. En cas d'objection de leur part, je cherche « scorbut » sur Google et je leur montre les photos. Je les écoute répliquer qu'ils se foutent pas mal d'attraper le scorbut.

18 heures : Je demande aux enfants s'ils ont des devoirs. Je recueille de ferventes dénégations. J'accepte qu'ils jouent encore cinq minutes sur leur écran. J'ouvre une bouteille de vin. Je tente de remettre de l'ordre dans le chantier qui a un jour été ma belle maison décorée avec goût.

18 heures 30 : Je demande aux enfants d'éteindre leurs jeux et de réviser leur piano/orthographe/tables de multiplication pendant que je passe l'aspi et que je balance dix mille vêtements sales dans la machine.

18 heures 45 : Je me rends compte soudain que les enfants sont étrangement calmes et que la maison ne résonne d'aucune gamme au piano. Je découvre que les enfants ont tout bonnement échangé un écran contre un autre, arguant que je leur ai ordonné d'éteindre leur iPad, mais que je n'ai jamais parlé du reste.

19 heures : J'annonce que c'est l'heure du bain. Les enfants m'expliquent qu'ils ont des devoirs très importants à faire, à rendre pour le lendemain. Je marmonne tous les jurons inscrits à mon vocabulaire. Je fais faire leurs devoirs aux enfants. Je me retiens de leur demander s'ils sont cons ou s'ils le font exprès quand ils prétendent ne plus savoir quel chiffre vient après 3 et suggèrent que C-H-A-T se lit « chien ».

20 heures 30 : Les enfants sont enfin baignés et couchés. Je m'écroule sur le canapé et je me tape le verre de vin que je me suis servi à 18 heures et que je n'ai toujours pas eu le temps de boire. Je grommelle « VDM », à plusieurs reprises, tandis que mon âme se délite un peu plus.

Oui, cette année va mieux se passer, c'est clair, je serai beaucoup mieux organisée. Malheureusement, je n'ai toujours pas fait l'acquisition d'une élégante « collection capsule » et de jolis bentos, je dois encore apprendre à aimer le thé vert, ce truc infect, et je ne maîtrise pas encore l'art du trait d'eye-liner ni des tresses africaines. Néanmoins, je demeure sereine et confiante en l'avenir : ce ne sont que des détails dans mon vaste plan d'ensemble.

Vendredi 11 septembre

VDM. Aujourd'hui, j'ai trente-neuf ans. Je ne veux pas avoir trente-neuf ans. Comment est-ce arrivé ? Quand est-ce arrivé ? Je n'étais pas censée vieillir au-delà de vingt-huit ans max – âge qui déjà me semblait canonique. Et me voilà confrontée à la terrifiante perspective des quarante ans ! Devant moi s'ouvre un avenir de jupes en VPC à l'imprimé « original », voire de foulards « très personnels » si je suis d'humeur audacieuse.

Ma vie sociale se réduira comme peau de chagrin. On me proposera de m'inscrire à un cours de yoga « niveau supérieur » ou à un groupe de lecture pour discuter de livres sérieux et édifiants entre mamans bien comme il faut, pull à col roulé et « foulard très personnel ». Des mamans qui seront toutes

« pompettes » après un verre de mauvais pinot gris et qui me diront des trucs comme : « Rholala… Tu vas vraiment en boire un autre verre ? Tu es courageuse… » tandis que je me mordrai la langue pour ne pas répliquer que non, je ne suis pas courageuse, pas courageuse du tout, même. Quelqu'un de courageux saurait endurer leur caquetage inepte sans l'aide d'un produit anesthésiant. À ce sujet, ce n'est pas un second verre de piquette qu'il me faudrait pour les supporter, toutes ces bonnes femmes, c'est une bouteille de vodka, carrément ! voire une bonne dose de crack. Parce que c'est vrai, quoi ! QU'EST-CE QUE VOUS AVEZ TOUTES À ÊTRE AUSSI CHIANTES ?

Si je m'abstiens de hurler ce genre de choses aux autres mamans, je serai peut-être invitée à une soirée « vente de bijoux à domicile » qui me permettra de rompre la monotonie des autres réunions. Là, au moins, l'alcool coulera plus librement, histoire d'inciter les participantes à acheter, acheter, acheter. Mais le lendemain, je me réveillerai avec le sentiment accablant d'avoir dépensé 150 livres (que je n'ai pas) en bijoux de pacotille dont je n'ai nul besoin.

Je m'étais toujours imaginé qu'au cas fort improbable où j'atteindrais un jour les quarante ans, je serais devenue une femme du monde, élégante et sophistiquée, parlant couramment français, menant une carrière aussi brillante que lucrative dans l'humanitaire. Une femme cultivée, férue d'art, de littérature et de politique – le genre de femme dont on sollicite l'avis sur la question du Moyen-Orient, dans les soirées entre intellectuels. S'ensuivrait une discussion éclairante et avertie au cours de laquelle la supériorité de mon intelligence s'imposerait à tous.

Aujourd'hui, si on vient me voir dans les soirées, ce n'est pas pour solliciter mon avis, mais pour me demander une clope. Et en vrai, j'ai un job hyper-chiant dans l'informatique – à temps partiel pour coller aux horaires de l'école et m'éviter des frais de garde. Un job qui ne rend pas justice à mes longues et coûteuses études. Dans les périodes les plus dysfonctionnelles de ma jeunesse, il m'est arrivé de vouloir être plus âgée et plus adulte. Qu'est-ce que j'étais cruche à vingt ans !

Aujourd'hui, je trouve qu'être adulte, c'est l'enfer. Je ne veux pas devenir une mémère à la coupe « facile à coiffer », qui « ne vit que pour ses enfants », rivalise d'anecdotes sur ses insupportables rejetons et son conjoint (mes enfants font plus d'activités extrascolaires et d'« exploits » que tout le monde, mon mari a le poste le plus important de tous) et se vante de ses vacances toujours plus exotiques.

Je veux abuser du whisky dans des clubs de jazz enfumés, vêtue d'une jupe trop courte, tandis qu'un homme peu recommandable me chuchotera des mots doux à l'oreille.

Je veux un métier intéressant dans lequel je pourrai mettre à profit mon esprit et mon intelligence (il doit bien m'en rester quelque part…).

Je veux connaître à nouveau l'exaltation, la passion et le danger.

Je veux tout plaquer, aller vivre à Paris et tomber amoureuse dans une chambre de bonne (mais sans la misère et la faim).

Cela dit, Simon et les enfants relèveraient sans doute quelques failles dans mon plan et ce, en dehors du fait que je déteste le jazz.

Samedi 12 septembre

En lieu et place du club de jazz enfumé, de Paris, de la chambre de bonne et des hommes peu recommandables, Simon m'a emmenée manger des tapas hier soir, pour mon anniversaire, et j'ai un peu trop picolé. J'ai quand même réussi à cocher les cases « jupe trop courte » et « whisky ». Hélas, le whisky n'était qu'un des ingrédients de mon cocktail, servi dans un bar branchouille et prétentiard. De toute façon, je crains que les bars branchouilles n'aient remplacé les clubs de jazz enfumés, maintenant que la cigarette est bannie de tous les lieux publics.

Je me souviens vaguement de m'être écriée : « Branchouillards de mon cul ! » un peu plus fort que prévu. Simon m'a rapidement exfiltrée vers un bar moins m'as-tu-vu où les consommations étaient servies dans de vrais verres et pas dans des pots à confiture. Il suffit de parcourir la galerie de mon téléphone pour comprendre qu'à ce stade, nous n'avions plus rien à nous dire, vu le nombre de selfies et de photos de cocktail que j'ai publiés sur Facebook, accompagnés de légendes illisibles. Bien sûr, il était près de 23 heures 30 et Simon devait vite rentrer se coucher, sous peine de se transformer en citrouille aux douze coups de minuit. Toutefois, il est à noter que nous avons réussi à trouver au moins un sujet de conversation au cours du dîner, fait remarquable qui m'a évité de publier une pénible photo de mon assiette sur Instagram.

Toujours est-il que ce matin, je me suis réveillée en grande forme, pas peu fière de m'en être tenue aux alcools forts au lieu de faire des mélanges et de me noircir les dents au vin rouge. Futée, la fille ! Hier soir, en tout cas. J'avais dégusté mes cocktails à petites gorgées, très grande dame, tout en élégance et en raffinement.

Mais quand je me suis levée, j'ai moins fait la fière et depuis, mon mal de tête n'a cessé d'empirer. Il m'est vite apparu que j'étais tout sauf futée puisqu'au final, je n'avais pas réussi à éviter la gueule de bois. Au contraire, j'avais même une monumentale gueule de bois ! Mais version « à petit feu », le genre insidieux qui, au réveil, vous fait croire que tout va bien. Du coup, vous entamez votre journée normalement quand, sans crier gare, le truc vous rattrape tel un gorille furieux et vous fracasse le crâne. À partir de là, vous n'avez plus qu'une seule envie : crever.

J'ai l'impression qu'un blaireau m'a chié dans la bouche.

De terribles flash-back de cuite m'ont assaillie. Après le cocktail au whisky prétentiard, j'étais passée aux cocktails à base de gin. De fâcheux souvenirs me sont alors revenus. Je me suis revue, en proie au gin triste, en train de sangloter dans le taxi qui nous ramenait, demandant au chauffeur s'il trouvait que j'avais l'air d'une femme qui allait avoir quarante ans dans un an. Je crois qu'il a dit non, mais c'est certainement la peur, plus que la franchise, qui lui a dicté cette réponse.

Ensuite, alors que je priais pour que le marteau cesse de cogner dans ma tête, Hannah m'a appelée pour m'annoncer dans un torrent de larmes que Dan la quittait. Que voulez-vous dire à votre meilleure amie quand elle vous annonce par téléphone que son connard de mari la quitte ? Rien, à part : « Tu veux que je vienne ? » et « Mais non, bien sûr, amène-moi les petits, pas de souci ! »

Hannah est anéantie, bien sûr. De mon côté, je suis très triste pour elle, mais pour être tout à fait franche, personne n'a jamais compris ce qu'elle trouvait à son Dan qui se débrouille pour être à la fois un sale petit tyran domestique et le mec le plus assommant qui soit. Bien entendu, il n'était pas question de lui dire ça – Dan pouvait encore se raviser ou Hannah (dans un accès de folie) accepter qu'il revienne. Mais pour être honnête, cette séparation est sans doute une bonne chose pour elle. À aucun moment je n'ai dit non plus : « Tu peux pleurer un peu moins fort, s'il te plaît ? J'ai une migraine épouvantable et je crois que je vais vomir. » Cela fait-il de moi une bonne ou une mauvaise amie, je l'ignore.

Mercredi 16 septembre

Aujourd'hui, je me suis levée, portée par ma nouvelle résolution d'être une meilleure Maman, plus gentille et plus affectueuse. Résultat, au lieu d'arriver à 8 heures 59 au portail de l'école en braillant, hors d'haleine : « Vite, VITE, DÉPÊCHEZ-VOUS ! VOUS ÊTES EN RETARD, COUREZ ! » – j'étais devant la grille à 8 heures 50. Je suis entrée dans la cour en discutant agréablement avec mes enfants de ce qu'ils allaient faire aujourd'hui et de toutes les amusantes nouveautés que leur réservait ce premier trimestre.

Manque de bol, alors que je faisais gaiement au revoir à mes petits chéris, la foutue-maman-parfaite de la Parfaite-Lucy Atkinson et son Gang des foutues-mamans-parfaites ont fondu sur moi. Avais-je passé de « bonnes vacances » ? Elles me posent toujours ce genre de questions avec une mine compatissante et un éclat d'acier au fond des yeux. Elles se foutent pas mal que j'aie passé de « bonnes vacances », elles veulent juste me faire savoir qu'elles sont allées en Toscane ou à La Barbade et s'assurer que je n'ai pas séjourné dans un endroit plus chic que le leur. Ça leur permet d'en faire des caisses dans la fausse humilité et de se désoler de ne pas avoir pu prendre de « bonnes petites vacances toutes simples, à la maison » tout en arborant leur bronzage avec jubilation.

Je n'ai pas passé de « bonnes vacances », c'est une évidence. Passer de bonnes vacances suppose de buller dans un endroit décadent, absorbée dans de chouettes bouquins de Jilly Cooper, Penny Vincenze et consœurs, tandis qu'un homme charmant vous apporte des cocktails. Brailler d'une voix avinée : « Simon ! Tu peux bricoler un truc avec le gin Aldi et la bouteille mystère ? » (liqueur ramenée de Malte il y a douze ans et si glauque que nous n'avons jamais osé l'ouvrir) tout en parcourant frénétiquement Netflix à la recherche de quelque chose, *n'importe quoi*, que les enfants n'aient pas déjà vu et qui ne soit pas *Les Boloss* (finalement, ce n'est pas du tout un film pour les enfants, ainsi que l'a démontré Peter en traitant son instit' de « boloss qui prend le bus ! »), ce ne sont pas de « bonnes vacances », non. Mais bien sûr, je n'allais pas l'avouer au Gang des foutues-parfaites.

Du coup, nous sommes retombées dans notre petite comédie habituelle. Elles m'ont demandé si nous étions « simplement restés à la maison », puis elles ont soupiré, épuisées. Pour leur part, elles avaient dû se coltiner leurs nombreux rejetons parfaits tout autour du monde : figurez-vous que la nounou avait insisté pour passer une semaine dans sa famille ! J'ai souri, mâchoires crispées. La prochaine qui me sortait une réflexion condescendante allait se prendre son sac Céline dans la tronche. (Bien entendu, jamais je ne ferais une chose pareille. Je l'assommerais avec mon sac Primark à deux balles et je lui piquerais son joli sac Céline bleu canard.)

Après ça, étonnez-vous que je picole alors que je dois me taper ce Gang, bordel à culs ! Moi, ce qui m'étonne, c'est que je ne picole pas davantage.

Ce soir, j'aurais dû me sentir mieux, sauf qu'après l'intermède « Gang » suivi d'une heure de « blagues » ramenées de l'école par Peter (« Quelles sont les lettres qui sont toujours aux cabinets ? WC et PQ ! » C'était la moins pire), j'étais un peu cassée. Du coup, quand j'ai vu dans le frigo une bouteille de sauvignon qui contenait tout juste de quoi me servir un verre, il m'a paru impoli de laisser ce pauvre vin blanc se morfondre seul dans son coin, alors qu'il pouvait rejoindre ses copains de la veille. Finalement, il en restait un grand verre.

Vendredi 18 septembre

Le vin est mon ami. Le vin est aussi l'ami d'Hannah. Elle a collé les enfants à Dan, puis elle est venue à la maison et nous avons descendu du rosé piscine en criant : « Dan est un connard ! » Simon s'était planqué, de peur de la croiser. En temps normal, il a déjà du mal avec les femmes émotives. Alors, si la meilleure amie de sa femme menace de fondre en larmes et de le prendre pour confident, c'en est trop pour lui. Sa conception d'un échange à cœur ouvert se limite à tapoter le bras de l'autre en marmonnant d'un air constipé : « Là, là… » tout en cherchant frénétiquement l'issue de secours la plus proche.

Nous avons quand même réussi à le coincer alors qu'il tentait de récupérer une bière en douce, nous pensant trop occupées à beugler des tubes de Gloria Gaynor. Avant de le laisser repartir, nous avons insisté pour qu'il reconnaisse que Dan était un trou-duc de compète. Par chance, Simon non plus n'a jamais aimé Dan. De fait, il l'a même souvent comparé à un gnome (c'est pas faux). Du coup, il n'a pas pourri l'ambiance en refusant de « prendre parti ». De toute façon, il ne peut être que du côté d'Hannah. C'est ma meilleure amie et lui, c'est mon mari, il est donc obligé de prendre le parti que je lui dis de prendre.

Évidemment, je ferais pareil pour lui si l'un de ses amis divorçait et traitait sa femme de catin sans vergogne. À moins bien sûr, que cet ami-là ne soit lui aussi un connard.

Je crains que le vin ne soit plus notre ami demain matin.

Lundi 21 septembre

Ce matin, effervescence maximum dans la cour de l'école. UN HOMME ! Certes, des hommes, cette cour en a déjà vu passer quelques-uns – on n'est plus dans les années 1950 ! – mais ceux qui y pénètrent sont en général de deux sortes. Il y a le papa-en-costume, super-occupé et super-important, qui passe en coup de vent, largue ses enfants devant le portail ou les fait sortir au pas de charge sans cesser de téléphoner très fort, afin que tout le monde sache qu'il est super-occupé, super-important et que s'il est là, c'est uniquement parce que La Nounou a eu l'indélicatesse de faire une crise d'appendicite. Sinon, il y a le papa-au-foyer, charmant, mais qui aurait bien besoin d'un bain et qui a aussi l'air un peu paumé, voire au bord des larmes. Il y a enfin des tas d'hommes normaux et tout à fait sympas qui déposent parfois leurs enfants à l'école. Toutefois, ceux-ci se fondent étrangement dans le décor, ils ne sortent pas du lot et n'entrent dans aucune des catégories mentionnées ci-dessus.

Mais aujourd'hui, il y avait un-homme-sexy dans la cour. Un tel événement s'était déjà produit, c'est vrai, sauf que le gars en question avait vingt-trois ans et que c'était le chéri français d'une des sublimes jeunes filles au pair. Nous nous étions toutes donné des coups de coude en nous murmurant « JEUNE HOMME ! » à l'oreille, puis nous l'avions maté lascivement en gloussant comme de vieilles poules. Fait étrange, il n'est jamais revenu.

Cet homme-là est sexy et il a l'âge qu'il faut. Certes, il affiche le look ébouriffé, mal rasé, blouson en cuir, mais dans le genre carrément cool – pas du tout la version triste, crise de la quarantaine. En vrai, il a tout à fait l'air du genre d'homme qui s'assied à côté de vous dans un club de jazz enfumé et vous chuchote des propositions indécentes au creux de l'oreille. En plus, il a un très beau cul.

Moi, trente-neuf ans, épouse respectable et mère de deux enfants, j'ai honte. Je mate le cul d'un homme dans une cour de récré, entourée de jeunes enfants impressionnables, au cœur pur et à l'esprit innocent. Peut-être, mais ce mec a un sacré beau cul, bordel de bitacouilles ! De toute façon, Simon a beau nier mater le petit cul des jeunes filles au pair quand il vient chercher les enfants à l'école, je sais qu'il ment comme un arracheur de dents : on ne peut pas ne pas remarquer le petit cul des jeunes filles au pair. Entre mamans, nous passons un temps fou à nous demander si l'une de nous a jamais eu un joli petit cul comme le leur. Après mûre réflexion, la réponse est : sans doute pas. Déjà parce qu'en bonnes Britanniques, nous avons passé toute notre jeunesse à boire du cidre et à bouffer des chips, contrairement à ces saines filles du continent qui se nourrissent de salades et font du vélo.

Mais revenons-en à ce splendide cul masculin. Même la parfaite-maman de la Parfaite-Lucy Atkinson en avait des vapeurs (si elle continue à s'exciter comme ça dans son pantalon de yoga, elle va choper une mycose vaginale). Bien sûr, le bouche-à-oreille ayant fonctionné à plein régime, elle a pu nous révéler, pantelante, que l'objet de tous nos regards répondait au prénom de Sam. (Normal. Un cul aussi remarquable, aussi viril que celui-là ne pouvait qu'avoir un prénom bref, mâle et carré : Sam. Un cul comme ça ne pouvait pas s'appeler, euh… Norman.) Sam est père célibataire, sa femme l'ayant quitté pour un autre, en lui laissant froidement leurs rejetons. (LA VACHE ! Le cul que doit avoir son rival !) Sam bosse lui aussi dans l'informatique (ah oui ? Pourtant, il n'a pas le physique de l'emploi. Mais, rhooo… ça nous fait un point commun !) et il a donc deux enfants. Son fils est dans la classe de Peter et sa fille dans celle de Jane. (Deux autres points communs !)

Serais-je un être abject si j'encourageais mes enfants à faire ami-ami avec les siens, histoire que je puisse encore mieux mater ce fessier de rêve ? Oui, clairement. N'empêche que toutes les mères qui ont des enfants dans la classe des siens sont en train de se faire le même raisonnement, ça se voit comme le nez au milieu de la figure.

Mes p'tits loups m'ont fourni fort peu d'infos sur les enfants de Sam : Jane est parvenue à se souvenir que la fille s'appelait Sophie et qu'elle était « très sympa ». De son côté, Peter, interrogé sur son nouveau camarade de classe, m'a regardée d'un air vide avant de s'exclamer :

— Ah, tu veux dire Elliott ? Celui qui avait les Moshi Monsters dorés ultra-rares ?

L'Elliott en question a changé d'établissement en juin dernier. Parfois, je désespère de ma progéniture.

Cependant, une chose est sûre. Si je fais davantage d'efforts de coiffure et de maquillage pour amener les enfants à l'école, c'est uniquement dans le cadre de mon nouveau programme « Ni souillon ni flemmarde ». Si entre-temps Sam et son cul ont débarqué dans la cour, ce n'est que pure coïncidence. Rien de plus.

Mercredi 23 septembre

Ce matin, Jane m'a rappelé qu'à 8 heures 30, elle partait en bus avec sa classe. Cette info a déclenché en moi une panique mesurable sur l'échelle de Richter, tandis que j'essayais de me souvenir si j'avais bien signé l'autorisation de sortie et remis à l'école la somme faramineuse qu'exige apparemment tout déplacement scolaire vers un lieu pourtant gratuit (il semble que la location d'un bus soit une affaire très coûteuse. Je devrais peut-être en acheter un et me reconvertir dans le transport en commun ? Dans la série culte de mon adolescence, *Balamory*, Edie McCredie avait l'air d'adorer son job. Elle était bien chauffeur de bus ? Ou chauffeur de taxi ? Par principe, je me refuse à aller le vérifier sur Google – cette époque est derrière moi. Je n'ai aucune envie de revoir le sempiternel sourire de

Miss Hoolie ou de me demander pourquoi Archie l'Inventeur avait une telle collection de pots de yaourt. Et crotte, j'ai googlé… Edie McCredie était bien chauffeur de bus. Voilà, maintenant je me sens sale).

À 8 heures 40, Jane m'a demandé, mine de rien, si moi aussi j'avais hâte de monter dans le bus… ARGH ! Je n'ai quand même pas coché la case « Accepte d'accompagner », si ? Si. Dans quel but, ça me dépasse. Je devais être en colère quand j'ai rempli ce formulaire. Autrement, pourquoi aurais-je accepté d'accompagner une sortie scolaire sur l'un de mes « jours de congé » – ces jours que j'appelle « Journées où je tente de nettoyer l'écurie qui me sert de maison » et que cet enfoiré de Simon a rebaptisés « Journées p'tits cafés » ? Non contente d'avoir coché la case par mégarde, j'ai également négligé de vérifier les carnets de correspondance de mes enfants. Ce qui explique que j'aie zappé le joli billet dans lequel charmante-instit' me proposait de l'aider à surveiller sa classe de chérubins, tâche qui s'apparente au domptage d'une colonie de chats sauvages.

Dix minutes. C'est tout ce que j'ai. Dix petites minutes pour me rendre présentable, respectable et un tantinet sexy au cas où le cul de Sam serait du voyage. NON. Non. C'est mal et c'est pas bien. Je n'ai nul besoin d'être sexy, cul de Sam ou pas cul de Sam.

Finalement, j'ai décidé de parer au plus pressé : je me suis brossé les dents, j'ai attaché ma crinière de folle et je me suis maquillée à la va-vite, histoire de couvrir le plus moche. En entrant dans l'école, je me suis félicitée de ne pas avoir eu le temps de me transformer en Déesse du Sexe : la cour était poisseuse de gloss, vibrante de battements de cils, moite de pulls *un tout petit peu* trop serrés, tout le monde nourrissant les mêmes pensées impures au sujet du cul de Sam. En pure perte, d'ailleurs, car il n'y avait pas de Derrière Sacré en vue. Ce matin, ses enfants ont été déposés par son assistante maternelle (elle aussi maquillée comme un camion, soit dit en passant !).

Le voyage a été atroce. Jamais je n'aurais imaginé qu'un bus rempli d'enfants puisse dégager une telle puanteur. Mais qu'est-ce que les parents leur donnent à bouffer, à ces gosses ? Toujours est-il que ces trente enfants serrés dans un espace clos se sont lancés dès le départ dans un marathon de pets, et ce jusqu'à notre arrivée à destination : un très grand musée abritant des tas de collections hors de prix et, apparemment, d'un certain intérêt pédagogique. Trop occupée à empêcher les enfants de voler ou de briser des objets d'art, je n'ai pas du tout profité de la visite. À ma descente du bus, j'avais les yeux pleins de larmes et les poumons en feu. À un moment, j'ai même cru qu'un des enfants s'était souillé tant l'odeur était forte.

On devrait équiper les enseignants de masques à gaz s'ils doivent passer toute la journée dans ce brouillard fétide ! Pourtant, lorsque j'ai osé une remarque sur ce dégazage massif, charmante-instit' a éclaté d'un rire joyeux : « Oh, on s'y fait très vite, vous savez ! »

Je n'en crois rien. L'an dernier, Peter est rentré de l'école, fier comme un paon, parce qu'il avait intoxiqué sa maîtresse avec un pet particulièrement putride. Mais Peter est révoltant. Sa malheureuse voisine a dû être changée de place : elle trouvait les pets de mon fils et son rire hystérique tellement hilarants qu'elle n'écoutait plus en classe. On pourrait croire qu'à force de cohabiter avec Peter et un chien à l'arrière-train nauséabond, je serais immunisée contre les mauvaises odeurs, mais il n'en est rien. Charmante-instit' est peut-être sous substances. Ça expliquerait beaucoup de choses.

Bref, cette sortie a été un véritable calvaire. Toute la classe était déchaînée : j'ai même vu Freddie Dawkins écraser ses crottes de nez sur les vitrines du musée. Par bonheur, à notre époque où tout le monde est soupçonné de pédophilie, je n'ai pas eu à amener les enfants aux toilettes, c'est déjà ça.

Le but de cette visite était de faire découvrir la civilisation égyptienne aux élèves. À mon avis, ils ont surtout découvert qu'ils pouvaient claquer tout leur argent en babioles à la boutique de souvenirs. Jane, bien décidée à acheter *la totalité* des susdites babioles, a été jusqu'à me confondre avec un distributeur automatique de billets. Résultat, elle a très mal pris que je refuse de dépenser 35 livres pour un parapluie orné d'une ballerine. 35 livres ! Pour un parapluie ! Bordel à culs, je ne savais même pas qu'on pouvait mettre 35 livres dans un parapluie ! Quoique. Pour être tout à fait franche, j'ai tendance à acheter mes parapluies chez Gifi ; ils rendent l'âme au bout de trois utilisations, si je ne les perds pas avant. Par conséquent, j'ai bien dû dépenser 35 livres depuis le temps, voire beaucoup plus ! Du reste, c'est peut-être ce qui manque à mon existence, un parapluie « très personnel ». Pff… J'aurais dû acheter ce parapluie à Jane… Il lui aurait peut-être permis de devenir une femme affirmée et bien dans sa peau qui, à l'aube de ses quarante ans, ne se considérerait plus comme une petite fille. Et merde, j'ai encore failli à mon devoir de mère !

La sainte femme qui a accompagné cette sortie scolaire et qui, dans sa grande vertu, ne s'est même pas peinturluré la face pour séduire un homme au fessier de rêve, a bien mérité sa bouteille de vin du mercredi – même si elle bosse demain matin. Mon job est d'un ennui mortel, c'est clair, mais j'ai découvert qu'un bus coûtait fort cher et nécessitait un permis spécial. Vu le mal que j'ai eu à obtenir le mien avec une toute petite voiture (et toujours le même examinateur, de sorte qu'il prétend ne m'avoir donné le précieux sésame que parce qu'on commençait à jaser sur notre compte), les probabilités pour que j'arrive un jour à conduire un de ces gros bus à la con sont carrément nulles.

Vendredi 25 septembre

Respire. Respire. Respire. Aujourd'hui, je n'ai travaillé qu'une demi-journée. J'avais rendez-vous chez le dentiste et ça ne valait pas le coup de retourner une demi-heure au bureau avant d'aller chercher les enfants. J'ai donc pris le chien au parc en attendant la sortie de l'école. Et qui ai-je rencontré là-bas, je vous le donne en mille ? Le beau Sam et son cul ! Je courais après mon crétin de terrier autour de la mare (« Reviens, arrête de bouffer les canards ! ») quand j'ai vu Sam qui promenait son adorable staffordshire. Mon chien, qui me ridiculisait par sa conduite déplorable, a soudain décidé de se ruer sur Sam et s'est mis à lui faire la fête tandis que je lui criais en vain d'arrêter de sauter partout. Le côté positif, c'est que ce misérable bestiau m'a donné un excellent prétexte pour aborder Sam sans avoir l'air d'une pouffe désespérée (tapageuse-propriétaire-de-terrier, c'est *carrément* plus séduisant). Nous avons parlé de nos chiens, tous deux recueillis à la SPA, puis Sam m'a dit qu'il m'avait vue à l'école. (Gloups !) D'ailleurs, a-t-il ajouté, nos enfants ne sont-ils pas dans la même classe ?

SAM M'A REMARQUÉE ! Sam ! A remarqué ! Moi ! *Moi !*

Ce n'est qu'ensuite qu'il m'a dit que Sophie aimait beaucoup Jane et qu'elle voulait l'inviter après l'école. (Petite déception : Sam n'a pas été subjugué par mon allure de bombe avec mes collants filés et ma tignasse frisottée par la pluie, sa fille m'avait juste désignée comme étant la maman de Jane.) Pourquoi pas cet après-midi, a-t-il enchaîné, est-ce que ça m'irait ? Et je n'ai qu'à amener Peter, comme ça, il pourra jouer avec Toby.

J'ai hésité une seconde. Pouvais-je décemment m'inclure dans l'invitation, histoire de faire ma fouine chez Sam ? Ça me permettrait de voir s'il est aussi beau et parfait qu'il en a l'air, et de lâcher mine de rien que je suis allée chez lui, lors de ma prochaine conversation avec le Gang des foutues-parfaites qui bruissent autour de lui comme une volée d'étourneaux mais qui, pour autant que je sache, n'ont encore jamais été invitées chez lui, *elles*, pas plus que leurs enfants. C'est alors que Sam a dit :

— Mais vous ne voulez peut-être pas laisser vos enfants aller chez un inconnu, je comprends très bien, ça fait un peu bizarre. Vous n'avez qu'à venir aussi, ça me fera plaisir.

Bingo ! J'ai donc suivi le mouvement, ayant une fois de plus réussi à ne pas passer pour l'affamée de service ! Revers de la médaille, Sam doit croire que je le prends pour un pédophile/trafiquant d'enfants/caïd du crime organisé. On ne peut pas tout avoir.

La maison de Sam ne ressemble pas du tout à ce à quoi je m'attendais. J'imaginais une boîte en verre ultra-branchée et remplie de gadgets, avec un mobilier contemporain, stylé mais inconfortable d'aspect – bref, une maison comme on en voit dans les émissions de déco, avec les fauteuils Mies van der Rohe dont rêve Simon, mais qu'on ne peut pas se payer (sans parler du fait que le chien leur mâchouillerait les pieds et que les enfants les casseraient en sautant dessus).

En réalité, la maison de Sam se rapproche bien plus de mon idéal de foyer : canapés profonds, meubles peints de style français et fouillis-bohème, contrairement au fouillis-bordel qui règne chez moi. Avec un léger manque de tact, j'en ai fait la remarque à Sam qui m'a très gentiment expliqué que l'absence de fouillis-bordel était due au fait qu'il venait tout juste d'emménager et que son ex Robyn avait récupéré la moitié de leurs biens au terme du divorce. Apparemment, Robyn est architecte d'intérieur, d'où les très-belles-choses.

Je crevais d'envie d'en savoir plus sur cette Robyn (en particulier sur les circonstances et les raisons qui l'ont poussée à quitter un homme tel que Sam qui, pour ajouter à sa perfection, m'a offert des Mint Clubs, le roi des biscuits), mais il a changé de sujet de façon très ferme. Nous en sommes donc venus à parler des diverses activités extrascolaires praticables dans le coin – sympas, mais qui ne valent pas les sommes astronomiques qu'on y laisse. Bref, causette sans intérêt, mais sans danger non plus et qui à aucun moment ne m'a fourni l'occasion de sortir un truc du genre : « Ça t'ennuierait beaucoup si je te léchais ? C'est juste que tu es trop sexy. »

Puis Sophie et Jane sont réapparues en hurlant parce que Toby et Peter avaient interrompu leur séance de « relooking » en leur tirant dessus au pistolet Nerf. Ça n'était peut-être pas un mal, vu la quantité de fards et de paillettes que les filles s'étaient déjà tartinée sur la figure, et ce, bien que l'opération de relooking n'en soit qu'à la moitié. Au milieu des cris et des balles, je me suis hâtée de récupérer ma stripteaseuse mineure et mon mini-Rambo tant que Sam nous prenait encore pour une famille normale et fréquentable.

ET POUR COURONNER LE TOUT, c'est vendredi-plus-rien-à-foutre (ou « vendredi PRAF ») ! Hourra, hourra ! Pour le coup, je peux renoncer à mon combat inégal contre le scorbut et servir des pizzas surgelées aux enfants, en lieu et place des brocolis. Je peux aussi renoncer à faire semblant de limiter leur temps passé devant les écrans et les brancher directement sur les baby-sitters high-tech pendant que j'espionne d'anciennes amies sur Facebook en sifflant une bouteille quelconque. Simon, lui, s'endort une fois de plus devant cette connerie d'*Occasions à saisir.* Mais si jamais je tente de lui reprendre la télécommande en douce, il s'écrie : « Non, ça m'intéresse ! » alors qu'une seconde plus tôt, il ronflait avec un bruit de phacochère en train de se noyer dans une cuve de porridge. Non que récupérer la télécommande m'avance à grand-chose, vu que Simon est un grand-allumé-du-gadget qui a transformé notre télé en casse-tête inutilisable entre tous ses boîtiers, « stream box » et décodeurs (chacun nécessitant un canal et une télécommande différente). Comme je ne me souviens jamais quelle télécommande correspond à quel appareil, je finis toujours par appuyer désespérément sur toutes les touches jusqu'à ce qu'un des enfants me prenne en pitié et l'allume à ma place.

Le chien me fixe d'un regard terriblement désapprobateur, ce soir. Je crains qu'il n'ait deviné les pensées impures que je nourris à l'endroit de Sam et qu'il ne me voie désormais sous les traits d'une catin sans vergogne pour m'être servie de lui comme « décapsuleur social ».

Samedi 26 septembre

Simon a passé l'après-midi enfermé dans sa remise. De mon côté, j'ai passé l'après-midi à peindre le buffet de la salle à manger, histoire de copier l'ambiance récup-chic qui règne chez Sam. Pendant ce temps, les enfants ont voulu réaliser une œuvre avec ce qui a été un jour de la colle pailletée. La colle pailletée ayant séché, j'ai essayé de la ressusciter avec de l'eau chaude et de la colle blanche. Résultat, la substance dont ils ont enduit la table et leur corps ressemblait plus à du sperme de licorne qu'à autre chose.

Simon s'est hérissé quand je lui ai montré le buffet dans toute sa splendeur, relooké à la peinture à la craie. Il tient ce meuble de sa grand-mère et le considère comme une pièce du patrimoine familial. Simon a cruellement déclaré que le buffet faisait « juste récup, sans aucun chic » – il est vrai que j'ai un peu forcé sur l'aspect « abîmé ».

L'étroitesse d'esprit de mon mari a balayé mes derniers scrupules : j'ai décidé d'aller boire un pot avec Hannah. Simon a marqué une certaine surprise lorsque je suis réapparue en tenue-pour-sortir, cheveux brossés, rouge à lèvres *et* mascara. À tel point qu'il m'a dit :

— Tu es bien jolie. C'est pour moi ?

Alors que je lui ai répété au moins neuf fois qu'il garderait les enfants ce soir et laverait leurs cheveux poissés de sperme de licorne. Moi, j'emmène Hannah au pub, ça lui changera les idées. Ce soir, c'est Dan qui a les enfants et je ne veux pas qu'elle broie du noir dans sa maison vide. J'ai dû répliquer d'un ton un peu trop brusque, car Simon a paru tout déconfit que je ne me sois pas fait belle pour lui. Du coup, je lui ai demandé :

— C'est vrai, je suis jolie ?

Ce à quoi il a simplement répondu :

— Ouais, t'es bien.

Le compliment que toute femme rêve d'entendre. Connard.

La pauvre Hannah est retombée dans un puits de désespoir : elle a appris que Dan sautait une pétasse de vingt ans qu'il a rencontrée à la salle de sport. Lorsqu'elle lui a demandé si c'était pour cette fille qu'il l'avait quittée, Dan a assumé sans complexe. Quel enfoiré, ce mec ! De ce côté-là, au moins, je suis tranquille : Simon ne risque pas de croiser une gamine nubile dans sa remise de jardin.

Et si j'essayais de recaser Hannah avec Sam, dès qu'elle aura surmonté sa séparation ? Ce serait à la fois gentil et altruiste de ma part : je les aiderais à retrouver l'amour et ce faisant, j'expierais un peu mon scandaleux béguin pour lui. Après tout, si Sam n'était pas libre, je fantasmerais peut-être moins sur lui ? Et puis Dan en crèverait, de voir Hannah au bras d'un homme aussi séduisant. Que vaut une gamine en brassière de sport à côté de ce cul-là ?

Après avoir passé la soirée à discuter de la connarderie-de-Dan en buvant du sauvignon blanc, je me sentais plutôt bien disposée envers Simon. J'avais même prévu de lui en faire part en rentrant, mais je l'ai trouvé endormi comme une masse devant la télé, malgré les rugissements d'une course de motos. Comment peut-on dormir dans un tel boucan ? Il ronflait dans sa polaire la plus pourrie et a refusé de se réveiller, même quand je lui ai balancé un coussin dans la tête. Je l'ai donc laissé sur son canapé et je suis allée me coucher toute seule.

À quel moment Simon est-il devenu vieux ? Avant, on veillait toute la nuit, on parlait en écoutant de la musique. On ne parlait de rien en particulier – avec nos vues radicales sur l'art et la politique, on ne pouvait pas prétendre refaire le monde. En fait, je ne sais pas de quoi on parlait, mais je sais qu'on parlait. Quand je l'ai rencontré, Simon se situait à mi-chemin entre le gothique et le nouveau romantique. Il portait un grand manteau noir acheté en friperie et fumait comme un pompier (des Marlboro rouges). Carrément cool. Si ça se trouve, quand il me regarde, lui aussi se demande ce qui m'est arrivé ? Je me souviens encore de ce que je portais le soir où je l'ai rencontré : une minijupe noire très courte, des bottes DM, une sorte de marinière que j'avais volée à un ex et une veste en tweed trop grande que j'avais piquée à mon père – ce dernier me téléphonait toutes les semaines pour exiger que je la lui rende, mais je ne pouvais pas, elle empestait la clope et le hasch. Rétrospectivement, je devais avoir l'air d'une folle, néanmoins j'étais très contente de moi.

C'était à l'université d'Édimbourg. J'avais déjà croisé Simon en première année, mais je ne lui avais jamais adressé la parole. Âgé d'un an de plus que moi, il faisait partie d'une bande d'étudiants cool, genre « artiste ». De mon côté, euh… Je n'étais ni cool ni « artiste », malgré tous mes efforts pour être les deux. C'est vers la fin de ma deuxième année qu'il est venu me demander un briquet au Pear Tree Pub. Après coup, il m'a avoué que ce n'était qu'un prétexte pour engager la conversation avec moi, ce qui est sans doute la chose la plus absurdement flatteuse qu'on m'ait jamais dite.

Et voilà où nous en sommes aujourd'hui : deux enfants, un emprunt immobilier un peu trop élevé pour être à l'aise, des jobs peu épanouissants et un buffet foutu. Car force est de le reconnaître, il n'a pas embelli depuis que la peinture a séché, contrairement à ce que j'avais espéré de toutes mes forces. En fait, Simon a raison, on dirait un truc trouvé à la décharge. Adieu mon projet de reconversion dans la déco intérieure !

Et, maintenant que j'y pense, l'autre jour, tandis que j'écoutais la radio, Steve Wright a passé *Disco 2000* dans son émission *Vieux tubes et grands standards. Disco 2000* ! Ce n'est pas un « vieux tube », c'est le titre le plus génial de tous les temps ! D'ailleurs, ça fait à peine un an qu'il est sorti, non ? Alors comment *Disco 2000* pourrait-il être un « vieux tube », bordel ? VDM. Ma jeunesse est morte.

OCTOBRE

Dimanche 4 octobre

Simon ne me lâche pas avec son foutu buffet.

— Enfin, qu'est-ce qui t'a pris, Ellen ? Et qu'est-ce que tu comptes faire, maintenant ? Tu sais depuis quand ce meuble est dans ma famille, Ellen ? Qu'est-ce que va dire ma mère en le voyant ?

Ses jérémiades ont fini par avoir raison de ma patience. J'ai hurlé :

— Ce n'est qu'un buffet ! Un morceau de bois ! Ce n'est pas la fin du monde ! De toute façon, il ne vaut pas un clou, ce buffet !

Simon m'a regardée d'un air meurtri et il a reniflé pitoyablement.

— Pour moi, il a une immense valeur sentimentale, Ellen, et toi, tu l'as massacré, sans même me demander mon avis. Je suis quand même en droit d'être un peu contrarié, non ?

— Mais Simon chéri… Si tu ne passais pas tous tes week-ends dans ta putain de remise, à éviter toute interaction avec moi ou les enfants parce que tu as soi-disant des tas de choses importantes à faire dedans, tu aurais peut-être pu en discuter avec moi. Hein ?

Ce à quoi il a rétorqué :

— Je te demande bien pardon d'estimer mériter un peu de temps pour moi, ma *chérie*, mais certaines personnes ont un job à temps complet, je te signale. Certaines personnes ne finissent pas à midi, ma *chérie*, certaines personnes n'ont pas des jours de congé en milieu de semaine, ma *chérie*, du coup *certaines* personnes sont un tout petit peu crevées quand arrive le week-end, bordel !

— Les personnes dont tu parles ne finissent pas à midi ! Ces personnes-là finissent juste à temps pour aller chercher les enfants de QUELQU'UN à l'école, mon CHÉRI ! Ces personnes-là passent le reste de leur journée à faire le taxi pour les enfants de CE QUELQU'UN, elles s'occupent du repas, du linge, du bain, des devoirs et de coucher les enfants de CE QUELQU'UN parce que, bien sûr, CE QUELQU'UN est trop fatigué pour faire quoi que ce soit en rentrant, à part s'écrouler devant sa putain de télé avec une bière ! Ces personnes-là passent leur « jour de congé » à tenter de remettre un semblant d'ordre dans cette porcherie, et leurs week-ends à s'occuper du ménage, de la lessive, du repassage et des enfants de CE QUELQU'UN ! Eh oui, mon CHÉRI !

J'avais l'impression d'avoir magistralement démontré le monstrueux égoïsme de Simon. Ma seule crainte, c'était que dans ma rage, ma voix ne soit partie trop haut dans les aigus, à une fréquence où mes arguments massue n'auraient été audibles que pour un dauphin.

— Oh, Ellen, pour l'amour du Ciel ! a gémi Simon. Pourquoi faut-il toujours que tout se transforme en compétition avec toi ? Tu as bousillé le buffet de ma grand-mère, mais c'est *toi* qu'on maltraite !

— Ce n'est pas une compétition : je t'explique simplement à quoi je passe mon temps « libre », moi ! Et maintenant, si tu veux bien m'excuser, je vais consacrer mes loisirs à emmener tes enfants chez leurs merveilleux amis.

— On va chez Sophie et Toby, est intervenu Peter.

— Sophie et Toby n'ont pas de maman : ils habitent avec leur papa, Sam. La maman de Lucy Atkinson dit que Sam est canon, a précisé aimablement Jane.

— Qui est ce Sam ? a demandé Simon d'un ton glacial.

— Un nouveau papa, à l'école. Il est père célibataire, ai-je expliqué.

— Et il est si… canon que ça ?

— Je ne sais pas, ça ne m'a pas frappée, ai-je répliqué effrontément, en espérant que je ne piquais pas un fard.

J'adore aller chez Sam. J'adore sa maison. Plus d'une fois, je me suis surprise à me demander l'effet que ça me ferait de prendre mon café du matin dans cette cuisine bleu canard et crème, face à Sam en robe de chambre, tout ébouriffé. Non, pas en robe de chambre. Trop tue-l'amour. Peut-être en bas de pyjama Calvin Klein et tee-shirt sympa, bien moulant, avec une barbe naissante… STOP, ELLEN ! ARRÊTE ÇA TOUT DE SUITE !

Samedi 10 octobre

Après-midi au parc avec les enfants. Bizarrement, nos sorties au parc ne ressemblent jamais à l'élégante partie de campagne que j'imagine. Ça commence par la corvée d'inspection de l'aire de jeux : vérifier l'absence de tessons de bouteille ou de capotes usagées abandonnées la veille par des ados désœuvrés. (Certes, on devrait se réjouir que ces jeunes prennent leurs précautions, même après avoir descendu une bouteille de vodka premier prix, mais expliquer à des enfants qu'ils ne doivent pas toucher au « drôle de ballon » qu'ils ont trouvé peut être très désagréable lorsqu'on a soi-même la gueule de bois.) Ensuite, bien sûr, il faut affronter le mépris du Gang des foutues-mamans-parfaites qui distribuent avec largesse leurs saines barres de céréales maison (dattes-granola) à leurs bambins aux joues roses. Vous, vous n'avez pas apporté de goûter. Vos enfants étant scolarisés, vous estimez qu'ils peuvent rester une heure sans se goinfrer à tout bout de champ. Mais comme vous êtes la seule maman à ne pas avoir apporté de goûter, vous avez l'impression d'avoir tout faux. Les enfants doivent être nourris constamment, tels des oisillons piaillant le bec grand ouvert. La comparaison s'arrête là : il est très mal vu pour une maman humaine de laisser ses petits manger des vers de terre, j'en ai fait l'amère expérience avec Peter quand il avait trois ans.

Je fouillais mes poches à la recherche de nourriture (jusque-là, je n'avais exhumé qu'une seule chose couverte de poils qui avait dû être un petit nounours en gélatine, un jour), quand… qui est-ce qui est apparu devant moi ? Sam ! Sam qui, comme moi, n'avait pas jugé bon de se munir de provisions pour soutenir un siège. Et c'est à côté de moi qu'il est venu s'asseoir, en dépit des minauderies de la parfaite-maman de la Parfaite-Lucy Atkinson et de ses acolytes qui ont même tenté de corrompre Sophie et Toby avec des brownies à la courgette (« Ne vous inquiétez pas, ils sont *sans sucre*, je ne me sers que de jus de pomme comme édulcorant, pour la pâtisserie »). Si Sam s'est assis à côté de moi, c'est peut-être parce que, arrivée la première, j'avais astucieusement annexé le seul banc un brin protégé des rafales de vent d'est qui menacent les parents d'hypothermie, tandis que leurs enfants, insensibles au froid, se débarrassent de leurs coûteuses doudounes pour mieux se déchaîner sur l'aire de jeux.

— Quelque chose m'intrigue, Ellen, m'a dit Sam. Pourquoi ces enfants sont-ils tout le temps en train de grignoter ? On ne les nourrit pas chez eux ? Et ils mangent *quoi*, au juste ? Toby vient de dire à la maman blonde qu'il « n'était pas très gâteaux verts », ce qui me semble une position tout à fait défendable.

— Quoi, tu n'as jamais assisté à une compète de mamans ? Si elles ne te l'infligent pas, c'est peut-être qu'elles sont trop occupées à admirer ton… euh… ton savoir-faire de père. (La vache, j'ai failli dire ton cul !) Regarde-les. Le but du jeu, c'est de démontrer, *via* les goûters les plus dégueu qui soient, que tes enfants sont les mieux nourris et les plus en forme. Tu peux aussi engranger des points de bonus : plus tes offrandes ont été longues à préparer, plus elles te rapportent de points. Dans l'idéal, tu fais tremper des graines de chia dans du lait d'amande toute la nuit, minimum. Et plus l'ingrédient est obscur ou révoltant, mieux c'est. Là où ça devient drôle, c'est quand ça se retourne contre elles. La semaine dernière, Emilia Fortescue a vomi sur les Repetto de sa mère qui l'avait forcée à ingurgiter un muffin au chanvre et à la spiruline. Tu vas voir, le goûter fini, elles vont toutes ordonner à leurs enfants de démontrer leurs aptitudes sportives sur le mur d'escalade ou leurs talents d'architecte au bac à sable. À une certaine époque, la parfaite-maman de la Parfaite-Lucy Atkinson aimait bien donner ses consignes en français, mais elle a été largement surclassée par la maman de Tabitha MacKenzie qui s'est mise à lancer les siennes en mandarin. La tête qu'a faite la Maman de Lucy, c'était à se rouler par terre.

À ma grande surprise, je me suis aperçue que Sam riait franchement. Je ne cherchais pourtant pas à être drôle, cette diatribe m'était venue de manière spontanée. Il faut dire que ça faisait une heure que je me gelais les fesses sur ce banc, le regard résolument rivé à mon téléphone, épuisée d'avance à l'idée de me débattre dans le vortex de mon Insuffisance comme à chacune de mes conversations avec le Gang des connasses-de-mamans-parfaites. Je n'ai levé la tête qu'en entendant des cris terrifiants, au cas où ils auraient été émis ou provoqués par Peter et Jane.

— Mais dans quel but se donnent-elles tout ce mal ? s'est enquis Sam, incrédule.

J'ai haussé les épaules.

— Sais pas. À mon avis, c'est lié au fait qu'elles occupaient toutes des postes hyper-importants avant de devenir mamans. Elles ont dû renoncer à leur carrière pour faire élever leurs enfants par une nounou venue d'Europe de l'Est pendant qu'elles-mêmes courent les boutiques. Certaines veulent faire croire qu'elles continuent à « travailler », alors elles jouent à être « créatrices ». Elles dessinent – n'importe quoi pourvu que ce soit de la « création » : le plus souvent, elles dessinent des vêtements et des bijoux pour enfants. La grenouillère en cachemire est très en vogue chez la businessmaman tendance. Mais bien sûr, si ton mari est à la tête d'un large patrimoine immobilier, tu peux aussi te bombarder « architecte d'intérieur » dès que tu achètes trois coussins pour ton salon. Tout ça s'organise entre une séance de yoga, un cours de Pilates et une fouille du téléphone de leur richissime mari, au cas où il s'enverrait en l'air avec la nounou (les nounous n'ont pas de prénom). En résumé, elles ont besoin de se rassurer sur leur importance en entrant en compétition les unes avec les autres. C'est à celle qui sera la plus bio, la plus maternelle et qui, par voie de conséquence, aura les enfants les plus équilibrés, les plus choyés et, surtout, les plus *doués*. Ah, et elles mentent, aussi. Tu vois celle-là ? C'est Fiona Montague. Pendant longtemps, elle a rajeuni son bébé-d'amour de deux mois pour qu'il ait l'air en avance sur les autres aux séances d'éveil à la musique maman-enfant. Elle n'avait pas réfléchi au-delà de son premier anniversaire…

Malheur, maintenant que j'avais commencé à déblatérer, je ne pouvais plus m'arrêter !

— Et tu n'as jamais eu envie de faire partie de leur club ? m'a demandé Sam. D'ouvrir ton bento rempli de, je ne sais pas, moi… de tranches de savoureux fromage aux larmes de chèvre des Pyrénées ?

Rhooo… Sam aussi aime faire sa langue de vipère !

— Des PRODUITS LAITIERS ? me suis-je récriée. Tu es FOU ? Elles sont toutes sans gluten et sans lactose, sans oublier une flopée d'autres intolérances. En fait, le top de l'année dernière, c'était de dégoter l'ingrédient le plus obscur, de déclarer que son enfant y était allergique et de faire interdire ledit aliment à l'école. J'ai bien tenté de dire que mes gosses étaient allergiques aux paillettes, mais je me suis ramassée.

— Non, mais sérieusement, comment fais-tu pour ne pas être happée par leur folie ?

— Oh, je ne suis pas assez bien pour faire partie de leur bande, de toute façon. Elles ont un esprit de clan qui n'a rien à envier à celui des écolières ! Et puis je ne coche pas les cases qui me rendraient convenable à leurs yeux : je n'ai pas de fortune personnelle et je dois travailler sous les ordres d'un Homme, puisqu'on est trop fauchés pour que je reste à la maison. Tout ça parce que j'ai eu la bêtise d'épouser mon copain de fac au lieu d'attendre pour me marier d'avoir un poste suffisamment important, puis de mettre le grappin sur un riche et beau trader, et enfin de monter ma propre activité de « styliste » – des fringues chichiteuses que j'aurais fourguées à d'autres riches oisives. Ah, et puis j'ai un autre défaut : je cache mal que je les prends pour des pimbêches, ce qui n'arrange pas mes affaires. Toi, en revanche, elles ne demanderaient pas mieux que de t'accepter dans leur bande : un papa solo et sexy, c'est le top ! Elles pourraient flirter avec toi, rendre leur mari jaloux…

Je me suis interrompue, consciente que j'avais commis le pire des impairs pour un sujet britannique : j'avais été trop loin. Sam affichait une mine horrifiée. Pour me donner une contenance, j'ai marmonné un truc genre :

— Je vais voir si les enfants vont bien.

— Ils vont très bien, a répliqué Sam. Ils sont là-bas, avec mes sauvageons antigâteaux verts, tu sais, ceux que j'affame. Oups, mais… attends, attends… Je crois qu'il se passe quelque chose.

Jamais je n'avais été aussi soulagée de devoir intervenir dans un incident impliquant Jane. L'aire de jeux compte une sorte de tourniquet en forme de soucoupe : les enfants s'assoient dedans pendant que les autres le font tourner à toute vitesse. Jane avait persuadé la Parfaite-Lucy Atkinson de monter dedans, puis elle s'était mise à la faire tourner à vitesse grand V tout en gloussant de façon quelque peu hystérique. Plus Lucy Atkinson hurlait à Jane d'arrêter parce qu'elle allait vomir, plus Jane relançait le tourniquet. Je suis arrivée juste à temps pour la plaquer au sol façon rugbyman et stopper du pied la course folle de la soucoupe. Malheureusement, cet arrêt brutal a catapulté Lucy Atkinson, réduite à une chose verdâtre, morveuse et trempée de larmes, aux pieds impeccablement chaussés de sa mère. Par on ne sait quel miracle, elle n'a pas gerbé sur les chaussures-parfaites de sa maman-parfaite, mais elle les a copieusement tartinées de morve. Dommage, elles avaient l'air d'avoir coûté très cher, ces chaussures…

J'ai embarqué Jane en minaudant :

— Je suis VRAIMENT désolée, c'est un malentendu. Jane a cru que Lucy lui criait d'aller plus vite ! Ah, ces enfants, alors… Ah ah ah ! PETER ! IL EST L'HEURE DE PARTIR !

Et je me suis carapatée vite fait. En plus, ça m'évitait de reprendre ma conversation avec Sam, à qui je venais d'annoncer qu'il était « un papa solo et sexy » que toutes les mamans de l'école rêvaient de se faire.

Quand nous sommes rentrés, Simon était dans sa remise. Il tentait ostensiblement de poncer le buffet récup pas chic. Sans succès. Très vite, il ne manquera pas de voir le côté comique de l'histoire, j'en suis sûre.

Vendredi 16 octobre

Une fois encore : vive le vendredi-plus-rien-à-foutre ! Simon « travaillait à la maison » aujourd'hui, ce qui peut se traduire approximativement par : « lisait le *Daily Mail* en ligne tout en grignotant tous mes biscuits » (pour être franche, je fais pareil quand j'arrive à négocier un jour de « travail à la maison »). Du coup, c'est lui qui a eu la joie et le privilège de gérer l'heure du dîner pendant que je me préparais pour sortir. En effet, j'avais décidé que le meilleur moyen de dépasser mes pensées impures était de brancher Sam avec Hannah. J'ai bien sûr prétendu devant l'un comme l'autre qu'il ne s'agissait que d'aller boire un verre. J'ai présenté ça comme un moment de détente, de fun, l'occasion pour Sam de rencontrer d'autres habitants du quartier et patati et patata, bref tout l'inverse de mon agenda caché, à savoir : étouffer dans l'œuf mon gros coup de cœur pour Sam ET me fournir l'opportunité d'acheter un ravissant chapeau pour le mariage-du-siècle dont je pourrai m'attribuer le mérite, eu égard à mes exceptionnelles qualités d'entremetteuse. On me demandera sans doute de prononcer un discours. Je pourrais peut-être même l'organiser, ce mariage ? De fait, je me dis souvent que j'aimerais bien me reconvertir dans l'organisation de mariage… Il me semble que je serais douée pour ce genre de chose.

Mes préparatifs ne m'ont pas procuré l'intermède calme et relaxant que j'escomptais, en raison des incessantes interruptions de Peter, de Jane, mais aussi de Simon, quelque peu dépassé par le mix dîner-bain-dodo. Il n'arrêtait pas d'entrer dans la chambre d'un air accablé en geignant :

— Mais c'est *quoi* leur problème ? Pourquoi ils se comportent comme ça ? tandis que les cris et les déferlantes en provenance de la salle de bains passaient sous la porte.

— Ils se comportent comme ça, Simon, parce que tu leur laisses manger des bonbons Haribo, ce qui a le don de transformer nos charmantes têtes blondes en démons hyperactifs.

— Mais alors, pourquoi tu m'as laissé leur donner des Haribo ? Pourquoi tu ne m'as pas prévenu ?

— Je t'ai très souvent dit de ne pas leur donner de bonbons Haribo, Simon. Simplement, d'habitude, tu me laisses affronter les conséquences de tes actes pendant que tu files faire autre chose.

— Mais dans ce cas, pourquoi y a-t-il des bonbons Haribo dans la maison, s'ils ont cet effet-là sur ces petits morveux ?

— Aucune idée. Je ne sais pas comment font les bonbons Haribo pour entrer dans cette baraque ! Ils sont là, c'est tout, et quand il n'y en a plus, il y en a encore. Je pensais que c'était toi qui les achetais, mais si ce n'est pas toi, il s'agit peut-être d'un de ces mystères de l'existence que nous ne sommes pas censés percer, comme : « Pourquoi y a-t-il toujours des petits bouts de carotte dans le vomi, même quand on n'a pas mangé de carottes ? » Sauf que pour le moment, vois-tu, JE M'EN FOUS ! Ce soir, je SORS.

Sur ce, j'ai franchi le seuil de la chambre en agitant ma crinière avec désinvolture. Simon a quand même fini par me faire un compliment sur mon allure. Il m'a dit que j'étais jolie, sans même que je lui pose la question, si bien que je m'en suis voulu de l'abandonner une fois de plus à son triste sort. Aurais-je dû lui proposer de m'accompagner ?

Toutefois, en arrivant au pub, je n'ai plus regretté l'absence de Simon : si nous nous étions retrouvés à deux couples, il aurait été clair pour tout le monde que j'essayais de brancher Hannah avec Sam. Il faut de la subtilité quand on se lance dans ce genre de rapprochement.

Sam semblait assez mal à l'aise, il n'avait plus rien du nonchalant étalon qui hantait mes rêves. Pire, son langage corporel n'indiquait pas le moindre intérêt pour Hannah (et je sais de quoi je parle, j'ai longuement potassé les articles « Comment savoir si vous lui plaisez », un grand classique des magazines féminins, de *Mademoiselle* à *Cosmopolitan*). De toute évidence, ces deux-là allaient avoir besoin d'un petit coup de pouce si je voulais être invitée d'honneur-organisatrice de leur mariage-du-siècle.

Pendant que Sam commandait au bar, je me suis mise à énumérer ses nombreuses qualités à Hannah : excellent père, homme charmantissime… Je me suis retenue *in extremis* de m'exclamer : « Et tu as vu ce cul de rêve ? Non, mais MATE-MOI CE CUL ! » Je ne voulais surtout pas qu'elle s'imagine que j'assimilais son futur époux à un simple objet sexuel. Hannah, cependant, pas très convaincue par mon baratin, m'a déclaré qu'il était encore trop tôt pour qu'elle pense à refaire sa vie.

Pas découragée pour un sou, j'ai attendu qu'elle aille au petit coin pour demander à Sam, l'air de rien :

— Hannah est vraiment une fille adorable, non ?

— Hum… en effet, oui, elle a l'air très sympa.

— Et très jolie, en plus. Tu ne trouves pas ? Elle a des cheveux magnifiques.

— Euhhhh, oui… oui, absolument magnifiques.

J'hésitais à en remettre une autre couche en parlant de ses seins splendides quand Sam m'a dit :

— Le problème, Ellen, c'est que si tu essaies de me caser avec elle, je… euh, comment te dire ? Ce n'est pas vraiment mon genre.

Ah. Mon moral a momentanément dégringolé dans mes chaussettes : le mariage-du-siècle et la gloire d'en être à l'origine étaient en train de me filer entre les doigts (je songeais justement à une toque stylée, ornée d'un petit voile aguicheur… On doit pouvoir porter un voile à un mariage quand on en est à la fois l'instigatrice et l'invitée d'honneur ?). Très vite, mon optimisme a repris le dessus. Et si c'était moi, le genre de Sam ? Voilà qui expliquerait son indifférence aux charmes d'Hannah…

Aussi lui ai-je demandé d'un air que j'espérais innocent ou du moins dénué de trop de coquetterie :

— Et c'est quoi, ton genre ?

Sam a semblé un peu embarrassé.

— Eh bien… Pas les femmes.

Comment ça, pas les femmes ? OH ! La lumière s'étant faite dans mon esprit, je n'ai pu que bafouiller :

— Rholala, Sam… je suis vraiment désolée, je ne savais pas, c'est super-impoli de ma part, vraiment… excuse-moi… je suis désolée !

— Tu ne pouvais pas savoir. Je n'en fais pas étalage. Personne ne s'attend à ce que les hétéros s'avancent en disant : « Salut, je suis comme ceci et comme cela, et… à propos, je suis hétérosexuel. » Alors pourquoi les gays devraient-ils se présenter en faisant un numéro de claquettes à la Judy Garland ? En tout cas, a-t-il conclu en s'illuminant, ça me met à l'abri des griffes des mamans-mimis ! J'ai beau être un papa solo et sexy – au passage, merci du compliment –, je ne leur suis d'aucune utilité.

Sa candeur m'a gentiment amusée.

— Détrompe-toi ! Tu seras encore plus demandé ! Elles vont toutes vouloir te revendiquer comme leur Meilleur Ami Gay, elles se croiront dans un épisode de *Will & Grace*. Au contraire, Sam, désormais, tu ne pourras plus leur échapper. Tu es FOUTUUUUUUUUU !

— Oh… Et si je reste collé à toi ? Tu sauras bien me défendre, non ? Peut-être que ton infréquentabilité déteindra sur moi et qu'elles me ficheront la paix ?

Pauvre Sam. Il lui faudra plus que moi dans le rôle du bouclier humain pour repousser les assauts de la parfaite-maman de la Parfaite-Lucy Atkinson, lorsqu'elle aura pris conscience de son potentiel d'accessoire incontournable ! Mais il peut toujours essayer si ça l'amuse.

Une fois le fait établi que, hélas ! mes talents de marieuse étaient loin d'égaler mes compétences en langage corporel (les magazines restent évasifs sur la meilleure façon de caser ses amis, sans doute parce qu'étant toutes en compétition, on la boucle quand on dégote un Garçon Bien), nous nous sommes mis à picoler très sérieusement. Soudain plus détendu, Sam a fini par me raconter, à grand renfort de « SALAUD ! », comment son enfoiré d'ex, Robin (et non Robyn), l'avait largué.

Apparemment, Robin avait mis ses nombreux déplacements sur le compte de sa passion pour les meubles campagnards de style français qu'il restaurait à titre professionnel, alors qu'en réalité, il baisait une espèce de Français prénommé « Jean-Claude, René ou un de ces prénoms français à la con », ainsi que nous l'a révélé Sam après plusieurs cocktails. (À ce propos, il nous a fait découvrir le manhattan, un nectar au goût de cerise qui doit contenir aussi un peu d'alcool pour saouler de manière aussi impressionnante.) Robin, donc, a abandonné Sam et les enfants pour se barrer avec son Français. Sauf que ça n'a pas marché avec Jean-Claude/René et qu'au bout de quelques mois, Robin a voulu se remettre avec Sam.

— Mais moi, j'y ai dit… J'y ai dit : « Va te faire foutre ! » Voilà ce que j'y ai dit, m-moi !

Sam a ensuite décidé de refaire sa vie ailleurs et il a atterri ici. Sauf que dans l'intérêt des enfants, il se doit de rester courtois envers Robin (« Le Salaud ») ! Impossible, donc, de lui dire d'aller se faire foutre aussi souvent qu'il le voudrait. Sam est un véritable moulin à paroles quand il est bourré.

Hannah nous a ensuite appris la dernière de Dan (que nous avons lui aussi copieusement traité de « SALAUD ! »). Il lui a annoncé que sa grue (à ce propos, j'ignorais que « grue » se disait encore) passait le week-end chez lui et que les enfants allaient donc faire sa connaissance.

— Salaud ! s'est indigné Sam. Même Robin (ce salaud !) n'avait pas pr-présenté Machin, l'autre là… Henri Ducon, aux enfants.

— Re-remets-nous des bobtails ! ai-je bredouillé.

À ma grande surprise, Simon n'était pas couché quand

je suis rentrée. Sympa. Malheureusement, j'étais vraiment torchée, incapable de marmonner autre chose que :

— Biscotte. Besoin biscotte. Biscotte maintenant. Mmmmm… biscotte. Encore des biscottes. Je t'aime, machin.

En dépit de mon état d'ébriété avancé, Simon ne m'a même pas traitée de pochtronne éhontée. Il a éclaté de rire et m'a dit :

— On dirait que tu t'es bien amusée, ma chérie !

Puis il m'a mise au lit. C'est une des raisons pour lesquelles je l'aime, même s'il me tape parfois sur les nerfs. Je crois que je vais le garder, finalement. Et je crois qu'il m'aime bien, lui aussi.

Samedi 17 octobre

J'ai été cassée une grande partie de la journée. Complètement fracassée. Le manhattan n'est peut-être pas un cocktail si chouette que ça, après tout. Quand je me suis levée, il y avait du Nutella partout dans la cuisine. J'aimerais beaucoup en rejeter la faute sur Simon ou sur les enfants, mais comme je suis le seul membre de la maisonnée à manger du Nutella et que sa simple odeur fait vomir tous les autres, il semble que je doive assumer l'entière responsabilité de ce Nutella gate, même si j'ignore comment j'ai pu repeindre les murs ainsi. Ma seule consolation m'est venue des textos d'Hannah et de Sam qui se demandaient si, par hasard, je savais comment ils étaient rentrés chez eux. Moi, au moins, je me souviens d'avoir pris un taxi, il se peut donc que je me sois légèrement moins murgée que Sam et Hannah.

Si l'on excepte le Nutella, la maison était remarquablement bien rangée – normal puisqu'elle était sous la surveillance de Simon, hier soir. Il avait même troqué son infâme polaire contre un joli pull. Et, comme je suis vaine et superficielle en dépit de mes dénégations, et que Simon avait été adorable hier soir quand j'étais rentrée complètement torchée, je me sentais plutôt bien disposée à son égard, surtout au vu de la conduite de ces Dan et Robin infidèles. Du coup, je me suis excusée d'avoir bousillé le buffet de sa grand-mère. Simon a réagi avec grande gentillesse. Il m'a dit de ne pas m'en faire, qu'après tout ce n'était qu'un buffet (CE SONT SES PROPRES MOTS !).

Il a cependant suggéré qu'il me faudrait peut-être admettre une bonne fois pour toutes que la restauration de meubles n'était pas mon truc, voilà tout. À ce propos, il m'a rappelé mes nombreuses tentatives de récup' ratées, du temps où nous étions encore étudiants et où j'estimais acceptable de ramener à la maison des choses trouvées au fond d'une benne. Un jour, j'avais même trouvé un Australien au fond d'une benne, peu après notre mise en ménage. Je ne l'avais pas ramené à la maison, pourtant il était franchement canon. Je m'étais contentée de lui indiquer l'auberge de jeunesse la plus proche. J'avais pas mal regretté de le laisser partir. En même temps, je m'étais dit que si je l'avais ramené à la maison et qu'il s'était avéré être Le Bon, jusqu'à la fin de ma vie, quand on m'aurait demandé les circonstances de notre rencontre, j'aurais dû répondre : « Je l'ai trouvé au fond d'une benne. »

La gentillesse de Simon au sujet du buffet, doublée d'une bonne rigolade en repensant à notre jeunesse insouciante où nous étions encore plus fauchés qu'aujourd'hui, nous a mis d'humeur amoureuse. Simon a suggéré que nous en profitions tant que les enfants étaient posés devant *Bob l'Éponge*, dans un état catatonique. En toute franchise, j'ai accepté tout de suite. Aux prises avec une gueule de bois carabinée, j'étais davantage tentée par l'idée de m'allonger dans le noir que par un désir fou de connaître les vertus d'un homme. Néanmoins, nous nous sommes éclipsés sans bruit. Alors que Simon remontait mon soutien-gorge, nous avons été interrompus par les rugissements furieux de Peter devant la porte (heureusement fermée à clé) de notre chambre. Motif : Jane avait commis l'acte impardonnable de changer de chaîne sans lui demander la permission. S'est ensuivie toute une théorie sur *Ninjago* et la notion de justice. À ce stade, pour Simon et moi, le cœur n'y était plus.

Nos enfants sont très forts, je leur reconnais volontiers cette qualité. Ils sont équipés d'un radar qui détecte le moment où nous sommes sur le point de baiser. Dès lors, ils unissent leurs forces pour déjouer nos projets. J'avais pourtant bien dit à Simon que mettre un verrou à la porte ne suffirait pas à les décourager. Il faudrait construire une sorte de bunker à sexe, un abri antinucléaire, souterrain, insonorisé et blindé, pour empêcher les enfants de nous casser notre coup. Et même comme ça, ils trouveraient sûrement un moyen de percer notre défense.

Mardi 20 octobre

Le pauvre Peter est malade. Hier soir, au coucher, il allait tout à fait bien, mais à trois heures du matin il a fait irruption dans notre chambre en se plaignant de la gorge. Aucun verre d'eau, câlin ou histoire ne faisant effet, je lui ai donné du Doliprane et il a fini par s'endormir. Le lendemain matin, il s'est levé tant bien que mal, l'air catastrophé pour lui-même, en gémissant qu'il avait très très mal à la gorge. Ma journée étant particulièrement chargée, j'espérais encore m'en tirer avec une autre cuillerée de Doliprane et l'envoyer quand même à l'école, bien emmitouflé. Cependant, il m'a surprise en réussissant haut la main le test de vérité « Es-tu vraiment malade ? ». Je l'ai informé que s'il était trop malade pour aller en classe, il devrait rester au lit et lire dans le calme – qu'il ne s'imagine pas qu'il allait jouer aux jeux vidéo toute la journée ! Ce à quoi il a répondu avec un faible hochement de tête :

— Oui, je veux rester au lit. J'ai froid, maman, je peux retourner me coucher tout de suite ? J'ai envie de dormir.

Comme, en général, Peter préférerait se faire écarteler plutôt que de rester au lit une minute de plus que nécessaire, j'ai estimé qu'il était réellement malade, en bref qu'il ne simulait pas dans l'espoir d'atteindre aujourd'hui le prochain niveau de son jeu de Pokémon à la con. Je lui ai donc pris sa température, comme une maman aimante et responsable. 38,5 °C. Évidemment, il a fallu que j'aille vérifier sur Google. Je ne me souviens jamais à quelle température doit être le corps humain ni à quel stade une fièvre devient « dangereuse » (39,4 °C selon Dr Google). De toute façon, je suis trop radine pour acheter le thermomètre qui clignote et émet des bips quand il juge trop inquiétante la température de votre canard en sucre.

J'ai fait prendre à Peter une autre dose de Doliprane – le meilleur ami des parents. (Ah, si seulement j'avais pris des actions dans ce putain de Doliprane à la naissance des enfants ! Mais personne ne vous prévient que vous allez en administrer à tour de bras, pour soigner de réelles maladies, ou en dose placebo pour tous ces maux mystérieux qui se déclarent seulement au moment du coucher.) Bien qu'il ait désormais six ans, Peter refuse farouchement de passer à la présentation « Enfants de plus de six ans ». Il a donc réclamé pathétiquement « le Doliprane rose, maman, s'il te plaît, j'aime le Doliprane rose ». Je l'ai bordé sur le canapé avec une couverture et j'ai même accepté de lui donner une tasse de thé, à titre exceptionnel, parce qu'il se sentait vraiment très mal. De fait, il était si faible que même l'effet combiné de la théine et du Doliprane semblait impuissant à restaurer sa jauge d'hyperactivité, sachant qu'en temps normal, toute dose de théine transforme mes enfants en petits lapins Duracell.

En partant travailler, Simon avait gentiment accepté de déposer Jane à l'école et d'aller la récupérer à la sortie, je n'avais donc pas à jeter mon petit malade dans le froid glacial d'un monde hostile. Jane était fort marrie qu'on l'envoie à l'école alors que son frère restait à la maison. Elle a bien tenté de cracher un de ses poumons, histoire de me prouver qu'elle aussi devait garder la chambre et siffler tout un flacon d'élixir-rose. Néanmoins, elle a remarquablement foiré le Test en m'expliquant tout de go pourquoi son état nécessitait de passer la journée devant la télé. À l'entendre, même si elle n'était pas malade *à ce point*, il y avait de fortes chances pour qu'elle soit contagieuse. Connaissais-je seulement la période d'incubation du virus qui terrassait Peter ? Et s'il s'agissait d'un truc vraiment grave, genre Ebola, et qu'elle contamine toute l'école à cause de moi ? (De toute évidence, Jane a recommencé à regarder Discovery Channel dans mon dos.) Je l'ai donc dûment expédiée à l'école, en dépit de ses lamentations ininterrompues sur l'injustice dont elle était victime.

J'ai ensuite prévenu le bureau que je travaillerai à la maison, car mon fils est très malade (Peter a docilement toussé pendant toute la durée de l'appel, afin d'orner ma revendication d'une touche de réalisme). Tout de suite après, le canapé m'a paru terriblement attirant. Il faut dire que j'avais passé la moitié de la nuit au chevet de Peter.

Fine mouche, je lui ai demandé :

— Tu aimerais que maman vienne te faire un câlin, mon chéri ?

Ce à quoi Peter a répondu :

— Oh oui, maman, un câlin s'il te plaît…

Je me suis consciencieusement pelotonnée sous la couverture et mon fils est venu se blottir contre moi. En fait, c'était très agréable : en ce moment, j'ai peu d'occasions de faire des câlins avec les enfants. Je suis tout le temps en train de courir, de foncer ici, de filer là-bas, de jongler entre les activités extrascolaires, les devoirs, les repas du soir et les lessives. Mes journées sont trop courtes pour tout caser.

Peter a toujours été un bébé câlin, son grand plaisir était de se blottir contre moi pendant des heures. Mais dès qu'il a su marcher, il a soudain découvert l'existence d'un autre univers qui ne demandait qu'à être exploré et démantibulé, et que rester sur les genoux de sa mère compromettait gravement ses ambitions, à savoir mettre les doigts dans les prises et ôter le filtre du lave-vaisselle. En grandissant, il a trouvé encore plus de bêtises à faire, et les câlins sont devenus has been. Pour couronner le tout, Jane a déclaré à l'âge vénérable de huit ans que les câlins, c'était « pour les bébés » et elle prend un malin plaisir à le rappeler à son frère, les rares fois où il en réclame un. Il faut dire que Jane n'a jamais été câline : même bébé, elle détestait être dans les bras et hurlait pour qu'on la pose. Par la suite, c'est devenu une petite fille d'une indépendance farouche. « C'est moi le fais ! » et « Non ! » ont constitué l'essentiel de ses vociférations durant ses premières années.

L'un dans l'autre, et même si ça impliquait que mon fils adoré soit terrassé par la maladie, c'était très agréable d'avoir à nouveau quelqu'un à câliner. Surtout que ce quelqu'un avait juste un mal de gorge et pas une gastro. Je pouvais me détendre sans crainte qu'il me gerbe dans le décolleté.

Mercredi 21 octobre

Peter est encore trop mal pour retourner à l'école, mais son état s'améliore. Aujourd'hui, quand je me suis pelotonnée avec lui devant *Là-haut*, il s'est mis à gigoter en tous sens sur le canapé et a vociféré à la fin que ce dessin animé était débile : « Cet homme avait besoin de sa maison, et alors qu'est-ce qu'il allait faire sans sa maison ? » Moi, je sanglotais que dans la vie, on a besoin d'amour et seulement d'amour, ce à quoi Peter a répliqué que non, on avait aussi besoin d'une maison. Et quand j'ai bramé : « Viens faire un câlin à maman, mon chéri », il a prétexté une envie pressante pour filer en continuant de marmonner que c'était n'importe quoi, qu'on avait besoin de briques et de mortier dans la vie, pas d'amour. Bien sûr, je me réjouis qu'il aille mieux, mais mon petit garçon câlin me manque.

De son côté, Jane, qui affiche une forme insolente, a cherché sur Google quantité de maux obscurs et archaïques, furieuse que Peter ait obtenu de rester un *second* jour à la maison. Elle menace toujours de déclarer la peste, mais sa prétendue faiblesse et son autodiagnostic d'« amygdalite purulente » ont été quelque peu gâchés par son petit déjeuner pantagruélique ainsi que par sa capacité intacte à raisonner à propos de tout. Je regrette de lui avoir lu *What Katy Did*, ce classique de la littérature enfantine. Depuis, elle se voit bien menant toute la maison à la baguette depuis son lit et sommant les êtres inférieurs de venir lui rendre hommage. Ce scénario m'inquiète à deux titres. Primo, je crains que Jane m'ait attribué le rôle de la méchante tante Izzie et je suis sûre qu'elle m'éliminerait sans état d'âme pour prendre le contrôle de la maisonnée. Jane semble avoir quelque peu négligé a) toute la partie où Katy reste paralysée pendant des années, et b) l'absence totale de domesticité censée lui faciliter l'existence une fois que, débarrassée de la méchante tante Izzie/moi, elle fera la loi depuis son lit. Que le ciel nous vienne en aide lorsqu'elle sera en âge de lire les sœurs Brontë !

N'empêche que si Jane tombait réellement malade, je culpabiliserais à mort, surtout après l'avoir accusée de simuler. Aussi ai-je passé la journée à consulter mon téléphone avec angoisse, au cas où l'école m'aurait appelée pour que je vienne chercher ma pauvre petite poulette malade. Jusqu'ici elle tient le coup, sans doute à sa grande indignation.

Lundi 26 octobre

Vacances de Toussaint. Comment se fait-il qu'on soit déjà à la moitié du premier trimestre ? Les enfants viennent à peine de rentrer qu'ils sont déjà en vacances pour une semaine. Une fois de plus, Simon a refusé de prendre des congés à la Toussaint : il est bien-trop-important et a des revenus plus élevés que les miens. C'est oublier un peu vite que s'il gagne plus que moi, c'est uniquement parce qu'après calcul des frais de garde, nous avons décidé *d'un commun accord* qu'il était plus rentable que je travaille à temps partiel. Si j'avais un poste à temps complet, je ne travaillerais que pour payer une nounou à domicile ou une assistante maternelle.

Avec la candeur de l'optimisme, nous sommes également convenus de nous répartir la garde des enfants pendant les vacances. Mais, fait étrange, c'est toujours quand ils n'ont pas école que Simon se découvre un déplacement professionnel impossible à annuler ou un projet à boucler au plus vite. Résultat, je me fais toujours bouffer ma période de congés annuels par les vacances scolaires, les concerts de l'école, les spectacles de Noël et les journées portes ouvertes. Tout ça parce que Simon est super-occupé. En fait, je ne crois pas que Simon soit super-occupé, je pense juste qu'il est malin. Il faut que je la joue plus fine, moi aussi.

Hélas, mon morne job dans l'informatique ne m'autorise aucun déplacement semblable à ceux d'un architecte, entre les « visites de chantier » et les conférences. Bref, tout ça pour dire que Simon s'est tiré à Barcelone et que je me retrouve avec deux enfants affamés. Au bord de l'inanition… Toutes les cinq minutes, ils reviennent dans la cuisine en pleurnichant qu'ils ont faim, surtout Peter, qui ingurgite chaque jour une quantité indécente de nourriture sans jamais prendre un gramme. De temps en temps, je me demande s'il n'a pas le ver solitaire. Auquel cas, il pourrait au moins le partager avec moi ! J'adorerais manger autant que mon fils et rester aussi filiforme que lui, à tel point que j'ai été jusqu'à chercher sur Google si on pouvait acheter des ténias sur internet. (Il semblerait que ça soit possible, mais seulement sur des sites hyper-louches et à fuir de toute urgence, en particulier à cause des virus dont ils vont infecter votre ordinateur, sans parler des horreurs qu'ils vont vous fourguer sous l'appellation « ver solitaire ». À supposer qu'ils n'aient pas déjà piraté votre carte bancaire et ne soient en train de se moquer de la crédulité de toutes ces grosses bonnes femmes paresseuses.) Je devrais peut-être vermifuger Peter, mais je crains l'issue de l'opération et plus encore de devoir la contempler. C'est déjà bien assez dégoûtant de devoir vermifuger le chien ! En plus, Peter est bien capable de vouloir garder ses vers comme animaux de compagnie.

Bêtement, j'avais nourri le fol espoir que cette semaine « de vacances » me permettrait de ranger la maison, vider le frigo, trouver la source de cette persistante odeur d'urine dans la salle de bains et, de manière générale, de transformer la baraque en un espace de vie propre, élégant, de bon goût et digne de Pinterest. Hélas, j'avais oublié qu'une vraie semaine de vacances avec mes chères têtes blondes, ça n'existe pas. Non contente de lutter sans cesse contre la famine qui les guette en permanence, je dois aussi les séparer en cas de bagarre, retrouver leurs trésors perdus et leur fournir des distractions variées.

Comment se fait-il que distraire les enfants soit devenu hors de prix, de nos jours ? Au risque de paraître réac, je dois dire que si j'avais passé mes vacances à chouiner « Qu'est-ce qu'on fait aujourd'hui ? » et à exiger d'aller au cinéma ou aux jeux gonflables, ma mère m'aurait envoyée me faire voir. (Mon Dieu, ne me laissez pas succomber par désespoir aux charmes fétides et ruineux des jeux gonflables. Donnez-moi la force de résister aux cellules-capitonnées-du-destin, criardes et maculées de merde.)

Le frigo qui était plein hier est presque vide aujourd'hui. Peter n'a que six ans : où vais-je trouver l'argent pour le nourrir quand il sera adolescent ? Quand les enfants étaient petits, je proposais toujours à mon amie Claire d'aller au parc/boire un café, etc. Mais Claire, qui en ce temps-là avait un fils ado et une petite fille de l'âge de Jane, insistait souvent pour que nous allions chez elle, surtout si elle avait fait les courses la veille. En effet, il lui fallait protéger le frigo contre les assauts de son fils qui, laissé seul, en aurait englouti le contenu. À l'époque, je pensais qu'elle exagérait, mais c'était avant que je fasse la connaissance de Peter et de son ver solitaire. À présent, je vois l'avenir s'ouvrir devant moi comme un estomac sans fond.

Mercredi 28 octobre

Misère de moi, j'ai craqué. Nous sommes allés aux jeux gonflables. Mes oreilles bourdonnent, ma tête cogne, j'ai envie de nous récurer de la tête aux pieds, moi et mes enfants, au désinfectant et à la paille de fer. Aucune quantité de vin au monde ne peut atténuer ma souffrance. Peter s'est bagarré avec un miniskinhead terrifiant, nanti d'une mère terrifiante avec sur le cou un tatouage « Djuztin Bibeur 4ever ». J'ai cru que nous allions tous y passer. Ensuite, Jane s'est débrouillée pour marcher dans une mare de pisse dans les toilettes. Enfin, elle est restée bloquée tout en haut d'une espèce de mur d'escalade à la con, ne me laissant que deux possibilités. Soit je grimpais à mon tour et je me coinçais le cul dans les rouleaux en mousse comme Winnie l'Ourson dans un terrier, me condamnant à l'indignité de me faire extraire de là par de jeunes employés blasés, soit je restais en bas et j'encourageais Jane à redescendre de ma voix stridente aux accents très classe moyenne : « Je t'en prie, mon cœur, tu n'as qu'à ramper de ce côté et te laisser glisser sur le toboggan ! Après, on rentrera à la maison, chérie, et tu auras un bon petit pain au chocolat ! » Le tout en serrant mon sac contre ma poitrine et en priant pour ne pas finir poignardée. Aux chiottes, le vin ! Je vais passer directement au gin. Plusieurs verres de gin. *La bouteille* de gin.

Vendredi 30 octobre

Simon est rentré, hourra ! ET il m'a ramené un cadeau. Ce cadeau, ajouté aux jacassements dont l'accablent mes deux perroquets fous qui exigent aussi qu'il les couche, compense presque, *presque*, le soupir d'épuisement qu'il a poussé en rentrant. Il faut dire qu'après avoir passé une semaine dans un hôtel agréable et s'être nourri de petits déjeuners complets et de délicieuses tapas, il n'en pouvait plus. D'un ton pathétique, il m'a confié qu'il aimerait manger quelque chose de tout simple ce soir, des lasagnes, par exemple. La préparation de lasagnes nécessite un grand nombre de poêles et de casseroles. C'est un plat tout sauf simple. Je lui en prépare quand même, bien que ce soit vendredi-plus-rien-à-foutre, car je suis une bonne épouse, qu'il m'a pas mal manqué et que ça me donne un prétexte pour siffler en douce le gin douteux qu'il a ramené d'Espagne, pendant que les enfants lui sautent dessus et l'abreuvent de questions ineptes. J'avais juste oublié à quel point c'est long de préparer ces foutues lasagnes. La mine sombre, je râle toute seule dans la cuisine devant le nombre de casseroles utilisées. Si Simon me sort encore une fois qu'aller à l'hôtel n'est pas aussi agréable que ce qu'on pourrait croire, je ne réponds plus de mes actes !

Samedi 31 octobre

Rhoo, qu'est-ce qu'on s'est bien amusés cette année pour Halloween ! En fait, le clou de la soirée a été de devoir bricoler à la dernière minute un déguisement de vampire à partir d'une de mes vieilles culottes en dentelle. En effet, un quart d'heure environ avant de partir rançonner les habitants du quartier (d'aller mendier aux portes comme des petits miséreux de l'époque victorienne ! Et tout ça à cause de quoi ? De la ridicule américanisation d'un rite païen qui se perd dans la nuit des temps !), Peter a décidé qu'il ne voulait plus être une chauve-souris. À la suite de notre expédition commando, nous nous sommes rendus à la soirée Halloween d'une brave voisine. Là, échappant à ma vigilance, Jane a réussi à avaler son propre poids en bonbons. Métamorphosée en balle de caoutchouc hurlante, ma fille m'a donné du fil à retordre. L'empêcher de rebondir contre les murs n'a pas été chose facile. Ayant enfin réussi à la mettre au lit, en même temps que Sophie, la fille de Sam qui dormait chez nous ce soir, je pensais être tirée d'affaire. Mais alors que je venais de m'asseoir avec un petit (énorme) verre de vin (rouge, pour rester dans l'esprit d'Halloween en me faisant des « crocs de vampire »), un beuglement plaintif m'est parvenu depuis la chambre de Jane.

Ma fille et moi en avons parlé plusieurs fois : si jamais elle sent qu'elle va être malade, je préfère vraiment, mais *vraiment*, qu'elle se débrouille pour ne pas vomir dans son lit. De toute évidence, elle a retenu la leçon, car elle s'est penchée sur le côté et a gerbé sur Sophie qui dormait en dessous d'elle sur un lit de camp. Gerbé. Partout. Sur. Sophie. Sophie a des cheveux très longs et très épais.

Simon est plutôt doué avec le vomi. Moi, je suis nulle. Il a géré la couette pleine de vomi (car malgré ses efforts pour ne pas gerber sur son lit, Jane en avait répandu pas mal dessus), le sac de couchage et le tapis, pendant que je fourrais une Jane hystérique et une Sophie désorientée sous la douche. J'ai tenté de nettoyer la tignasse de cette dernière, moi-même assaillie de haut-le-cœur et marmonnant alternativement « vie de merde » et « bordel à culs ». Tout ce vomi ! C'était pire que la fois ou Peter avait dégobillé du haut de son lit superposé. Le retour d'éclaboussures qui en avait résulté m'avait fait beaucoup regretter d'avoir fait poser du parquet flottant dans sa chambre. Cette nuit-là, j'avais jeté beaucoup de Lego.

Je sens encore l'odeur du vomi et je n'ose même pas boire mon verre de vin au cas où la princesse Gerbaflot frapperait de nouveau. Par chance, Sophie a très bien pris sa mésaventure. Était-elle assez réveillée pour se rendre compte de ce qui se passait, je n'en suis pas sûre. Mais je suis mortifiée à la pensée de devoir raconter à Sam nos péripéties nocturnes.

NOVEMBRE

Jeudi 5 novembre

Vive la Nuit de Guy Fawkes[1] ! Odeur de feu de bois et crépitement des flammes. Pommes de terre sous la cendre et saucisses grillées. Petites bouilles surexcitées et rayonnantes de crainte respectueuse à la lueur des feux d'artifice. Que peut-on trouver à redire à tout ça ? Eh bien, pour commencer, mon adorable mari a refusé que j'annonce à tout le quartier qu'il allait satisfaire le pyromane en lui en tirant son propre feu d'artifice dans le jardin. Cette bonne blague ! Je me suis empressée d'inviter tous les voisins pour qu'eux aussi puissent profiter de la magnificence du feu de bois/des pommes de terre sous la cendre/des petites bouilles illuminées, etc.

Bêtement, hélas, Simon m'a confié l'achat des feux d'artifice. Comme je m'étais répandu de l'essence sur les bottines en faisant le plein au supermarché, j'avais l'esprit traversé de mille pensées. Allait-on accepter de vendre des fusées et des pétards à une femme qui empestait Eau de Pétrole ? Allait-on appeler la police pour signaler la présence d'une incendiaire dans le rayon ? J'étais tellement soulagée que personne n'ait fait allusion aux effluves d'essence qui émanaient de ma personne que je me suis un peu emballée… J'ai acheté les plus grosses fusées qu'ils avaient en magasin (pour ma défense, elles étaient en promo, trois pour le prix de deux, et je ne sais pas résister aux offres promotionnelles).

Personne (et surtout pas moi) ne s'est aperçu que les boîtes de fusées que j'avais choisies portaient toute la mention : « Ne

1. Commémoration de la conspiration des Poudres, tentative manquée de Guy Fawkes de faire sauter le Parlement en 1605 [toutes les notes sont de la traductrice].

JAMAIS tirer à moins de 100 mètres des personnes et des habitations. » Notre maison est loin d'avoir 100 mètres de distance avec les autres habitations (*alias* « les maisons des voisins ») et il était désormais trop tard pour retourner au magasin et échanger les fusées (en plus, celles-là m'avaient déjà coûté la peau des fesses : « offre promotionnelle », mon gros cul !).

Pas démontés pour autant, Simon et moi avons décidé de maintenir la soirée feu d'artifice. Quant à la mise en garde inscrite sur les boîtes de fusées, Simon m'avait assuré d'un ton léger que ce n'était qu'une simple précaution d'usage, afin qu'on ne puisse pas poursuivre les fabricants si un imbécile réussissait à faire flamber sa remise de jardin avec un cierge magique. Et ces fusées-là ne présentaient aucun danger, bien évidemment. On ne trouve pas de grosses fusées pour spectacles pyrotechniques en supermarché, voyons. (Les fusées ont-elles une taille ? Une puissance ? Comment sont-elles classées ? Par « boum » ?) En résumé, tout allait très bien se passer et nous allions être l'attraction de toute la rue.

Les voisins dûment réunis, j'ai allègrement distribué saucisses et pommes de terre au four, m'imaginant sous les traits d'une hôtesse féerique ou, mieux : d'une divinité du foyer.

Les enfants ont tous fait le tour du jardin en faisant tournoyer leur cierge magique, moment auquel j'ai abandonné ma sereine imitation de divinité du foyer pour hurler :

— Les gants ! Les gants ! Vous devez mettre des gants pour les cierges magiques ! Ne touchez pas le bout qui brûle ! Peter, ne mets pas le feu à ta sœur ! S'il vous plaît, faites attention ! *Faites attention ! Faites attention !* FAITES ATTENTION, PUTAIN, ÇA BRÛLE !

C'est alors que Simon a commencé à tirer son feu d'artifice. Bien décidé à prouver qu'on pouvait faire aussi bien chez nous que dans un champ boueux au milieu d'une cohue, il avait disposé à l'avance toutes les fusées. Nous allions assister à un véritable feu d'artifice qui n'aurait rien à envier à ceux des artificiers professionnels… Simon a fait le tour du jardin en courant pour les allumer toutes à la fois. Et donc, on trouve bien de grosses fusées pour spectacles pyrotechniques dans les supermarchés. Et les mises en garde sur la boîte ne sont pas qu'une *simple* précaution d'usage.

Les cris extasiés et les visages baignés par la lumière des fusées ont très vite cédé la place aux marmonnements inquiets : « Euh… ce n'est pas dangereux, quand même ? », « Putain, c'est retombé vraiment très près de chez moi », « On devrait peut-être appeler les pompiers, non ? » et enfin : « Putain de merde, mais ce taré va foutre le feu à toute la rue ! » Les enfants sanglotaient et on parlait déjà de former une chaîne pour éteindre un incendie potentiel.

Au lieu de nous congratuler pour cette merveilleuse soirée où nous aurions siroté du vin chaud, nos invités sont repartis un à un pour vérifier que nous n'avions pas mis le feu à leur maison. Très vite, nous nous sommes retrouvés tous les quatre, Simon, Peter, Jane et moi, massés au fond du jardin d'où nous avons pu admirer le spectacle de notre paisible rue de banlieue transformée en saisissante reconstitution du Beyrouth des années 1980. Les enfants étaient impressionnés au plus haut point. Jusque-là, aucun son de sirène n'avait troué la nuit (nous n'avions donc pas incendié de demeure ancestrale) et la police n'avait pas non plus débarqué pour nous interroger sur l'usage que nous comptions faire de nos lance-roquettes et grenades.

Le feu d'artifice terminé, Simon a déambulé tristement autour de la friche noircie qui avait été sa pelouse amoureusement entretenue, en maugréant dans sa barbe que l'herbe brûlée ne repousserait pas.

Apparemment tout est de ma faute, mais je rejette toute responsabilité sur le magasin : quand on accepte de vendre dix mille fusées d'artifice à des personnes qui puent l'essence à plein nez, il ne faut s'étonner de rien !

Le côté positif de l'affaire, c'est que les voisins nous ont sans doute rayés de leur liste de cartes de vœux. Pas grave ! Ça me fera une corvée de moins. Et je me suis débrouillée pour siffler tout le vin chaud. Résultat, je suis complètement bourrée. Ça m'apprendra à professer que le vin chaud, ce n'est pas vraiment de l'alcool.

Samedi 7 novembre

J'ai l'impression d'être une vraie personne avec une vraie vie ! Ou presque. Avoir deux amis divorcés signifie que leurs ex-conjoints (SALAUDS !) ont les enfants un week-end sur deux. Par conséquent, mes amis sont libres de sortir et de Faire des Choses. Évidemment, l'échec de leur couple est très regrettable pour Hannah comme pour Sam, sans oublier les enfants. En revanche, c'est tout bénéfice pour moi, puisque je les accompagne au pub.

Ce soir, Hannah ou Sam ont passé en revue les nombreux défauts et méfaits de leurs ex, ponctuant ça et là leur énumération d'un « SALAUD » sitôt que l'un se reconnaissait dans les iniquités infligées à l'autre. Pour finir, Sam a admis que j'avais vu juste : le Gang des foutues-mamans-parfaites était après lui. Sophie avait dit à la Parfaite Lucie Atkinson qu'elle avait deux papas et à partir de là, la maman de Lucy avait invité Sophie pas moins de cinq fois cette semaine. Sauf que la petite refuse absolument d'aller jouer chez elle. Apparemment, elle déteste Lucy Atkinson « parce qu'elle a une figure idiote », raison aussi valable qu'une autre. Sam s'est plaint que le reste du Gang lui tournait aussi autour. On lui propose de « passer boire un café », on le force à accepter d'horribles « muffins diététiques » faits maison… Fiona Montague, avec un manque de tact ahurissant, même pour elle (cette garce m'a quand même dit un jour qu'elle me trouvait « très courageuse » de sortir sans maquillage, surtout quand j'étais « patraque » – pour info, j'étais en pleine forme et maquillée comme une voiture volée), Fiona Montague, donc, a essayé de le brancher avec son coiffeur – « Je suis sûre que vous avez des tas de choses en commun, les garçons ! ».

— Ces femmes sont de vrais ninjas, s'est lamenté Sam. J'ai impression d'évoluer dans une sorte de jeu vidéo. Pour le cross de l'école, j'ai dû me planquer derrière les haies pour éviter leurs biscuits dégueulasses et leurs invitations à des soirées bijoux. Je suis gay, bordel, pas drag queen ! Je n'ai aucune envie de passer mes soirées à m'extasier sur leur pacotille de merde !

Hannah m'a donné un coup de coude.

— Tu te souviens des foufounes *artisanales* ?

Elle ne m'a jamais pardonné la fois où j'ai voulu qu'elle m'accompagne à une de ces soirées. À notre grande horreur, nous avons découvert que la maman « créatrice » qui nous recevait avait décidé, pour des raisons qui m'échappent, de créer toute une ligne de bijoux d'après son propre vagin, afin d'en célébrer la fécondité. Vu les prix exorbitants des divers bijoux (boucles d'oreilles, pendentifs, bagues et bracelets !), sa foufoune était en effet extrêmement féconde. Cependant, notre stupéfaction a été balayée avec désinvolture par notre hôtesse : tous ses bijoux étaient de fabrication *artisanale*. Il était donc tout à fait justifié de demander une somme équivalente au PIB du Luxembourg pour une chaîne où pendait une foufoune en argent fin. Il semble que ce même argument soit repris dans les cafés quand un client renâcle à allonger dix livres pour un sandwich au bacon. On vous répond que c'est un prix tout à fait normal, vu que le bacon est issu d'un porc féru de claquettes ou de parachutisme.

Je n'ai jamais vu une tête aussi horrifiée que celle de Sam pendant qu'Hannah lui racontait notre soirée bijoux foufoune. En fait, il avait l'air encore plus horrifié que Simon (un homme incapable de prononcer le mot « vagin ») l'avait été à l'époque. Mais il faut dire que Simon, lui, ne risque pas que je le force à m'accompagner à une quelconque soirée bijoux.

Sam a décrété la tequila d'utilité publique, à titre médical. L'idée qu'on puisse trouver judicieux de vendre à ses amies des répliques « faites main » de ses propres organes génitaux n'était pas tolérable sans anesthésie locale.

J'ai dû boire deux ou trois tequilas. Quelque chose me trottait dans la tête. À un moment donné, Sam a dit quelque chose qui m'a donné une idée géniale. L'ennui, c'est que je n'arrivais pas à me souvenir de cette idée géniale, hormis le fait qu'elle était d'une intelligence inouïe. C'est ça le problème avec la tequila. Enfin, entre autres.

Lundi 9 novembre

La vache ! Nous avons dû vraiment contrarier les voisins avec nos grenades et nos lance-roquettes. En face de chez nous, les Jenkins ont mis leur maison en vente.

Bien sûr, dès que j'ai vu le panneau « À vendre », j'ai fait comme tous les habitants de la rue, je suis allée sur Rightmove, un portail de sites immobiliers, et je me suis lancée dans des calculs frénétiques pour savoir si le prix de la maison des Jenkins indiquait une hausse ou une baisse de la valeur de notre propre maison. Ensuite, bien sûr, j'ai été obligée de passer en revue toutes les photos de leur intérieur et d'en juger la déco en marmonnant des choses comme « OMG, ces *rideaux* ! Mais qu'est-ce qui lui a pris de mettre des rideaux pareils, la pauvre ? » et « Bordel à culs, ils auraient au moins pu fermer l'abattant des toilettes, ces gros porcs, et planquer les produits d'entretien, ces gros feignants ».

J'adore ce site, c'est tellement plus facile qu'avant, quand il fallait appeler les agents immobiliers et feindre d'être intéressé par la maison avant de pouvoir espionner ses voisins. Sur Rightmove, on peut aussi fouiner et mater des baraques de rêve qu'on n'aura jamais les moyens de se payer – le genre qu'on ne fait que regarder en couverture d'*Art & Décoration*, dans la salle d'attente du dentiste.

Cela dit, je me suis un peu égarée, ce matin… Je me suis mise à fantasmer sur un romantique château fort écossais, ainsi que sur un manoir en Cornouaille, austère et menaçant, genre Manderley, le manoir de *Rebecca*. Il y avait même un joli petit presbytère Queen Anne sur lequel j'aurais pu jeter mon dévolu, à la rigueur. (En vrai, il coûtait plus cher que le château écossais et le manoir en Cornouaille réunis.) Bref, tout plutôt que ma morne villa de banlieue.

J'ai tellement soupiré sur ces maisons de rêve qu'à 8 heures 45, je n'avais toujours pas entamé le processus assez longuet consistant à crier un bon nombre de fois :

— ALLEZ, LES CHAUSSURES, VOUS ÊTES PRÊTS ? ON Y VA, MAINTENANT ! VOUS AVEZ MIS VOS CHAUSSURES ? MAIS QU'EST-CE QUE VOUS FOUTEZ ? VOUS ALLEZ LES METTRE, VOS GODASSES ? ALLEZ ! ON Y VA, MAINTENANT ! SI VOUS N'ÊTES PAS PRÊTS, JE PARS SANS VOUS ! MAIS NON, JE NE VAIS PAS PARTIR SANS VOUS… NON, C'EST PAS UNE BONNE IDÉE ! METTEZ VOS CHAUSSURES, MAINTENANT, JE NE PEUX PAS VOUS LAISSER À LA MAISON, C'EST INTERDIT PAR LA LOI !

C'est la mélopée rituelle qui amorce le départ des enfants, le matin. Sans elle, nous arrivions en retard à l'école, ce qui provoquait des échanges de regards entendus entre les membres du Gang qui papotent toujours devant le portail en tenue de yoga, une petite tasse de latte déca au lait de soja écrémé – avec supplément de suffisance – à la main. Non, mais sérieusement : qui a le temps d'aller s'acheter un café à emporter sur le chemin de l'école ? Pourquoi ne boivent-elles pas leur café chez elles avant de partir, comme tout le monde ? Est-ce juste pour la frime ? Pour montrer qu'elles sont teeeeeeeellement bien organisées qu'elles peuvent quitter la maison avec vingt minutes d'avance (sans doute parce que la nounou s'est chargée de préparer les enfants) et teeeeeeeellement pétées de thune qu'elles peuvent payer 3 livres et plus pour un minuscule gobelet de café de chez Costa ?

Moi, bien sûr, j'étais à la bourre pour aller travailler. Du coup, je n'ai pas eu le temps d'acheter un jeu de grattage qui m'aiderait à concrétiser mon fantasme de maison-de-rêve (les jeux de grattage sont un bien meilleur investissement que les gobelets de café à 3 livres. Je suis tellement joueuse que je finirai en chemise).

Par chance, au bureau, personne ne s'est aperçu de mon retard. J'ai donc pu m'éclipser à la pause déjeuner pour aller acheter un jeu de grattage (oui, bon… *cinq* jeux de grattage). Aucun n'était gagnant. Je ne sais pas pourquoi ça me surprend encore. J'espère toujours toucher le jack-pot, alors que je n'ai *jamais* gagné plus d'une livre que, bien entendu, je me hâte de « réinvestir ».

Depuis le temps, je devrais savoir que je ne gagne jamais rien, que ce soit aux jeux de grattage, au loto ou à la tombola. Au top de mes gains les plus importants, il y a : une housse pour boîte à mouchoirs en forme de chien en peluche, remportée quand j'avais sept ans, et, plus récemment, un navet à la tombola de l'école. Oui. Un navet. Mais comment peut-on mettre un putain de navet en jeu ? Ce navet m'a rendue furieuse : j'ai eu peur qu'en touchant ce lot ridicule, j'aie épuisé le capital chance que j'avais accumulé en ne gagnant jamais rien. Mais, à la réflexion, remporter un navet peut être considéré comme le comble de la malchance. Auquel cas, mon capital « chance » reste intact, mobilisable et prêt à me rapporter un énorme gain, sans doute aux jeux de grattage – j'aime la gratification immédiate qu'ils procurent (attendre le tirage de la loterie, ça me saoule).

Mes échecs aux jeux à gratter signant la fin de mes châteaux en Espagne – et de ma demeure seigneuriale –, j'ai appelé Hannah pour lui communiquer ma dernière très-bonne-idée : au lieu de racheter sa part de la maison à Dan, il faut qu'elle la mette en vente et achète celle des Jenkins. Comme ça, elle viendrait habiter juste en face de chez moi. Mon plan l'a laissée un peu dubitative. Elle n'était pas certaine de pouvoir s'offrir cette maison, une fois que Dan aurait pris sa part de la vente et qu'ils auraient payé les frais d'avocat. Mais je lui ai démontré par a plus b que grâce au feu-d'artifice-gate, nous allions pouvoir accentuer notre comportement asocial et faire baisser la valeur immobilière de la rue. J'offrirais à Simon un marcel en résille et je balancerais quelques canettes de bière vides dans le jardin. Bien sûr, nous retrouverions notre irréprochabilité de classe moyenne dès qu'Hannah aurait emménagé. Parce qu'il ne fallait pas non plus faire dégringoler les prix (celui de notre maison, par exemple).

J'adorerais qu'Hannah vive en face de chez moi. Le soir, il nous suffirait de traverser la rue pour aller boire un verre de vin l'une chez l'autre. Tandis qu'aujourd'hui, nous nous voyons une fois par mois, et encore ! Avec du bol et après avoir soigneusement synchronisé les activités des enfants/le choix d'une baby-sitter, etc. À l'arrivée, nous sommes tellement contentes de sortir toutes les deux qu'on finit en général par se bourrer la gueule.

Au lieu de ça, nous nous attablerions dans la cuisine rutilante de l'une ou de l'autre, dans la joie et la bonne humeur, et nous préparerions de délicieux dîners équilibrés, sans effort, que tout le monde mangerait sans râler. J'ai toujours rêvé de trouver mon âme sœur parmi mes proches voisines, mais jusqu'ici, elles se sont toutes révélées tristement décevantes. Elles disent des choses comme : « Oh, non, pas de vin pour moi, on n'est que mardi » ou : « Désolée, mais je fais le régime Weight Watchers – tu sais combien de "points" représente un verre de vin ? » J'ai des voisines pourries. Il m'en faut des mieux. Genre Hannah.

Cet après-midi, tous les chefs étaient à l'extérieur, ils faisaient un truc de chefs, genre « team building ». J'en ai profité pour « mener des recherches » sur le portail de sites immobiliers, afin de démontrer à Hannah qu'acquérir la maison des Jenkins était tout à fait sensé d'un point de vue financier. Il y a un gros avantage à vivre au sein d'une société non technique quand on bosse dans l'informatique : tout le monde a peur des ordinateurs. Du coup, personne ne sait estimer la durée d'une tâche dans ce domaine. En réalité, je glande une bonne partie du temps, au bureau. Par exemple, je peux faire croire qu'une mission qui va me prendre deux heures va me prendre deux semaines – « enfin, à la rigueur, je vais peut-être arriver à la boucler en dix jours, mais c'est bien parce que c'est vous ». Ensuite, si je suis d'humeur magnanime, je pourrai même remettre le truc en une semaine. Résultat, tout le monde me prend pour un génie alors qu'en réalité, je passe mes journées à faire du shopping en ligne et à parcourir des forums spécialisés dans les potins people.

Mon ingéniosité me vaut également de travailler de 9 heures 30 à 15 heures et d'avoir un mercredi sur deux. Ces avantages compensent presque toutes les fois où les gens me demandent en soirée ce que je fais comme métier et que je vois leurs yeux devenir vitreux dès qu'ils entendent « infor » – je n'ai même pas besoin d'aller jusqu'à « matique », ils sont déjà morts d'ennui. Toutefois, je vis dans la crainte que mes supérieurs, m'estimant débordée de boulot, embauchent quelqu'un pour me seconder. Ce serait très bien, à condition que cette personne ait la même mentalité de glandeuse que moi. Mais si le pire devait se produire et qu'ils engageaient quelqu'un doté d'une vraie conscience professionnelle, je serais grillée.

Mardi 12 novembre

AAARRRRRRGHHHHHH ! Les mails de Noël ont commencé à tomber dans ma boîte à lettres électronique. MAIS CE N'EST PAS NOËL AVANT DÉCEMBRE ! Pourquoi ma stupide famille me fait-elle ça, à moi ? Enfin, s'ils ont réussi à attendre novembre, c'est qu'ils n'ont pas oublié mon méga-pétage de plombs de l'année dernière. Lorsqu'ils avaient commencé à m'envoyer leurs mails au mois d'août, je leur avais dit d'aller se faire foutre, qu'ils BOUSILLAIENT LA MAGIE DE NOËL.

Le premier mail est tombé ce matin, envoyé par madame-trop-contente-d'elle-même, la surdouée, l'arriviste, la richissime, la parfaite-à-tout-point-de-vue, j'ai nommé ma sœur Jessica.

Salut Ellen,

Je pensais à ce qu'on allait faire pour Noël, puisque maman et Geoffrey partent en croisière et que papa et Caroline le passent chez leurs enfants. Je sais que c'est mon tour d'inviter tout le monde, mais je suis submergée

de travail et je n'aurai jamais le temps de vous recevoir, désolée.
Du coup, je me suis dit que ça serait sympa qu'on aille tous quelque part ensemble. J'ai jeté un coup d'œil au Ferraton Hall, c'est un magnifique hôtel de charme, à la campagne, et ils font une offre hyper-intéressante pour Noël : deux nuitées pour seulement 500 livres par personne. En plus, ils proposent le repas de Noël à 75 livres par personne (avec supplément pour les vins), mais pour ça il faut qu'on réserve maintenant (ils ont des possibilités en raison d'une annulation).
Et puis, si on fête Noël là-bas, on pourra s'offrir des soins au spa en cadeau, il y a une liste sur leur site.
Amitiés,
Jessica

C'est quoi ces conneries ?

a) Ma propre mère se barre en croisière avec mon beau-père pendant toutes les vacances de Noël sans prendre la peine de m'en informer. Elle comptait me le dire quand, exactement ?
b) OK, normal, je savais que papa irait chez les enfants de sa femme. C'est leur tour de les avoir pour Noël, mais je suis quand même vaguement vexée, genre il aime plus sa « nouvelle famille » que nous, même si j'avais vingt-neuf ans quand il a épousé Caroline. J'ai presque envie de taper du pied et de brailler : « MAIS C'EST MON PÈRE À MOI-EUUUH, PAS LE VÔTRE ! »

Et surtout, c) 500 livres par personne, plus 75 livres par tête de pipe pour le repas de Noël ? Parce que ma sœur chérie aime à protester qu'elle n'a pas *tout à fait* un salaire à sept chiffres (sous-entendant par là qu'elle n'en est pas loin) elle s'attend à ce qu'on crache 2 300 livres en plus des cadeaux, tout ça parce qu'elle est trop occupée pour nous recevoir à Noël ? Elle sait très bien que nous n'avons pas les moyens de passer deux nuits à l'hôtel, que Peter et Jane sont loin d'être des enfants aussi parfaits que les siens, Perséphone et Gulliver (« Nous voulions des prénoms qui soient classiques, mais qui sortent de l'ordinaire ») et qu'il y a toutes les chances pour qu'ils se déchaînent sur les délicates antiquités qui parsèment ce genre d'hôtel. Et puis, quel monstre au cœur de pierre termine ses mails à sa sœur par « Amitiés » ? La prochaine fois, ce sera quoi ? « Cordialement » ?

Je lui réponds :

Salut Jess,
L'hôtel a l'air top, mais un peu chérot pour nous en ce moment, désolée.
Bises, E.

Ah ! Pour quelqu'un qui est trop occupé pour commander un repas de Noël sur le site de Marks & Spencer, elle percute vite quand il s'agit de répondre aux messages la concernant.

Salut Ellen,
C'est vraiment dommage pour l'hôtel, il avait l'air tellement sympa… J'espère que tu ne continues pas à dépenser tout ton argent en jeux de grattage, ah ah.
Perséphone et Gulliver ont tellement hâte de voir leurs cousins à Noël et puis, c'est une fête de famille, après tout. Si tu ne veux pas aller à Ferraton Hall, nous pourrions venir chez toi le 25 ? Comme je sais que c'est mon tour, je ne m'attends pas à ce que tu prépares tout. J'apporterai le Christmas pudding.
Amitiés,
Jessica

Et voilà, elle me refait le coup du chantage aux sentiments ! Elle a réussi à me culpabiliser pour que ce soit moi qui reçoive à Noël, et en deux phrases, elle m'a mise devant le fait accompli – « J'apporterai le Christmas pudding » – avant même que j'aie accepté qu'ils viennent. Tout ça parce que Noël est « une fête de famille », alors que nos propres parents ne font pas l'effort de le passer avec nous ! Mais ce n'est pas en soulignant l'absence de nos tarés de parents que je couperai au décret de Jessica (on doit passer Noël en famille). Elle répliquera : raison de plus pour qu'on le fête ensemble.

Bien sûr, les enfants ont tous un an de plus que l'année dernière, ça se passera peut-être de façon plus civilisée. À Noël dernier, Peter et Jane avaient mangé toute une boîte de chocolats de luxe au petit déjeuner en attendant l'arrivée de Jessica et de Neil, son mari mutique. (Ils sont mariés depuis quinze ans et je ne sais toujours pas si Neil ne s'exprime pas parce qu'il nous hait, parce qu'il craint trop Jessica pour émettre un avis personnel ou parce que le chaos de ma maison, allié à la férocité de mes enfants, le laisse pantois. Dans tous les cas, il reste abîmé dans un silence maussade, ne répondant qu'aux questions qui s'adressent directement à lui en marmonnant : « Non, tout va très bien, merci, oui merci, ça va » et de temps en temps il tressaille.)

Perséphone et Gulliver avaient reçu des cadeaux raffinés, éthiques et silencieux. Nous avions offert à Peter et Jane des jeux de console pénibles et bruyants, auxquels ils ont joué en même temps qu'ils se déchaînaient dans toute la baraque telles des entités démoniaques shootées au sucre.

Comme cadeau pour tout le monde, Perséphone avait composé un morceau au piano, qu'elle a exigé d'interpréter dès son arrivée. En d'autres termes, dix minutes après avoir franchi le seuil de notre maison, elle pleurait déjà. Motif : notre piano droit un peu pourri, made in Le Bon coin, n'était pas du niveau de celui sur lequel elle a l'habitude de jouer. Circonstance aggravante, Peter et Jane avaient refusé d'éteindre la PlayStation durant son récital. Simon leur a donc énergiquement pris les manettes des mains. En représailles, ils ont mis des paroles sur le morceau composé par Perséphone. En gros, ça disait : « Perséphone a une tête de crotte, une tête de crotte, une tête de crotte vraiment idiote. » La bouche de ma sœur s'est transformée en cul de chat, à tel point que j'ai cru qu'elle allait s'avaler elle-même. D'où la question qui se pose : pourquoi veut-elle venir chez nous à Noël ?

Un jour, je lui ai demandé pourquoi elle tenait tant à ce qu'on passe Noël ensemble. Elle a eu l'air surprise. « Parce que je veux que nos enfants connaissent les mêmes Noëls magiques que nous – tu sais, tout le monde réuni, le grand repas de famille, les jeux et les traditions. Pas comme c'est devenu… après. »

Jessica doit confondre les Noëls de notre enfance avec une pub pour les Galeries Lafayette. Moi, je me souviens de maman dans la cuisine, jurant derrière les portes fermées contre sa belle-mère (une vraie peau de vache avec elle), essayant d'éliminer les grumeaux de la crème toute prête et s'anesthésiant au gin contre les remarques de Granny sur son poids. Papa nous arrachait tous nos jouets au prétexte que nous étions incapables de mettre les piles et qu'il devait les « installer » lui-même. En clair, il jouait avec pendant que nous pleurnichions pour qu'il nous les rende. Il faut dire que maman ayant manqué à tous ses devoirs d'épouse en l'accablant de deux faibles filles en lieu et place d'un héritier mâle, Jess et moi croulions sous les trains électriques et les circuits automobiles, cadeaux visiblement destinés aux garçons qu'il aurait préféré avoir.

À l'heure du déjeuner, maman était au bord de la crise de nerfs. Elle fondait en larmes sur son Christmas pudding en s'apercevant qu'elle avait oublié la crème dont il ne restait que des vestiges carbonisés au four. À l'heure du discours de la reine, que Granny ne voulait manquer sous aucun prétexte, personne ne s'adressait plus la parole. Vers 6 heures du soir, on se levait à peine de table que maman nous faisait son numéro de martyre en disposant le « souper de Noël », composé des divers restes transformés en sandwichs et, pour une raison inexplicable, de quantité de conserves de betterave au vinaigre. Elle nous faisait une vie d'enfer jusqu'à ce que tout le monde ait mangé un sandwich à la dinde et des *mince-pies*[1], et enfin nous avions la permission d'accéder au meilleur moment de la journée : l'épisode de Noël de la série *EastEnders*. C'est vrai qu'à côté des Noëls d'Après, ces Noëls-là ont tout d'une image d'Épinal.

1. Petites tourtes aux raisins secs et aux épices, traditionnelles des Noëls anglais.

« Après » étant la période qui a suivi le départ de papa, mis à la porte par maman qui avait découvert qu'il sautait sa secrétaire. Les Noëls d'Après ont toujours été plombés par un sentiment de culpabilité vis-à-vis du parent avec lequel nous n'étions pas, même si celui-ci affirmait d'un ton enjoué qu'il allait très bien et qu'il ne fallait surtout pas qu'on s'inquiète pour lui.

Pauvre Jessica. Je ne devrais pas être aussi vache avec elle. Même avant Après, elle a toujours été la perfectionniste de nous deux, s'efforçant désespérément de façonner Noël selon l'idéal qu'elle avait en tête – distrayant Granny de ses remarques pleines de fiel avec des parties de Trivial Pursuit (quoiqu'au fond de moi, je la soupçonne d'avoir toujours choisi ce jeu pour montrer l'étendue de son intelligence) et se bourrant vaillamment de *mince-pies* afin d'empêcher maman de se ruer hors de la salle à manger en hurlant qu'elle ne savait pas pourquoi elle se donnait tout ce mal pour nous ! Je me souviens encore des premiers Noëls d'Après. Quand nous allions chez papa pour Noël, Jess sortait le pot de betterave au vinaigre qu'elle avait acheté tout spécialement en revenant de l'école, pour que Noël ressemble un peu plus aux Noëls d'Avant.

Cependant, tous ces souvenirs ajoutent à ma perplexité : pourquoi diable Jessica se défile-t-elle toujours lorsqu'il s'agit de nous recevoir et pourquoi s'arrange-t-elle toujours pour que le repas se passe chez moi ? J'aurais cru que Jess se délecterait dans le rôle de la reine de Noël, feignant de minimiser sa déco de fête ultra-raffinée – « Oh, c'est trois fois rien… » –, nous régalant d'un festin trois étoiles au Michelin et nous interdisant avec véhémence de jouer aux devinettes pendant que Perséphone nous divertirait au clavier de son Steinway quart-de-queue. Bonté divine… Et si Jess refusait de faire Noël chez elle parce qu'elle trouve mes enfants trop horribles pour les accueillir dans sa maison impeccable ? Elle accepterait peut-être d'organiser le repas chez elle si je lui proposais de la drogue ou un truc du genre ?

En tout cas, pas question que je lui cède si facilement. Je réponds :

Coucou Jess,
Pour le moment, je ne sais pas trop comment on va s'organiser, il faut que j'en parle à Simon et je reviens vers toi.
Bises,
E.

Hé hé. Au final, je sais bien qu'elle aura gain de cause, comme d'habitude, mais j'aurai au moins réussi à lui faire perdre un peu de son temps Super Précieux et Super Compté avec des messages volontairement flous. Ça lui apprendra à se moquer de mes jeux de grattage !

Putain de bordel à culs. Rien que l'idée de passer Noël avec Jessica suffirait à orienter n'importe qui vers la bouteille. De toute façon, c'est presque le week-end, une larmichette de vin me semble tout à fait acceptable. Le chien me coule un de ses regards dont il a le secret et secoue la tête d'un air plus que réprobateur.

— Je t'interdis de me juger, chien. C'est pas toi qui dois te taper Jessica !

Vendredi 13 novembre

Vendredi treize. Jour de malheur, le pire de l'année. J'ai beau ne pas être superstitieuse, je pense quand même que le vendredi treize a un truc de particulier. Sinon, comment expliquer que ce matin, j'aie reçu un mail de Louisa, la sœur de Simon. Ou plutôt d'« Amaris » comme elle souhaite désormais qu'on l'appelle. Apparemment, ça veut dire « Enfant de la Lune ».

Louisa/Amaris et son mari Bardo ont fondé un « ashram de spiritualité alternative » quelque part dans les Highlands. Ils partagent leur ashram avec un nombre en augmentation constante d'enfants crasseux que Louisa/Amaris semble pondre à une cadence aussi inquiétante que régulière. La dernière fois que j'ai compté, ils étaient quatre.

Voilà ce que dit le mail de Louisa/Amaris :

Namasté, Ellen,

La Déesse nous a comblés d'un nouveau cadeau que nous avons prénommé Boreas. Bardo et moi aimerions que Boreas fasse la connaissance de sa famille et nous avons pensé que Noël (ou la Fête du solstice d'hiver, ainsi que nous préférons la nommer) serait le moment idéal pour tous nous réunir. Pour l'occasion, nous fermerons l'ashram. Nous prévoyons d'arriver chez vous le 22 décembre. Si vous ne pouvez pas nous loger, nous pourrons dormir dans Gunnar (notre camping-car, ça veut dire « Guerrier intrépide » LOL), comme ça, nous ne vous dérangerons pas, sauf pour les repas et la salle de bains. Nous pensons rester jusqu'au 29 environ, pour que vous ayez tout le temps d'apprendre à connaître Boreas. Dernière chose : nous entrons en détox numérique à partir de midi, et ce pour deux semaines, nous ne consulterons donc plus notre messagerie électronique. Du coup, si je n'ai pas de nouvelles de vous avant midi, je partirai du principe que c'est d'accord !

Paix et amour,

Amaris

Envoyé à 11 heures 52. La garce !

Je ne sais pas très bien quelle forme de « spiritualité » pratiquent Louisa/Amaris et Bardo « Fils de la Terre » (Kevin à l'état civil). À première vue, c'est un mix très personnel de druidisme, néopaganisme et bouddhisme, le tout assaisonné d'une bonne dose de ce qu'il faut bien qualifier de Connerie New Age. Tout ce que je sais, c'est qu'ils traversent la vie sans toucher terre, laissant tomber sur les esclaves de « l'Homme » que nous sommes leur regard condescendant. Ça leur fait un point commun avec Jessica qui elle aussi snobe de toute sa supériorité notre morne petite vie de banlieusards.

Au moins, ma sœur et ses enfants sont propres, eux ! Parce que Louisa/Amaris, Bardo/Kevin et toute leur marmaille auraient bien besoin d'un récurage en règle à la pierre ponce !

Je ne me suis toujours pas remise de leurs « noces », à savoir une union des mains néopaïenne qui ne doit pas être reconnue par la loi de ce pays. Malgré mes doutes, j'avais sorti le grand jeu pour l'occasion. Le jour J, je m'étais pointée là-bas, coiffée d'un adorable bibi et chaussée de mes plus beaux escarpins L.K. Bennett, m'efforçant de canaliser la Kate Middleton en moi. J'ai découvert au dernier moment que la cérémonie avait lieu dans la forêt. Mes talons se sont enfoncés jusqu'à la garde dans le sol boueux, me clouant littéralement sur place. L'heureux couple ainsi qu'un vaste assortiment de crasseux arborant fripes *tie and dye*, pyjamas baggy et gros bijoux en argent (dont certains ressemblaient étrangement aux foufounes artisanales) ont fait cercle autour de moi en ricanant pendant que Simon m'extirpait de la bouillasse à la force des bras. Pire ! il pleuvait. Avec les volants de mon bibi plaqués sur la tête et mes joues zébrées de mascara, j'avais l'air aussi crasseuse que les autres.

Louisa, qui venait de pondre, avait fait sécher son placenta avant de le réduire en poudre. Là-dessus, dans sa grande générosité, elle nous a invités à en saupoudrer notre nourriture. Franchement, je n'aurais pas cru que quelque chose puisse rendre les « lentilles-surprise » de Bardo moins appétissantes qu'elles ne l'étaient déjà, mais après cette suggestion culinaire, je n'ai même pas pu me résoudre à en avaler une bouchée. Que pouvait bien cacher la « surprise » de Bardo ? Des résidus de scrotum, peut-être ? Simon m'a enjoint de me tenir correctement en me filant des coups de pied sous la table. C'était quand même le mariage de sa sœur !

Avant, Louisa était une fille tout à fait normale : graphiste dans une grosse agence de pub, elle gagnait très bien sa vie. Et puis elle a rencontré Bardo, un ancien trader qui avait eu une « révélation » sur la Circle Line, la ligne de métro qui forme une boucle au cœur de Londres. « Et d'un coup, je me suis dit : "Putain, mais qu'est-ce que je fous là ?" J'étais comme cette ligne, ami, je tournais en rond dans ma vie et c'est là que j'ai su que quelque chose devait changer, tu vois. »

(Bardo se croit toujours dans une sorte de festival hippie des années 1960 – genre Woodstock, « ami ».) Là-dessus, hop ! Il a quitté son job, vendu son appart et il est parti faire le tour de l'Inde, périple durant lequel il s'est trouvé. « On a fait un grand feu sur la plage, ami, et là, j'ai brûlé tout ce qui avait appartenu à Kevin. Je me suis rebaptisé Bardo et j'ai laissé Kevin là-bas. » En fait, il était tellement défoncé qu'il a foutu toutes ses affaires au feu. Et c'est ça qui est censé faire de lui un être profond et inspiré, alors que ce n'est qu'un branleur qui se la pète.

S'étant trouvé, Bardo a décidé qu'il était temps de rentrer au bercail et de répandre la bonne nouvelle, afin que son expérience puisse servir à d'autres. Sa décision de revenir n'était bien sûr en rien liée au fait qu'il n'avait plus d'argent ni de slip propre, vu qu'il avait tout mis au feu. En fait, j'ai l'horrible impression que Bardo ne porte pas de slips. Berk.

Revenu à Londres, il a rencontré Louisa qui a toujours été une fille influençable, et il l'a convaincue de descendre elle aussi de la Circle Line. Entre ce qu'il restait de la vente de l'appartement de Bardo et la somme que Louisa a récupérée en liquidant tout ce qu'elle possédait, ils se sont tirés en Écosse où ils ont acheté quarante hectares de lande, avec pour ambition de vivre en autosuffisance dans leur propre ashram. Tout ça pour que d'autres puissent voir la lumière unique d'un slip qui brûle sur une plage.

Et voilà qu'ils se sont à nouveau reproduits ! Boreas. Qu'est-ce que c'est que ce nom, encore ? J'ai même la flemme de chercher sur Google. De toute façon, Louisa m'en donnera la signification en long et en large quand je la verrai, ce qui semble inéluctable puisque je n'ai pas pu répondre à son mail dans l'étroite fenêtre de temps qu'elle m'a octroyée. À ce propos, c'est quoi une « détox numérique » ? Il s'agit sans doute de se sevrer de toutes ces horribles technologies modernes, même si les quelques âmes candides qui viennent faire une retraite à l'ashram ont tendance à réserver leur séjour en ligne. Ou alors on leur a une fois de plus coupé l'électricité… Il faut dire que mettre ce qu'il leur restait d'argent dans l'installation de panneaux solaires, au milieu des bois, dans le nord de l'Écosse, n'a pas été leur initiative la plus brillante. Ça aurait pu marcher s'ils avaient consenti à abattre les arbres autour des panneaux, mais apparemment c'était impossible, sous peine de provoquer le courroux de la Déesse.

Si on leur a coupé l'électricité, Simon ou ses parents devront une fois de plus renflouer leurs comptes. Je sais bien que je ne devrais pas en vouloir à Simon – après tout, c'est quand même sa sœur –, pourtant, je lui en veux vraiment, car il n'y a aucune raison pour que Louisa et Bardo ne se dégotent pas un job normal, comme tout le monde. Ils ont tous les deux faits des études et sont plus que qualifiés pour tout un tas de boulots parfaitement lucratifs. Mais voilà, ils préfèrent glander dans leur trou paumé, vivre en mode alternatif, se ruiner pour des bêtises comme ces ridicules panneaux solaires, puis trouver normal que nous financions leurs idées stupides parce qu'au niveau-de-spiritualité qui est le leur, on ne peut pas leur demander de s'encombrer l'esprit avec des futilités telles que l'argent ou l'emploi.

Bref, Boreas. Garçon ou fille ? Louisa a tellement d'enfants que je ne sais plus si j'avais compté Boreas dans son ventre quand je disais qu'ils étaient quatre, ou si Boreas est le numéro cinq. De toute façon, ça va me faire un cadeau de plus à acheter, histoire que Louisa puisse soupirer de pitié et m'expliquer avec patience pourquoi ils ne portent plus que des pulls en poils pubiens de yack bio.

Je n'ai toujours pas parlé à Simon de la venue de Jessica, et maintenant je vais devoir aussi lui parler de celle de Louisa. Bien qu'il en fasse des tonnes sur la complicité qui le lie à sa sœur, je sais qu'en secret il la préfère, et de loin, quand elle reste en Écosse avec son Barbudo (c'est de Simon, pas de moi). Sans compter qu'une rencontre au sommet Jessica/Louisa risquerait très vite de dégénérer.

Bordel à culs, pourquoi les fêtes de Noël sont-elles si compliquées ? Pourquoi nos familles sont-elles si compliquées ? Est-ce pareil chez les autres ? Au moins, du côté des parents de Simon, je suis tranquille. À la retraite, ils se sont installés en France et jusqu'ici, ils ne semblent pas envisager de venir chez nous, préférant passer un *Joyeux Noël*[1] alcoolisé dans leur petit château, en compagnie de leur sympathique bande de voisins. Ils aiment mieux accueillir leur horde de petits-enfants l'été, lorsqu'ils peuvent les contenir dans la piscine.

J'espère *vraiment* que Louisa ne va pas apporter son placenta…

Samedi 14 novembre

Bordel à culs. J'ai oublié de faire un drive. Du coup, nous n'avons plus de bouffe, plus de papier toilette (où peuvent bien passer tous ces rouleaux de PQ ? Comment parvenons-nous à en faire une telle consommation ? Les enfants s'en nourrissent ou quoi ? Ils en font de la contrebande ? Ils le revendent sur le marché noir du torche-cul ? Incroyable. C'est peut-être Simon qui épuise le stock : il est très fier du temps infini qu'il passe au cabinet), mais pire que tout, nous n'avons PLUS DE VIN !

Simon ayant prétendu avoir du travail à faire ce matin, vu qu'il est très-occupé et très-important, j'ai dû me coltiner les enfants au supermarché, chose déjà abominable en semaine, mais encore plus tragique un samedi matin, car vous risquez de tomber sur le Gang venu « faire deux ou trois courses » en ramenant leurs charmantes têtes blondes de leur cours de philosophie-grecque-dispensée-en-mandarin ou autre activité du même tonneau.

Ces rencontres inopinées m'ont doublement contrariée ce matin, car pour une raison étrange, le supermarché faisait d'énormes promos. J'ai donc allègrement rempli mon chariot d'un gros morceau de gîte de bœuf (3,42 livres) et d'une tonne de steaks dans le filet (2,54 livres), euphorique à la pensée de mon congélateur regorgeant de victuailles. D'habitude, il contient

1. En français dans le texte.

de nombreux sacs de petits pois plusieurs fois décongelés et recongelés, car je m'en sers de poche de glace pour Peter. Le but, c'est de déjouer les nombreuses tentatives de mon fils pour atterrir une fois de plus aux urgences et me faire signaler aux services sociaux. Le Gang méprise la passion-pour-les-grosses-promos. Ayant repéré la maman-parfaite de la Parfaite-Lucy Atkinson et Fiona Montague en train de rôder dans les allées, je savais qu'il fallait mettre en place une stratégie de ninja. Je me suis donc mise à raser les murs avec les enfants, passant la tête en bout de rayon pour voir si les Parfaites étaient là, avant de foncer au pas de charge en jetant au fur et à mesure les articles dans le chariot.

— Tais-toi, tais-toi, tais-toi, murmurais-je entre mes dents à Jane qui me demandait d'une voix de stentor :

— MAIS POURQUOI TU VEUX PAS PARLER À LA MAMAN DE LUCY ? TU L'AIMES PAS, LA MAMAN DE LUCY ? C'EST POUR ÇA QU'HIER TU AS DIT QUE LA MAMAN DE LUCY ÉTAIT UNE CONNASSE ?

En vain, bien sûr, car Lucy ET sa maman-parfaite nous ont coincés au rayon légumes secs et céréales, alors que Peter me demandait en boucle ce qui se passerait si on retenait ses pets pour toujours :

— On exploserait ? T'exploserais, toi ? Mais si tu te retenais de péter POUR TOUJOURS ? Mais, maman, RÉPONDS-MOI ! Est-ce que tu exploserais avec du sang et des intestins partout ?

… Avant de se remettre à mimer ce à quoi ressemblerait, selon lui, une explosion de pets retenus. La mère de Lucy nous a regardés, horrifiée : j'étais en train de balancer des sachets de quinoa dans le chariot pour cacher les promos qui le remplissaient, tandis que Peter se roulait par terre en émettant des borborygmes de vomissement très réalistes.

— Mon Dieu, Ellen ! Quelle imagination il a, cet enfant ! s'est exclamée la maman de Lucy.

Puis, considérant mes kilos de délicieux quinoa très classe moyenne :

— Oh, non… c'est trop *drôle* ! Tu continues à manger du quinoa ? Tu devrais essayer le riz rouge de Camargue, ma chérie, c'est souverain contre les ballonnements…

Sur ce, elle a continué de se pavaner dans les allées, Lucy marchant sagement à ses côtés (Sophie a raison, cette gamine porte la bêtise inscrite sur sa figure). De mon côté, j'ai remis le quinoa en rayon, puisqu'il y a autant de chances que j'arrive à en faire manger à Simon et aux enfants qu'il y en a pour que la maman de Lucy mange un sandwich poulet à la Kiev (le repas préféré de Peter en ce moment : uniquement avec du pain blanc ! N'essayez pas de lui refiler du *faux* pain blanc, il détecte les fibres à l'odeur). En plus, j'ai déjà un paquet de quinoa tout à fait correct dans le placard. Il est peut-être périmé depuis 2014, n'empêche que ça compte quand même.

Hélas, d'autres humiliations m'attendaient à la caisse. Quand l'hôtesse a vu le nombre de bouteilles de vin dans mon chariot, ainsi que le litre de gin d'importation ultra-fort, elle m'a lancé d'un ton guilleret :

— Ooooh, on va faire la fête ?

J'aurais dû répondre oui, point barre. À la place, j'ai désigné Peter et Jane. Peter qui essayait de lécher le tapis de caisse et Jane qui déroulait avec l'accent américain toute l'intrigue d'une accablante série pour la jeunesse à laquelle elle est accro.

— Non. Non, pas du tout, ai-je dit.

Aussi éprouvantes qu'aient été ces courses, la stratégie ninja-de-supermarché a eu le mérite de me remettre en mémoire l'idée géniale que j'avais eue au pub, avant que les shots de tequila ne la balaient de mon cerveau embrumé. C'était « ninja » le mot-gâchette. En parlant d'éviter le Gang des foutues-parfaites-et-autres-supermamans à l'école, Sam les avait comparées à des ninjas. Dans un éclair de génie, je me suis fait la réflexion qu'il manquait un jeu vidéo destiné aux mamans. Une appli qui s'articulerait autour des scénarios parentaux du quotidien (trajets à l'école, etc.). Le but du jeu serait de négocier toutes ces situations avec succès. On pourrait accumuler des verres de vin à chaque galère évitée, peut-être même du gin, à chaque niveau franchi. Je sais déjà comment je vais l'appeler : « Pourquoi maman picole » ! Ça me rapporterait peut-être quelques cacahuètes et je pourrais faire réparer le buffet – Simon ? Surprise ! Oui, j'ai peut-être enfin eu une *bonne idée* (ça mérite un petit verre)…

Je suis rentrée à fond les ballons pour me mettre illico à bosser sur mon appli. Jusqu'ici, j'ai surtout : cherché sur Google combien peut rapporter une appli à son concepteur ; grincé des dents devant les articles consacrés à des surdoués de douze ans qui vendent leurs applis à des géants de l'informatique pour des milliards et des trilliards de livres sterling ; découvert que Flappy Birds aurait rapporté 50 000 dollars par JOUR au crâne de piaf qui l'a créé (l'on pardonnera ce jeu de mots facile) ; rêvé à ce que je ferais avec tout cet argent (certainement un meilleur usage que ces ados boutonneux) ; choisi quelles Louboutin je m'achèterais avec 50 000 dollars ; calculé combien font 50 000 dollars en livres sterling ; regardé l'heure en déplorant que ce ne soit pas celle de m'en jeter un petit ; servi des goûters et crié « Arrêtez de vous taper dessus ! » toutes les dix minutes. Quand ma merveilleuse appli m'aura enrichie au-delà de mes rêves les plus fous, je prendrai une nounou, direct. Ou au moins une jeune fille au pair.

Mercredi 18 novembre

Jane était invitée chez une amie après l'école. Dans un élan d'optimisme maternel, je me suis dit que c'était l'occasion ou jamais de me ménager un joli moment de complicité mère-fils avec Peter. Nous irions dans un salon de thé sympa, il prendrait un chocolat chaud, moi un café et nous partagerions un gâteau en nous racontant notre journée : tête-à-tête avec mon fils. Je pourrais même le prendre en photo avec ses moustaches de chocolat et la publier sur Facebook avec le hashtag #souvenirs heureux, de manière que les gens me voient comme une mère aimante et bien dans sa peau, voire qu'ils envient ma relation avec mon fiston chéri.

Les choses se sont corsées dès le départ. Peter a refusé tout net de partager un gâteau avec moi et il a exigé d'avoir le sien. Il a aussi éhontément profité de ma tentative pour nous ménager un joli moment de complicité mère-fils en réclamant un Coca à la place d'un chocolat chaud. Au plus profond de moi, je savais que j'allais le regretter, ce Coca, mais j'ai cédé, histoire de peaufiner mon image de gentille maman.

Peter a ensuite entrepris de me saouler sans pitié avec ses foutus Pokémons…

— Et c'est lequel ton Pokémon préféré, maman ? Non, pas lui. Lui, il est pourri. Non, pas Pikachu, tout le monde prend Pikachu. Tu devrais prendre Evoli. Evoli, il est trop bien ! Pourquoi c'est pas Evoli, ton préféré ? Comment ça se fait que tu connaisses pas Evoli ? T'as qu'à dire que c'est Evoli, ton préféré, d'accord ?

Finalement, usée par tous ses raisonnements, j'ai suggéré :

— Dis-moi, mon chéri, tu crois qu'on pourrait parler d'autre chose que des Pokémons ?

Peter m'a considérée d'un air vide : clairement, parler d'autre chose que des Pokémons n'avait aucun sens pour lui. Il a quand même fini par changer de sujet.

— C'est qui, le meilleur jedi, maman ?

— Le meilleur jedi ? Oh, ça, c'est trop facile ! Luke Skywalker, bien sûr.

Peter m'a dévisagée d'un air horrifié.

— MAIS NON, MAMAN ! C'est YODA, le meilleur jedi. Tout le monde sait que c'est Yoda, le meilleur jedi. Comment ça se fait que tu saches même pas ça, maman ? Comment tu fais pour être aussi idiote ?

J'ai tancé Peter vertement : on ne traite pas les gens d'idiots, ce n'est pas poli. Mais il a refusé d'en démordre : quelqu'un qui ne savait même pas que Yoda était le meilleur des jedis était vraiment trop bête et ça, il n'y pouvait rien. Il a aussi refusé que je le prenne en photo, au motif que j'étais vraiment trop bête.

Plus tard, quand Jane est rentrée à la maison, il a pris un malin plaisir à lui raconter que je l'avais emmené manger un gâteau, preuve s'il en était besoin qu'il était mon préféré, ce à quoi Jane a répliqué qu'il avait été adopté. S'est ensuivi un concert de hurlements. J'ai fait de mon mieux pour convaincre Peter qu'il n'avait pas été adopté et Jane que je ne préférais pas son petit frère. Au bout d'un moment, j'ai renoncé et je leur ai filé les iPad pour avoir la paix.

Quand ils ont été couchés, j'ai fait part à Simon de mon indignation suite à la réaction outrée de notre fils qui n'aurait jamais dû me traiter d'idiote.

Simon m'a dévisagé avec la même expression que Peter.

— Enfin, Ellen… c'est Yoda, le meilleur des jedis. Peter a raison, tout le monde sait que Yoda est le meilleur de tous les jedis. Il faut vraiment que tu sois idiote pour ne pas savoir ça !

Bordel à culs. Putain de jedi. Putain de Pokémon. Qui aurait cru qu'en dépit de tous mes diplômes, j'étais une idiote qui ne connaît rien à toutes ces conneries ? Pour la peine, je vais m'octroyer une larmichette de vin. Ça tiendra à distance la crise existentielle qui menace de me submerger. Le chien n'a pas intérêt à me lancer un de ses regards réprobateurs, ce soir. À cet instant précis, il ressemble à un wookiee. Vous voyez ? Je touche ma bille en *Star Wars* !

Samedi 21 novembre

Petits godets avec Hannah et Sam. Dans un accès d'optimisme béat, je me suis dit que si la maison des Jenkins ne s'était pas vendue d'ici Noël, la présence pendant une semaine d'un camping-car dans notre allée avec Louisa, Bardo et leur quatre, voire cinq, enfants en bas âge devrait suffire à la rendre abordable pour Hannah. Le revers de la médaille, c'est que les prix de l'immobilier risquent de ne plus jamais regrimper dans la rue. J'ai fait valoir mon idée à Hannah pour essayer de lui remonter le moral, mais elle soutient mordicus que la maison ne sera jamais dans ses moyens – elle refuse même d'en envisager l'achat. C'est très égoïste de sa part, car moi, j'adorerais pouvoir *vraiment* fureter dans la maison des Jenkins : il y a des limites aux infos qu'on peut glaner grâce à de simples photos.

Bien sûr, je me suis gardée de reprocher à Hannah son immense égoïsme. À la place nous sommes reparties dans la litanie désormais incontournable des « salauds, salauds, salauds de merde » (Dan et Robin). À ce sujet, Sam nous a appris que Robin, après avoir annulé ses deux derniers week-ends avec les enfants sous prétexte « d'engagements professionnels » (« Je ne savais pas qu'il s'était lancé dans les relations *tarifées* », a ironisé Sam avec mépris) a déclaré avec désinvolture que les enfants lui revenaient à Noël puisque le 25 tombe pendant un de « ses » week-ends. Sam s'en étouffe de rage :

— Pour ça, il faudra me passer sur le corps !

Hannah aussi était dans tous ses états : Dan se montre plus enfoiré que jamais à propos de l'argent. Il est en retard sur le remboursement de sa part de l'emprunt immobilier, sur le paiement de la pension alimentaire et, de manière générale, il fait son connard, invoquant la misère et des découverts bancaires handicapants. Pourtant, il vient d'annoncer à Hannah qu'il ne pourrait pas voir les enfants pendant toutes les fêtes, car il part en vacances. Aux Caraïbes. Avec sa bimbo de salle de sport (tout dans le cul, rien dans la tête).

— Vous vous rendez compte ? Ça faisait deux ans qu'on n'avait pas pris de vacances ensemble, il prétendait toujours qu'on n'avait pas les moyens de partir ! a marmonné Hannah, indignée, en se vengeant sur le pinot gris et les chips au vinaigre, la recette inratable pour des brûlures d'estomac garanties.

— LE SALAUD ! a rugi Sam. Un p'tit shot de tequila ?

— NOOOOOON ! ai-je protesté. Pas de tequila, c'est mal et c'est pas bien !

Le hideux souvenir de ma dernière cuite à la tequila est encore très présent à mon esprit. C'est vrai ! Trois jours après avoir cuvé, j'avais encore le goût de la tequila dans la bouche. À ma grande surprise, Hannah, qui après sa dernière gueule de bois avait elle aussi juré que plus jamais elle ne reboirait de tequila, Hannah qui avait déclaré en arrivant qu'il était hors de question qu'elle se mette minable comme la dernière fois et qu'elle se limiterait à deux verres de vin (elle en est à sa deuxième bouteille), s'est exclamée :

— Oh, oui ! De la tequila ! C'est tout à fait ce qu'il me faut. J'ai quelque chose à vous montrer…

Impatiente comme une gamine à la veille de son anniversaire, j'ai réclamé à cor et à cri qu'elle crache le morceau TOUT DE SUITE, mais au final il lui a fallu deux grands verres de tequila avant d'oser nous montrer la photo sur son téléphone.

— Regardez ! a-t-elle pleurniché en nous collant le portable sous le nez. Non, mais regardez bien !

Sam a fait les yeux ronds façon hibou, puis il a énoncé :

— C'est une b-bite, Hannah. C'est une b-bite, sans zaucun risque d'erreur.

Ça faisait longtemps que je n'avais pas vu d'autre pénis que celui de Simon, mais on ne pouvait qu'être d'accord avec l'affirmation de Sam. C'était indéniablement une bite.

— Pas énorme, en m-même temps, a ajouté Sam.

— JE LE SAIS BIEN que c'est une bite ! s'est exclamée Hannah. Je sais quand même reconnaître une bite quand j'en vois une, bordel !

— C'est une b-bonne chose… ça, a dit Sam. Que tu s-saches reconnaître une b-bite. Mais… mon chou, p-pourquoi t'as une photo de b-bite dans ton téléphone ?

— C'est un homme qui me l'a envoyée ! Pourquoi un homme m'envoie la photo de son zob, hein ? D'après toi ?

Il est apparu qu'Hannah avait décidé de tester l'univers des rencontres sur internet. Hannah a toujours mené une vie très protégée. Même à l'école, époque où nous ne pensions qu'à nous faire sauter par un garçon, elle ne s'y intéressait pas plus que ça. Elle avait attendu la première année de fac pour avoir son premier mec, Eddie, et quand il l'avait larguée au bout de deux ans, elle s'était mise en retrait. Enfin, elle avait épousé Dan, son second copain. En résumé, Hannah n'a vu que deux bites dans sa vie. Je ne suis pas la mieux placée pour juger les mariages précoces, puisque j'ai moi-même épousé mon copain de la fac. N'empêche qu'avant de rencontrer Simon, j'en ai bien profité !

Tout ça pour dire qu'Hannah ne connaissait rien aux photos de bite, ce joyeux phénomène de société. Du coup, quand un mec l'a contactée *via* son site de rencontres, elle est partie du principe que c'était *le bon*. Ayant déjà fixé la date du mariage, elle a donc été plus que déroutée que le gars lui envoie une photographie de son pénis avant même de lui donner son nom de famille.

Sam s'est mis à rigoler, ce qui n'a été d'aucun secours à la pauvre Hannah.

— Mais COMMENT t'as fait pour passer à côté des photos de bite ? a-t-il gloussé tandis qu'Hannah reniflait, au bord des larmes.

— Et pourquoi j'aurais su, d'abord ? TOUT LE MONDE N'EST PAS OBSÉDÉ PAR LA BITE, TU SAIS ?

— C'est pas parce que chuis gay que chuis obsédé par la bite ! s'est indigné Sam. En tout cas, moi, j'en ai une bien plus grosse.

À cet instant, nous nous sommes rendu compte que tout le bar suivait notre conversation. Plusieurs personnes se dévissaient le cou pour apercevoir la photo en question, histoire de vérifier que le mec avait vraiment une bite toute riquiqui. (Elle l'était. Sans parler de l'inconvenance qu'il y a à envoyer une photo de son pénis à des inconnues, ce doit être très insultant de recevoir la photo d'une queue aussi minuscule, genre : « Tu dois tellement avoir faim, chérie, que tu seras même impressionnée par mon petit zizi taille chipolata. »)

En rentrant, j'ai décrit l'indignation d'Hannah à Simon qui s'est marré presque autant que Sam. (Il la connaît depuis bientôt vingt ans.)

— Oh là là… a-t-il hoqueté. Pauvre Hannah ! Tu imagines la tête qu'elle a dû faire quand elle a découvert la photo ?

— M'en parle pas ! Elle qui a toujours refusé de lire l'exemplaire antédiluvien des *Joies du sexe*… Qui, pour une raison inexplicable, se trouvait dans le foyer des élèves, en sixième.

— Vous aviez *Les Joies du sexe* dans ton école de filles de bourges ?

Simon a redoublé d'hilarité en imaginant (non sans perspicacité) toutes ces collégiennes sexuellement frustrées en train d'examiner les illustrations, et s'apercevant qu'elles n'étaient pas les femmes libérées qu'elles croyaient être à force de potasser la « Position de la quinzaine » des deux numéros de *Cosmo* à leur disposition.

— Oui, ai-je répondu. La vieille édition. Celle des années 7190, avec le barbu plein de poils pubiens. Un des profs devait l'avoir laissé là exprès. Dans l'espoir qu'on serait tellement horrifiées qu'on ne ferait jamais Ça avec de vilains garçons. Comme moyen de contraception, quoi…

— Oh, nom de Dieu, pas étonnant que cette pauvre Hannah soit aussi coincée ! C'est pour ça que tu m'as toujours interdit de me laisser pousser la barbe ?

— Non, je ne pense pas que ce soit la faute de l'école, ai-je protesté. J'ai fréquenté le même établissement et je ne suis pas coincée !

— Ça non, ma chérie, m'a susurré Simon d'un ton plein d'espoir. D'ailleurs, on pourrait aller vérifier ça tout de suite, qu'est-ce que tu en dis ?

C'était son jour de chance. J'avais réussi à décrocher le Saint Graal de l'ivresse, ce stade où le sexe apparaît comme une excellente idée. La fenêtre est minuscule, très difficile à viser. Quelques gorgées d'alcool supplémentaires et vous marmonnez : « Pas là, enpeuplu. Va me chercher des b-biscottes, mmmm… des b-biscottes, gni gni. » Et vous tombez au lit, ivre morte, une biscotte collée sur la figure.

Après, et bien que rechignant à gâcher l'humeur radieuse de Simon, j'ai décidé que tant qu'il était bien disposé et moi suffisamment paf pour avoir du courage, c'était le moment de lui dire que sa sœur et un camping-car rempli de gosses allaient s'installer toute une semaine chez nous, en même temps que ma sœur et sa petite famille qui s'était invitée pour le jour de Noël. Ah, et que dans la foulée, j'avais peut-être invité Sam, Hannah ainsi que tous leurs enfants pour le repas du 25. Simon l'a plutôt bien pris.

Je veux dire par là qu'il s'est contenté de lâcher :

— Oh, bordel de merde !

Puis :

— Rappelle-moi pourquoi j'ai arrêté de fumer, déjà ?

Dimanche 22 novembre

Boreas est en fait le sixième enfant de Louisa, m'a appris Simon. Il semblerait donc que j'aie loupé un épisode. Mais ça m'étonne, car même Simon ne peut qu'en nommer trois, au débotté. En revanche, il est catégorique, il y en a six. Ce sont des textos d'Hannah et de Sam qui m'ont réveillée. Ils me demandaient si j'étais bien sûre de vouloir qu'ils viennent à Noël, parce que si j'étais *tout à fait* sûre, alors ils seraient ravis d'être de la fête. Clairement, je ne pouvais pas leur répondre : « Non, désolée, j'étais beurrée comme un p'tit Lu, hier soir, je ne sais pas ce qui m'a pris de vous inviter. » Du coup, j'ai dû dire *qu'évidemment*, j'étais *tout à fait sûre* et que je me réjouissais qu'ils soient des nôtres à Noël. Il devrait y avoir une loi stipulant que toute invitation émise en état d'ivresse doit être considérée comme nulle et non avenue à la froide lumière du lendemain.

J'adore Sam et Hannah et, franchement, ils apporteront un peu de bon sens chez nous quand Perséphone rabattra le couvercle du piano avec rage parce que personne ne l'écoute, quand Peter et Jane remonteront le slip de Gulliver sous ses bras parce qu'il pérore sur le roman qu'il est en train d'écrire *en français* « pour s'amuser », quand les divers enfants de Louisa feront pipi sur le tapis parce qu'elle ne veut pas étouffer leur créativité en leur apprenant le pot, quand Louisa et Jessica m'emmerderont avec leurs innombrables exigences alimentaires et que j'irai me planquer dans le garde-manger avec une bouteille de gin. (J'adore mon garde-manger. Nous avons acheté cette maison qui n'était pas tout à fait dans nos moyens parce qu'après avoir vu son authentique garde-manger orienté au nord, j'avais déclaré que je ne pouvais plus vivre sans lui. Personne n'a encore remarqué que j'ai fait poser un verrou à l'intérieur.) Du coup, il va falloir que je fasse à manger pour vingt ou vingt-deux personnes le jour de Noël. Or je n'ai pas vingt-deux assiettes. Ni vingt-deux chaises. Et puis ce nombre de convives écarte toute possibilité d'aller acheter chez Marks & Spencers un truc tout prêt, à enfourner au dernier moment. Non, je vais devoir m'approvisionner auprès de certains supermarchés allemands d'excellent rapport qualité-prix. En revanche, il me faudra prétendre que tout vient de chez Waitrose, sinon, Jessica va s'inventer une allergie qui l'empêchera de faire honneur au repas. Cela dit, on doit pouvoir trouver de très bonnes conserves de betteraves au vinaigre chez Aldi.

En parlant d'enfants qui font pipi partout, j'ai passé une heure à tenter d'éradiquer l'infect relent de vieille pisse dans la salle de bains. J'ai tout récuré à fond. D'abord, j'ai versé de l'eau de Javel additionnée de bicarbonate de soude dans la cuvette (sur les conseils de Google). Puis, j'ai ajouté du jus de citron au mélange – il me semblait me souvenir que ça décrassait bien. Enfin, j'ai tressailli d'horreur devant la violente réaction effervescente que j'ai provoquée en associant jus de citron et bicarbonate de soude. (Décidément, j'aurais dû écouter en cours de chimie, au lieu de bombarder la prof de boulettes de papier tandis qu'elle nous expliquait pour la dix millionième fois que les esters sentaient les pastilles à la poire. Les pastilles à la poire ! Comme si dans les années 1980, nous avions pu savoir ce que sentait ce truc qui datait des années 1950 !) APRÈS TOUS CES EFFORTS, je suis retournée une demi-heure après dans ma salle de bains immaculée, étincelante, garantie 0 % pisse… l'odeur était revenue ! Et une crotte me narguait au fond de la cuvette des WC ! VDM. Quelle joie de passer la journée à me taper ce genre de corvée ! Il se peut que j'aie pas mal maugréé en arpentant la baraque à pas rageurs, jetant ostensiblement d'innombrables tas de linge sale dans la gueule béante de la machine à laver et ramassant les chaussures semées un peu partout. Pas un seul de ces enfoirés n'a remarqué quoi que ce soit : ni mon rangement, ni leur stock inépuisable de vêtements propres, ni la salle de bains étincelante et encore moins mes grommellements courroucés. Je vais partir vivre avec mon chien sur une île déserte. On verra comment ils se débrouilleront sans moi ! Je me demande combien de temps il leur faudra avant de s'apercevoir de mon absence…

Mercredi 25 novembre

Aujourd'hui, c'était mon jour de congé et j'étais bien décidée à le passer sur cette putain d'appli, je voulais à tout prix l'achever avant Noël. Je n'ai pas encore fait part à Simon de mon projet ni des frais d'enregistrement (100 dollars) parce que j'ai décidé 1) que c'était un investissement et 2) que vu l'état périlleux de nos crédits renouvelables, je défends la théorie suivante : quand on doit 1 000 livres aux banques, c'est *notre* problème, mais quand on doit 1 000 000 livres aux banques, c'est *leur* problème. Ce n'est sans doute pas très sain comme plan de financement, mais pour le moment c'est tout ce que j'ai à proposer. D'ailleurs, 100 dollars, ça ne doit pas faire grand-chose en livres sterling.

La journée était censée se dérouler ainsi :

8 heures 35 : Aller à l'école en papotant gaiement avec mes enfants chéris, un adorable chien gambadant à nos côtés.

8 heures 50 : Laisser les enfants dans la cour après mille câlins et bisous, tandis qu'ils s'écrient : « Tu es la meilleure maman du monde, on t'aime ! » Leur adresser un joyeux au revoir de la main.

9 heures 45 : Retour à la maison après avoir fait faire une bonne promenade revigorante au chien.

10 heures : Me préparer une délicieuse tasse de café et m'atteler à la conception de mon appli.

13 heures : Pause-déjeuner saine et reconstituante, composée de crudités et de légumes en grande quantité.

13 heures 15 : Reprise du travail.

15 heures : Aller chercher mes adorables enfants à l'école, mon adorable chien marchant au pied.

15 heures 15 : Être accueillie avec effusion par mes p'tits loups.

16 heures : Leur servir un goûter sain et nourrissant comprenant des fruits.

16 heures 30 : Devoirs. Je dispense sagesse et savoir à ma progéniture. Sentiment de douce plénitude en voyant la compréhension illuminer leurs innocents petits minois.

17 heures : Préparer un bon repas pour mes petits lapins chéris.

17 heures 30 : Rayonner de tendresse en regardant les petits lapins chéris engloutir leur succulent repas.

18 heures : Enfourner pour Simon et moi un plat innovant et créatif, relevé par d'intéressantes associations d'épices exotiques.

18 heures 30 : Surveiller le bain.

19 heures : Autoriser une heure d'écran avant le coucher, le temps que je peaufine quelques détails de mon appli.

19 heures 30 : Accueillir mari aimant, border enfants ensommeillés dans draps propres avec profusion de bisous et de câlins.

19 heures 40 : Savourer un gin-tonic de bon aloi avec mon mari aimant. Nous raconter notre journée, nous encourager mutuellement par des remarques pleines de bon sens.

20 heures : S'attabler devant le dîner succulent et créatif. Mari sidéré par l'explosion de saveurs dans son assiette.

20 heures 30 : Travailler encore un peu sur mon appli.

22 heures : Regarder *Question Time* avec un verre de vin. (À moins qu'à cette heure-là ce ne soit *Newsnight* ? Bref, peu importe, n'importe quelle émission de politique ou d'actu.) En débattre avec maturité et intelligence avec mon mari.

23 heures : Aller au lit. Peut-être baiser.

Dans les faits, voilà comment s'est déroulée ma journée :

8 heures 49 : Départ pour l'école : marche rapide en criant aux enfants de se dépêcher, vite, vite, vite, on va être en retard ! Je suis traînée par un chien surexcité.

8 heures 59 : Pousser les enfants dans la cour, sans cesser de leur crier de courir.

9 heures : M'émerveiller devant la journée qui s'étend devant moi, véritable océan de productivité.

9 heures 10 : Décider de m'accorder un café de chez Costa tout en promenant le chien – parce que je le vaux bien. Regimber légèrement en voyant le prix. En sortant du café, retrouver le chien en train d'aspirer de mystérieux détritus.

10 heures : Ce couillon de chien s'est roulé dans quelque chose d'indicible. Lui donner un bain. Il pue toujours et maintenant, j'ai cette odeur sur les mains. Me souvenir que la sauce tomate est censée éliminer les odeurs de caca de renard, etc. M'en tartiner les mains et en recouvrir le chien. Le chien s'ébroue. La salle de bains est à présent constellée de sauce tomate, du sol au plafond. Moi aussi. On se croirait dans *Massacre à la tronçonneuse*.

11 heures : Ai nettoyé salle de bains et me suis changée. L'odeur persiste. Fait chier. Il est temps de me mettre à bosser sur l'appli. Mais avant, rien qu'un tout petit coup d'œil à Facebook… Ooooooh, Susannah Ellison, une fille qui était à l'école avec moi… elle est devenue énorme ! Je vais juste envoyer un petit message à Hannah pour le lui dire, ça lui fera plaisir. Et peut-être aussi prendre une barre chocolatée à la crème de menthe.

12 heures : Comment me suis-je débrouillée pour perdre une heure à écrire à Hannah et à chercher d'anciennes filles de l'école sur Google pour voir si elles sont devenues grosses ? Hein, comment ? Allez. L'appli. Maintenant. Il faudrait quand même que j'aille voir sur Twitter ce qui se passe dans le monde : je suis des tas de journalistes afin de pouvoir faire l'importante, du coup aller sur Twitter revient à lire le journal. Or, tout le monde sait combien il est important de se tenir au courant de l'actualité. Hum, voyons… Chiant, chiant, chiant… Ah,

tiens ! Kirstie Allsopp, la présentatrice d'*Appart' à vendre* est furieuse ! Bah, à cause de quoi ? Zut, Twitter est un vrai bazar ! Ah, voilà… après avoir remonté vingt-sept de ses tweetos, j'ai découvert la source de son irritation : apparemment, il y avait un passager très bruyant dans son train. Pff, je la comprends, c'est pénible ce genre de truc.

13 heures : ARRRGHHHH ! Enfin, on ne peut pas travailler l'estomac vide, je ferais mieux de grignoter quelque chose. Une salade, c'est sain et diététique, ça. Sauf que parmi les trois sachets de salade ouverts au frigo, aucun n'est mangeable. Sandwich jambon-fromage, donc.

13 heures 30 : Bon. L'appli.

14 heures : Oh, regardez-moi ce petit écureuil sur la mangeoire à oiseaux… Je vais le filmer et poster la vidéo sur Facebook. Avec un peu de chance, elle deviendra virale.

14 heures 30 : Inutile d'essayer de travailler maintenant, je vais prendre une tasse de thé et un HobNob au chocolat. Et peut-être retourner cinq minutes sur Facebook pour voir si ma vidéo de l'écureuil est devenue virale. Non ? Mais comment ça se fait ? Je devrais peut-être aussi la poster sur Instagram.

15 heures 10 : Merde, c'est l'heure d'aller chercher les enfants ! Je vais devoir y aller en voiture et me faire regarder de travers par les autres parents.

15 heures 15 : Les enfants me tombent dessus parce que je me suis trompée dans les boîtes à déjeuner : j'ai donné le sandwich au fromage à Peter et celui au jambon à Jane. De toute évidence, il était inconcevable qu'ils mangent un sandwich qui ne leur était pas destiné ou qu'ils les échangent. Ils me traitent de pire maman qui existe.

16 heures : Je file des chips aux enfants.

16 heures 30 : Je crie aux enfants de faire leurs devoirs. J'exige qu'ils m'expliquent comment ils peuvent avoir « oublié » de savoir lire. Je raisonne sur la façon de faire une division à plusieurs chiffres lorsqu'ils me disent que ma méthode est fausse et débile. Je réprime l'envie de répliquer : « Fait chier, on s'en fout, j'ai plus fait de division à plusieurs chiffres depuis

que j'ai quitté l'école ! C'est pour ça qu'il y a des calculatrices et c'est pour ça que j'ai dû aller sur Google pour vous aider. »

17 heures : Je fais des pâtes. Je me demande si manger trop de pâtes peut provoquer des problèmes de santé chez les enfants. Prise de culpabilité, j'ajoute des brocolis parce que je leur fais manger des pâtes tous les soirs, sauf les soirs où c'est pizza.

17 heures 30 : J'écoute les enfants brailler comme des putois parce qu'il y a des brocolis dans leurs pâtes. Je meurs un peu plus à l'intérieur.

18 heures : J'enfourne un poulet pour Simon et moi. Je lui fourre un citron et du persil flétri dans le croupion pour faire comme si j'avais cuisiné.

18 heures 30 : Je commence à envoyer les enfants au bain. Une fois qu'ils sont dans la baignoire, je me replie en bas avec mon téléphone et je vais sur Facebook, partant du principe que tant que je les entends hurler, ils ne sont pas noyés. Je décide que je déteste tout le monde sur Facebook : ils prennent tous de merveilleux dîners avec leurs enfants luisants de propreté et leur font des câlins avant d'aller au lit. Peter et Jane mordent quand on essaie de faire un câlin avec eux. Je prends un verre de gin.

19 heures 15 : J'essaie de faire sortir les enfants du bain. Je considère la zone postapocalyptique qu'est devenue la salle de bains – flaques et serviettes trempées. J'entreprends d'éponger l'inondation tout en criant : « ÇA Y EST ? VOUS ÊTES EN PYJAMA ? ARRÊTEZ DE VOUS TAPER DESSUS ! » En boucle.

19 heures 35 : Je beugle : « Pourquoi vous n'êtes pas en pyjama ? » après les enfants tout nus.

19 heures 40 : Quand Simon rentre, je lui annonce que c'est lui qui va mettre les enfants au lit parce qu'ils réclament leur papa. J'omets de mentionner « et parce que sinon je vais leur tordre le cou ». Je reprends un grand verre de gin.

20 heures : Je dépose le poulet légèrement carbonisé devant Simon. Je crispe très fort les doigts sur le couteau à découper lorsqu'il soupire : « Pff, encore du poulet ? On pourrait pas

manger autre chose ? J'en ai marre du poulet ! » Je repose calmement le couteau à découper et, très sereine, je sors une boîte de haricots du placard. Je la pose brutalement devant Simon et je lui demande si le changement lui convient. Je siphonne ma réserve de self-control lorsqu'il réplique : « Ça va, pas la peine d'être désagréable ! »

20 heures 30 : Je parcours les soldes sur le site de Hobbs. J'achète des chaussures. Je me persuade que j'ai fait une affaire, doublée d'un excellent investissement. Je bois un verre de vin.

21 heures 30 : Je regarde *EastEnders* sur mon ordinateur portable, tandis que Simon somnole devant *Occasions à saisir* sur le grand écran. Je vais sur internet. Je bois un autre verre de vin. Je passe encore deux heures en ligne à lire des théories du complot.

Minuit – merde ! Je suis bourrée et convaincue d'être espionnée par la CIA. En plus, demain je travaille. Simon feint de me faire un « câlin ». En fait, il me tripote dans l'espoir qu'on baise. Je le préviens : s'il ne me laisse pas tranquille, je vais mordre. C'est peut-être de moi que Peter et Jane tiennent leur tendance à sortir les crocs ?

DÉCEMBRE

Mardi 1er décembre

C'EEEEEEEST NOËËËËËËËËËËËËL !

J'adore le premier décembre. La période des fêtes qui s'étend devant nous, l'espoir d'un mois de paix sur la terre aux hommes de bonne volonté, dans un parfum de cannelle et de clou de girofle. La joyeuse anticipation d'un mois de calendrier de l'avent, de cantiques de Noël, de chansons sentimentales, de lumignons, de compositions de houx, de *mince-pies*, de neige immaculée, profonde et givrée, de flambées crépitantes et de loupiots ivres d'excitation, aux joues pomme d'api.

Le premier décembre, c'est peut-être le plus beau jour de cette période de Noël : le potentiel est encore entier, le rêve n'a pas encore été emporté par des torrents de pluie. On n'a pas encore envie de s'arracher les oreilles en entendant pour la millième fois *Last Christmas* dans un magasin ou un ascenseur (au contraire, on se met à chanter de tout son cœur dès les premières notes). Le temps de comprendre que les loupiots aux joues pomme d'api se shootent au sucre depuis un mois, vous avez déjà bu tout le Baileys que vous gardiez pour Noël. Avant le quinze.

Mais aujourd'hui, aujourd'hui l'image d'Épinal est encore intacte : vous imaginez votre petite famille ramenant le sapin par des rues sombres et enneigées avant de siroter du cidre chaud en entonnant des chants de Noël autour du piano. (En vrai, c'est quoi du cidre chaud ? Juste du cidre servi chaud ou une sorte de cidre bien spécifique ? Passer une bouteille de cidre au micro-ondes ne produirait pas l'ambiance festive à laquelle j'aspire, si ?)

Il est un tout petit peu dommage que je ne puisse plus faire croire aux enfants que le père Noël ne va pas passer : le grand frère d'Olivia Brown a raconté à sa sœur que le papa Noël n'existait pas et bien sûr, la gamine s'est empressée de l'annoncer à toute la classe. Du coup, quand Jane a cessé de se plaindre d'avoir été dupée pendant autant d'années, elle a ressenti le besoin impérieux d'éclairer Peter sur le sujet. Résultat, je ne peux plus prétendre que les détecteurs de fumée sont des caméras du père Noël qui suit leurs moindres faits et gestes (ce qui est vaguement pervers quand on y réfléchit), juste pour qu'ils se conduisent de façon civilisée pendant au moins un mois de l'année. Néanmoins, je peux toujours les menacer de confisquer les calendriers de l'avent s'ils ne filent pas droit.

Mais aujourd'hui, tous les espoirs sont encore permis. Alors, faites entrer l'esprit de Noël et que la fête commence !

Jeudi 3 décembre

Jane vient de me confier sa liste de Noël, quatorzième version. Si je fais le total de ses souhaits, j'arrive à la coquette somme de 2 378,73 livres. Inutile de préciser que Jane va au-devant de grandes désillusions. Peter, qui trouve qu'écrire exige trop d'efforts, se plante devant la télé, l'œil vitreux, et crie : « JE VEUX ÇA ! » chaque fois qu'il y a la pub. Hier, happé dans le vortex du Consumérisme, il a crié : « JE VEUX ÇA ! » devant un spot vantant les mérites d'une protection hygiénique. Je ne suis pas tout à fait certaine de comprendre ce qui l'intéresse à ce point dans cette pub – les rollers, la jolie blonde, la plage de sable fin ou la boîte de Tampax. Quand je lui ai demandé s'il savait à quoi servait ce produit, il a eu l'air décontenancé et a ronchonné : « Le veux. Le veux. »

Au troisième jour du calendrier de l'avent, j'ai décidé que je détestais la personne qui avait trouvé très futé de mettre des chocolats dans ces foutues cases. Déjà que mes enfants chéris font un pic de sucre avant même d'avoir pris leur petit déjeuner, à présent ils ne veulent plus manger que des céréales supersucrées, vu qu'après le chocolat du calendrier tout le reste a un goût « horrible ». Cela dit, il y a aussi des couillons prétentieux genre Simon, qui « oublient » leur calendrier de l'avent pendant des jours et qui ensuite savourent d'un coup tous leurs chocolats devant vous en refusant de partager.

Chaque année, je menace cet enfoiré de Simon de ne pas lui acheter de calendrier de l'avent. Il est bien trop âgé pour ça. Mais ensuite, je me remémore son méga-pétage de plombs pour notre premier Noël parce que sa mère ne lui avait pas acheté de calendrier. Il nous avait gratifiées d'une colère à faire pâlir un enfant de deux ans. Il n'était pas allé jusqu'à se rouler par terre en hurlant « MON CALENDRIER DE L'AVENT !! ZE VEUX MON CALENDRIER DE L'AVEEEENNNT ! », mais c'était limite. Sa mère croyait que la jeune épouse de son fils lui aurait acheté son calendrier de l'avent, maintenant qu'il était marié. Ça m'avait carrément surprise à l'époque, car je ne me souvenais pas d'avoir entendu quoi que ce soit le jour de mon mariage ressemblant de près où de loin à : « Je jure de devenir ta mère à partir de ce jour… »

L'année d'après, je lui ai acheté un calendrier, pour rire. Toutefois, il n'avait pas paru saisir le côté comique de l'histoire, allant jusqu'à me dire qu'à l'avenir, il préférerait un calendrier Thornton plutôt qu'un Dairy Milk, mais qu'il était sensible à cette délicate attention de ma part. Et donc, je continue d'acheter un calendrier de l'avent à mon mari de quarante ans, puisque selon toute apparence je suis devenue sa mère et que c'est un enfant gâté.

Vendredi 4 décembre

Mail de Louisa :

Coucou Ellen,
Nous avons tous hâte de venir pour Noël. Est-ce que j'apporte quelque chose ?
Namasté,
Amaris

Comment lui répondre avec tact : « Par pitié, Louisa, n'apporte pas ton placenta séché » ?

J'avais aussi un mail de Jessica :

Salut Ellen,

Je réfléchissais au Christmas pudding. D'après toi, je le prends chez Fortnum ou chez Harrods ? Apparemment, le Waitrose selon la recette d'Heston Blumenthal n'est pas très réussi cette année, quoiqu'il n'y en ait déjà plus un seul en rayon. D'un autre côté, maman m'a dit que tu avais une excellente recette de Christmas pudding. Tu ne préférerais pas le faire, finalement ?

Amitiés,

Jessica

Va te faire foutre, Jessica ! Va te faire foutre ! Tu m'as collé tout un Noël à préparer et maintenant tu es en train de transformer LA SEULE CHOSE QUE TU AS A FAIRE en performance colossale ! Et comme si ça ne suffisait pas, tu essaies de me faire faire un Christmas pudding ! De toute façon, je n'ai jamais eu de recette de Christmas pudding, j'ai menti à maman ! Lors d'un Noël, elle m'avait fait tout un foin parce que j'avais servi des tas de plats préparés. Alors, pour lui clouer le bec, je lui avais répondu que c'était moi qui avais fait ce pudding à la con ! Du coup, elle s'était mise à radoter que j'aurais dû acheter le pudding Delia de chez Sainsbury parce que c'était de loin le meilleur Christmas pudding qu'elle avait jamais goûté, alors que JUSTEMENT C'ÉTAIT UN PUTAIN DE PUDDING DELIA DE CHEZ SAINSBURY ! Bises. Ellen.

Je ferais sans doute mieux de me relire avant de l'envoyer. Pourtant, je suis assez tentée de ne pas le faire. Enfin… la satisfaction immédiate de dire à ma sœur d'aller se foutre ne vaut sûrement pas l'énervement de devoir supporter son air de martyre toute la journée du 25.

Ces putains de mails de Noël m'ont pourri mon vendredi PRAF ! Je fulmine, je marmonne des propos indistincts truffés de puddings, de placentas et de betteraves. Noël ne semble jamais aussi compliqué à la télé – même dans la pub pour l'Islande, Noël paraît idyllique. Alors comment ça se fait que ce soit si galère en vrai ?

Encore des communications de l'école. Des lettres, des lettres et encore des lettres. Je croule sous les lettres de l'école. Lettres à propos des totos qui me donnent immédiatement envie de me gratter la tête. Lettres au sujet des foires aux livres, des kermesses de Noël, des spectacles de Noël et des billets de tombola destinés à financer lesdits spectacles. Sans oublier, bien sûr, la lettre de fin d'année dont raffolent tous les parents, celle qui détaille le déguisement requis pour le spectacle de Noël.

Cette année, l'on m'annonce que Peter sera un fantôme de l'espace et Jane une souris d'étable. Les spectacles de Noël sont de plus en plus étranges depuis l'arrivée d'une prof de théâtre assez progressiste qui écrit elle-même ses productions dramatiques. Avant, chaque classe se levait à tour de rôle pour chanter horriblement faux *Rodolphe, le petit renne au nez rouge* ou *Quand le père Noël s'est coincé dans la cheminée* (je ricane toujours au passage qui dit qu'il s'est mis de la suie sur sa hotte – j'ai mauvais esprit), puis les petits de maternelle formaient une crèche vivante et chantaient *Dans une mangeoire*. Bref, on pouvait y aller de sa petite larme. Mais ces deux dernières années, nous avons eu droit à *Noël sous la Deuxième Guerre mondiale* (moment chaleureux comme on l'imagine, avec des réfugiés en larmes déplorant la pénurie de bananes) et à *Noël chez Big Brother*. Dieu sait ce que nous réserve le spectacle de ce Noël avec sa combinaison gagnante de fantômes de l'espace et de souris d'étable.

De toute manière, nul doute que l'imagination débridée de mademoiselle Elliot, la prof de théâtre, se sera nourrie des substances hallucinogènes de sa folle jeunesse. Comme d'habitude, Peter et Jane brûleront les planches. Aux temps heureux de la crèche vivante, Jane avait été « une habitante de Bethléem » : elle devait rester au fond de la scène et fusiller l'assistance du regard. Mais Peter… Peter avait fait exploser de fierté mon cœur de mère, lorsqu'il avait hérité du rôle convoité de Joseph. J'avais déboulé dans le hall de la maternelle et joué des coudes pour atteindre le premier rang : « Pardon, pardon, mais mon fils joue Joseph et je DOIS être devant, oui, excusez-moi, je suis la maman de Joseph, laissez-moi passer, JE SUIS LA TRÈS FIÈRE MAMAN DE JOSEPH ! » La petite troupe était entrée sur scène, Peter adorable dans sa serviette de table et une vieille chemise de Simon, entouré par des anges enguirlandés et une Marie plutôt maussade. J'avais failli fondre en larmes devant ce touchant tableau. Une fois au milieu de la scène, Peter s'était fourré le doigt dans le nez et avait passé le reste de la Nativité à explorer sa narine. Malgré mes gesticulations appuyées et mes menaces à mi-voix, il n'avait sorti le doigt de son nez que pour mastiquer un morceau particulièrement juteux récupéré à la lisière de son sinus. J'étais mortifiée. Après la représentation, quand je lui avais demandé pourquoi il avait fait ça, il avait eu l'air surpris : « Fait quoi ? »

Donc : pour incarner un fantôme de l'espace, Peter va avoir besoin de peinture corporelle argentée, d'un rouleau de papier-alu, d'un legging blanc, d'un T-shirt « à sacrifier » et d'un « sac à dos de l'espace ». Interrogé sur ce dernier élément, Peter m'a gentiment expliqué que c'était « un sac à dos que tu mets dans l'espace. »

Jane, elle, a besoin de « vieux leggings et d'un T-shirt marron » qu'il faudra découper.

Détail amusant, Peter ne possède pas de legging blanc et Jane n'a pas de T-shirt marron. Je vais donc devoir aller leur en acheter de tout neufs chez Primark afin de pouvoir les bousiller à la gloire des fantômes de l'espace qui hantent les souris d'étable.

Bordel à culs ! Je viens de m'apercevoir que la lettre est datée de la semaine dernière : Peter et Jane sont censés amener leurs déguisements à l'école aujourd'hui. L'avantage, c'est qu'en période de fêtes, boire du vin en semaine est tout à fait admis, n'est-ce pas ?

Mercredi 9 décembre

J'ai enfin terminé mon appli mobile « Pourquoi maman picole ». (Je l'ai conçue en grande partie sur mes heures de bureau, mais nous passerons ce détail sous silence...) Je suis vraiment très satisfaite du résultat. Au niveau 1, on doit partir de la maison le matin en rassemblant les enfants, les boîtes à sandwichs, les devoirs et les autorisations de sortie à remplir pour l'école, tout en empêchant les enfants de vous les piquer dans le sac. Au niveau 2, il faut arriver à l'école dans un temps imparti, en évitant les crottes de chien et en empêchant les enfants de se jeter sous les roues des 4 x 4, le tout en répondant à leurs questions sur les homophones et les divisions à plusieurs chiffres. Je suis aussi très contente des niveaux intermédiaires où il faut traverser la cour sans se prendre un coup de pied dans les gencives tandis que les effrayantes mamans ninjas blondes, tapies derrière les équipements de l'aire de jeu, vous mitraillent de muffins au quinoa bio. Enfin, au dernier niveau, on doit rentrer du pub complètement bourrée, passer acheter des frites *et* rentrer à la maison sans en faire tomber une. C'est un instantané de ma vie, une succession de clichés à l'animation pourrie, mais c'est la première chose vaguement créative que j'aie faite toute seule depuis des lustres. Qui plus est, la conception de cette appli a été très thérapeutique, vu que je l'ai peuplée de toutes les connasses qui me font chier. J'aime tout particulièrement le défi où il faut éviter un gobelet de café latte au lait de soja devant l'école. Si la maman-mimi se loupe, elle craque son pantalon de yoga et on gagne un gin-tonic. Il se peut que j'aie ricané toute seule en concevant cette épreuve.

Je me suis acquittée de mes 100 dollars pour le dépôt de l'appli et je songe à ajouter « développeuse d'appli » sur mon CV. D'ailleurs, je vais le faire, bordel ! Il faut vingt-quatre heures pour que mon projet soit approuvé, le temps de vérifier que je ne suis pas un mauvais génie d'internet qui a pour ambition d'anéantir la civilisation occidentale avec un jeu de plateforme d'aspect inoffensif. Quoique, si j'étais assez futée pour déguiser un armageddon numérique en jeu de pâtisserie, de devoirs et de vin, il me plaît à penser que je saurais aussi berner les contrôleurs d'applis. Mais je ne suis pas ce genre de personne, c'est clair. Je ne suis qu'une alcoolo borderline qui s'ennuie et essaie de se faire passer pour une adulte un tantinet fonctionnelle.

Oh, misère de misère… Et si on me refuse mon projet ? Depuis que j'ai appuyé sur la touche « soumettre » ce matin, je n'arrête pas de consulter mon téléphone. Pourtant, je sais bien que les formalités vont prendre un certain temps. Voilà, maintenant, je fais les cent pas.

S'ils détestent « Pourquoi maman picole », je vais pleurer. Même s'ils ne la détestent pas, je pleurerai quand même, si personne ne l'achète. Hannah l'achètera, elle. Sam aussi. Mais si c'étaient les seuls ? Et si j'avais fait tout ça pour rien ? Certes, j'aurai au moins la satisfaction d'y jouer toute seule et de rire jaune chaque fois que l'Ellen du jeu battra le Gang du jeu. Enfin, quand je ne couperai pas mon vin de larmes amères en méditant sur la futilité de l'existence. Peut-être que les écoles l'achèteront dans le cadre de la prévention des grossesses adolescentes ?

Et si j'étais en pleine crise du milieu de la vie, moi ?

Vendredi 11 décembre

Mon vendredi PRAF a été sacrifié sur l'autel du Noël de la boîte, THE moment strass et paillettes de l'année sociale. Qui n'aime pas raquer 57,50 livres pour s'entasser dans la salle de conférences d'un hôtel trois étoiles avec vingt-neuf autres Noëls d'entreprise, tous comprenant par forfait une femme d'un certain âge, saoule comme une grive, engoncée dans une robe de cocktail en polyester, arborant sur la tête des bois de renne clignotants et qui passe la soirée à jacasser à tue-tête, tente de rouler une pelle à un collègue assez jeune pour être son fils, puis se met à vomir partout et qu'on finit par coller dans un taxi tandis qu'elle déclare à tout le monde, y compris à des inconnus, qu'elle les aime tendrement ? Étonnamment, ce rôle ne m'est pas dévolu, dans ma boîte. Il y a longtemps que Sandra, des ventes, se l'est attribué. Franchement, comment ne pas être enthousiasmé par un repas de Noël tiède avec « vin offert par la maison » sur lequel tout le monde se précipite pour en avoir au moins pour son argent ?

Quel a été le clou de la soirée cette année ? Quand Jenny du marketing m'a appelée le Grinch et qu'elle a voulu me coiffer de force d'une fragile couronne en papiers de crackers, avant de me dire : « Rho, un peu d'humour ! » quand je l'ai menacée méchamment de la tailler en pièces si jamais elle osait me toucher encore une fois ? (Avec mes problèmes d'espace vital, ce genre de soirée met toujours mes nerfs à rude épreuve. Il faut dire que la salle octroie environ quarante centimètres carrés par personne, et ce afin de rentabiliser la location au maximum.)

Ou quand Ian de la compta a passé trois quarts d'heure à me raconter par le menu les problèmes de santé qui l'ont conduit à subir une opération de la vésicule, puis à me rendre compte point par point de ladite opération ? Ou quand Paul face-de-pizza, du courrier, m'a traînée jusqu'à la piste de danse alors que je me rendais aux toilettes, et s'est mis à presser son bas-ventre anormalement protubérant contre moi en haletant d'un souffle humide :

— Tu m'as toujours plu, Chrissie…

Il n'y a aucune Chrissie au boulot.

Oh, oh, oh ! Soirée de Noël de merde ! Et demain, je vais devoir me retaper le même truc à la soirée de Noël de Simon. Cela dit, c'est un peu plus classe chez lui, autrement dit, il y aura des crackers de meilleure qualité et les viandes seront accompagnées d'un « jus » et non d'une sauce.

Toujours aucun signe que « Pourquoi maman picole » a été accepté, en dépit de mes vérifs toutes les vingt secondes et de mes connexions obsessionnelles sur des sites qui vous donnent le délai d'attente moyen (« vingt-quatre heures », ils sont unanimes). Et si c'était un problème de décalage horaire ? C'est peut-être la nuit en Amérique ? Ou alors, ils détestent mon appli.

Samedi 12 décembre

La soirée de Simon était vraiment ultra-chic, mais hélas assortie de mon ennemi juré : un open-bar. Le jour viendra peut-être où je ne considérerai pas un open-bar comme une incitation à boire un maximum d'alcool en un minimum de temps, mais malheureusement pour Simon, ce jour-là n'est pas encore arrivé.

Ce n'est pas entièrement ma faute si je me suis murgée. À table, je me suis retrouvée à côté de la femme de Brian, un collègue de Simon. Je crois qu'elle s'appelle Soozie. En fait, je sais qu'elle s'appelle Soozie – avec deux « o ». Car Soozie est suffisamment narcissique pour avoir ressenti le besoin de m'épeler son nom, afin que je prenne toute la mesure de son originalité. Soozie vient d'avoir un bébé. Soozie a un autre enfant en bas âge. Soozie est apparemment la première femme de toute l'histoire de l'humanité à avoir eu un bébé. À ce titre, Soozie se sent tenue de me parler en long et en large de ses enfants exceptionnels : le bouleversement qu'ils ont apporté à sa vie, les principes d'éducation qu'elle leur applique, et aussi le mot d'une incroyable drôlerie que lui a sorti Gabriel, alors qu'il n'a que deux ans ! Regarde, c'est Gabriel, là… N'est-ce pas qu'il est beau ? Et ça, c'est Gabriel avec Céleste, le bébé, oui, on a choisi ces prénoms exprès parce que ce sont nos petits anges à nous. Et ça, c'est Gabriel qui fait de la balançoire et là, c'est l'anniversaire du premier mois de Céleste… et ça, l'anniversaire de ses deux mois… et ça, l'anniversaire de ses trois mois… Et là, c'est Gabriel qui va sur le pot pour la première fois, qu'est-ce qu'on était fiers, et ça, c'est le contenu du pot, tu ne trouves pas que l'allaitement, c'est essentiel pour un enfant ? Quel monstre faut-il être pour les mettre au biberon, puis les laisser dans des cages pour que des loups les élèvent ? Tout ça pour reprendre son travail ! Ah, mais tu es une maman qui travaille, non ? Rholala… je ne sais pas comment tu trouves le temps de tout faire, moi, je ne pourrais pas laisser les miens comme ça, mes enfants, c'est toute ma vie. Oh, il faut que je te montre la photo d'un dessin incroyable qu'a fait Gabriel alors qu'il n'a que deux ans !

Je vous le demande. Quel choix avais-je à part picoler pour supporter cet incessant déluge d'exploits du petit Gabriel et de la petite Céleste ? Picoler. Picoler encore et toujours…

Certes, j'ai pris le groupe qui animait la soirée pour une sono karaoké et j'ai réclamé de chanter *Eternal Flame*, et alors ? Tout le monde peut se tromper ! Et de toute façon, ma choré enthousiaste a été ma manière à moi de remercier les musicos.

Ensuite, comment aurais-je pu savoir que l'homme charmant que j'avais rencontré au bar et qui était tout de suite devenu mon meilleur ami était le patron de Simon ? Pour ma défense, la première sambuca flambée, c'était son idée à lui ! La deuxième et la troisième aussi. En plus, nous nous sommes vraiment compris tous les deux, alors je ne vois vraiment pas en quoi ça serait un handicap pour la carrière de Simon.

Et je n'ai pas été malade dans le taxi du retour, MOI ! Je n'ai pas arrêté de réclamer des chips. Et un kebab.

Une fois au lit, j'aurais vraiment aimé que la chambre cesse de tourner. Mais c'est là qu'une idée m'a soudain traversé l'esprit ! Et si le mail pour l'appli « Maman pompette » avait atterri dans le dossier des courriers indésirables ? Où était mon téléphone ? Où était mon sac ? Où étaient mes chaussures ? J'ai remonté le sillage de la dévastation… Ma robe était sur le palier et une chaussure gisait dans l'escalier. L'autre chaussure était là… et hourra, mon sac ! Et mon téléphone ! Et OUI ! Mon appli a été acceptée ! Oh, jour béni entre tous ! À ce stade, j'ai estimé qu'une courte sieste célébrationnelle sur les marches était une idée remarquable.

Dimanche 13 décembre

Bouark. Ce matin, j'ai été réveillée dans l'escalier par Peter et Jane qui m'ont enjambée pour aller regarder la télé. Leurs yeux exprimaient du dégoût. Hier soir, j'ai réussi, je ne sais pas comment, à enfiler mon pyjama. Je n'étais donc pas avachie à poil sur les marches, c'est déjà ça. Simon, lui, pas impressionné pour un sou, n'arrête pas de me demander ce que j'ai dit *exactement* à son boss, qui apparemment n'est pas l'homme délicieux qu'il m'a semblé être hier. Je restituerais bien volontiers notre conversation à Simon si seulement je pouvais m'en souvenir. Vraiment, je ne demande que ça. Je me rappelle avoir été extrêmement spirituelle et charmante, mais impossible de cerner les nuances de notre discussion. J'ai toutefois le vague souvenir d'avoir montré un tas de photos de mon chien à quelqu'un, mais il me semble que c'était à Soozie la Scie, en représailles pour l'interminable diaporama de ses mioches que j'avais dû endurer. Je ne vois pas ce qui inquiète Simon, vu que son boss et moi nous sommes entendus comme larrons en foire. Ou plutôt comme deux shots de sambuca flambée. Oh, misère de moi… je n'ai toujours pas dessaoulé !

Le chien m'a considérée avec un incommensurable dégoût. Piteuse, je lui ai murmuré :

— Je t'en prie, ne me juge pas…

Mais il a émis un reniflement réprobateur.

Mardi 15 décembre

ARRRRGGHHHHHHHHHH ! Je me suis rendu compte ce matin qu'on était déjà à la mi-décembre. Comment ? MAIS COMMENT UNE TELLE CHOSE A-T-ELLE PU SE REPRODUIRE ? Une fois de plus, je n'ai pas envoyé les cadeaux des parents de Simon en France. Je ne leur ai même pas ACHETÉ de cadeaux. En fait, je n'ai acheté *aucun* cadeau et je n'ai écrit *aucune* carte. Et maintenant, il est trop tard pour adresser mes vœux aux personnes qui vivent à l'étranger, à l'exception de la France.

Pas de panique, cependant. J'aborde la situation avec calme et bon sens. Amazon Prime est mon ami. Amazon Prime va tout arranger. Amazon Prime est deux fois plus cher. Et merde, tant pis ! Nécessité fait loi. Une petite fortune plus tard, un coussin hors de prix orné d'un carlin, une étole en soie et un flacon de parfum s'envolent vers la mère de Simon, sans oublier quelques bouteilles de whisky, un après-rasage et des boutons de manchettes pour son père. Et plus jamais, jamais, je n'entrerai « cadeaux pour hommes » sur Google : cette recherche m'a ouvert les portes d'un univers que, franchement, j'aurais préféré ne jamais découvrir. La vie ne me semble pas plus réjouissante depuis que je sais qu'il existe des sucres d'orge en forme de vagin (même pas de fabrication artisanale), des « savons à zizi » (avec une sélection de trous de divers diamètres) et des « sous-vêtements à pipe » sur lesquels je n'ai pu me résoudre à cliquer sans pour autant que ça cesse de me tarabuster : qu'est-ce que ça peut bien être… des slips kangourous sans entrejambe ? Rholala, faut que j'arrête d'y penser.

Passons aux problèmes suivants : zéro carte de Noël, zéro temps pour les poster, zéro envie d'écrire des cartes, zéro exploit familial pour frimer agréablement dans une putain de boucle à moins que je n'inclue : « Ai conçu une appli basée sur ma profonde et durable haine de l'humanité, mais n'en ai pas encore retiré un kopeck » ou « Les enfants n'ont eu des poux que trois fois cette année. #gagnant ».

Néanmoins, j'ai refusé de me laisser démonter par le problème des cartes de Noël : je suis une brillante conceptrice d'applis. Aussi ai-je décidé de réaliser une adorable vidéo de Peter, de Jane et du chien s'adonnant à de joyeuses gambades en pulls de Noël, vidéo que j'habillerai d'une sirupeuse musique de saison et que je conclurai par un retentissant « Joyeux Noël à tous ! ». Je pourrais même publier la séquence sur Facebook et la regarder devenir virale. Le *Daily Mail* me consacrerait plus-grande-fan-de-Noël-du-monde et je ne serais plus jamais obligée d'écrire des cartes de Noël de toute ma vie ! C'était une idée de génie. Qu'est-ce qui aurait pu la faire foirer, franchement ?

Peter et Jane. Peter et Jane pouvaient tout faire foirer. Sans parler de ce maudit chien. Comment est-ce que je me débrouille pour toujours oublier que le but ultime de mes enfants semble être de contrecarrer tous mes rêves et espoirs ? Quand j'ai eu fini de les cajoler, menacer et soudoyer pour qu'ils passent leur pull de Noël qui était « horrible » et qui « grattait », quand je suis parvenue à enfiler *son* pull de Noël au chien, quand j'ai eu stoppé le saignement à l'endroit où il m'avait mordu avec indignation (ce qui le rend encore plus vicieux que les enfants qui, eux, n'avaient fait que *menacer* de me mordre), il faisait nuit et le chien avait réussi à déchiqueter son pull. Il était trop tard pour les joyeuses gambades que j'avais prévu de filmer en extérieur, mais ce n'était pas grave. Il y avait encore des tas de choses adorables à faire à l'intérieur. Ils pouvaient faire semblant d'emballer les cadeaux, d'ouvrir leur calendrier de l'avent, d'accrocher des décorations et de confectionner les traditionnelles *mince-pies*.

Au lieu de composer ce charmant tableau de têtes blondes aux joues enluminées, les enfants ont traîné leur mauvaise humeur dans toute la baraque. Jane a tenté de scotcher Peter au sol durant le simulacre d'emballage de cadeaux et ils ont tous deux exigé un supplément de chocolats pour compenser la pseudo-ouverture de calendrier de l'avent. Peter s'est arrangé pour casser la boule à neige qu'il était censé placer de façon festive sur la cheminée et au lieu de saupoudrer les *mince-pies* de sucre glace (avec, détail craquant, une trace de farine sur leur petit nez constellé de taches de rousseur) ils ont répandu un tel nuage de sucre glace dans la cuisine que je n'y voyais même plus assez pour les filmer. Pour finir, je les ai fait asseoir sur le canapé. Ils avaient un petit côté fantomatique à cause du sucre glace dont j'avais pourtant aspiré le plus gros. Je leur ai jeté d'un ton hargneux :

— Vous dites juste : « Joyeux Noël à tous ! » et vous le dites *comme il faut* !

Malgré quinze tentatives, je n'ai pas réussi à obtenir une seule prise sur laquelle ils regardent tous les deux l'objectif et prononcent leur phrase en même temps – ne parlons même pas du cri de joie que j'avais un instant envisagé. J'avais espéré que d'astucieuses retouches me permettraient de sauver la mise, mais le résultat final ressemblait plus à une affiche de lutte contre l'enfance maltraitée qu'à une joyeuse saynète de Noël censée susciter l'envie de toute la communauté Facebook.

Je devrai donc me rabattre sur un envoi de texto, avec capture d'écran d'un don au profit des sans-abri, en justifiant mon choix par des principes nobles et écologiques. Au fond de moi, je sais très bien que c'est la solution, mais je sais aussi que ça n'apaisera en rien la rage croissante que j'éprouverai devant le tas de cartes accompagnées de lettres pleines de suffisance. En les lisant, j'apprendrai que Jocasta a brillamment réussi son examen de flûte tout en escaladant le Kilimandjaro afin de lever des fonds au profit de chatons orphelins, mais qu'elle a hâte d'entrer au CP l'année prochaine. Quant à Sebastian, qui fait des étincelles dans un quelconque-sport-obscur, il est à présent le plus jeune membre de l'équipe britannique dudit sport-obscur. Ne sommes-nous pas tout bonnement mêêêêêêerveilleux ?

Putain de bordel de bitacouilles.

Samedi 19 décembre

Encore une soirée de Noël. L'une des mamans de l'école a invité tous les parents de la classe. Après délibérations, Sam et moi avons décidé de prendre le risque d'y aller. Je ne connaissais pas très bien cette mère, elle était assez nouvelle à l'école, je savais juste qu'elle avait un penchant pour les étoles artistiques et qu'elle « travaillait à la télé ». J'espérais aussi un peu qu'il y ait des gens connus à sa soirée. Sam m'a taxée d'indécence et de superficialité.

De son côté, Simon a beaucoup ronchonné, mais comme il n'a pas trouvé de meilleure excuse que : « Il va y avoir plein de gens, là-bas », et que j'avais déjà engagé une baby-sitter, j'ai insisté pour qu'il vienne. En effet, on commence à jaser sur Sam et moi. Sam prétendrait être gay pour dissimuler sa liaison débridée avec moi, ce qui, vu l'effet que m'a fait Sam quand je l'ai rencontré la première fois, ne semble rien moins qu'hilarant. Néanmoins, je ne veux pas alimenter cette rumeur.

J'ai donc obligé mon pauvre Simon à troquer sa chère polaire contre une chemise respectable et nous voilà partis, munis d'une bouteille de pinot gris d'un prix raisonnable et d'un poinsettia (parce que c'est Noël…) duquel j'ai pris soin d'ôter le sticker rouge « Prix mini » tout en laissant l'étiquette Waitrose intacte.

Notre hôtesse, Alicia, nous a accueillis à la porte, drapée dans un nombre infini d'étoles en soie. Elle avait réussi un exploit inconcevable : porter plus d'étoles à la fois que la mère de Simon. En toute honnêteté, je ne pensais pas que c'était humainement possible. Elle n'a pas eu l'air très impressionnée par mon poinsettia et nous a vaguement indiqué la direction de la cuisine en murmurant quelque chose comme :

— Il y a plein de gens que vous connaissez, là-bas.

Il est vite apparu qu'une sorte d'apartheid régissait cette soirée : les parents de l'école étaient rassemblés dans la cuisine, tandis que les amis de la télé, plus glamour, avaient droit au sanctuaire du salon et de ses canapés. Alicia craignait peut-être que nous tachions ses coussins ? Même le Gang avait été parqué dans la cuisine avec le reste de la liste B, à la grande indignation de la parfaite-maman de la Parfaite-Lucy Atkinson, qui, m'a rapporté Sam, avait tenté une incursion dans le groupe du beau-linge, essai qui avait été stoppé dans le vestibule par les étoles d'Alicia qui l'avaient reconduite à sa place. Le bruit courait que dans le séjour, on servait du champagne et des petits fours de traiteur, alors qu'à la cuisine il y avait du vin blanc passe-partout, de la baguette et un fromage suintant. Je n'avais jamais vu la parfaite-maman de la Parfaite-Lucy Atkinson si proche des larmes. Elle descendait son chardonnay en geignant :

— Je voulais juste voir son BAFTA[1] !

Fiona Montague lui tapotait l'épaule.

— On le verra, ma chérie, on va très vite passer au salon. Il est clair que notre place n'est pas ici.

Sous l'effet du vin, une sorte de trêve s'est établie dans la cuisine. Piqué au vif par ce rejet auquel il n'était pas habitué, le Gang s'est rapproché du groupe méprisé des mamans de seconde zone et de fragiles ponts ont été lancés.

1. BAFTA : récompense des BAFTA Awards, équivalent britannique des Césars du cinéma français.

Fiona Montague est venue vers moi, le regard un peu vitreux.

— T'sais, Ellen, je t'ai toujours enviée, m'a-t-elle appris. C'est vrai quoi, t'en as rien à foutre de rien, toi, hein ? Quoi qui se passe, t'en as juste rien à foutre ! Si seulement je pouvais être comme ça, moi… Comment tu fais pour te foutre de tout ?

La vache ! Fiona Montague qui disait « foutre » ! En temps normal, Fiona Montague ne dit même pas « péter ». S'il faut vraiment aborder le sujet, elle appelle ça « faire un vent ». Fiona Montague était bourrée comme un coing et l'alcool semblait nous rapprocher. Enfin, je crois. On ne peut jamais savoir avec Fiona, elle pouvait tout aussi bien s'apprêter à me donner le coup de grâce, torchée à la piquette ou pas. Mais non, elle avait passé un bras autour de mes épaules et était en train de me dire gravement, les yeux mouillés :

— Je t'aime beaucoup, Ellen. P-pourquoi on ne se f-fréquente pas davantage ? C'est vrai, t'es trop mi-mignonne ! Allez, tiens ! on va s'en jeter un p-petit dernier.

J'avais peur. Très peur.

La parfaite-maman de la Parfaite-Lucy Atkinson, la tête posée sur l'épaule de Sam, énonçait d'une voix pâteuse :

— Ce que j'veux dire, c'est que c'est t-trop dur d'être une maman, hein, tu crois pas ? Enfin, toi t'es pas une maman, ah ah ah ! Nan, mais tsaisskeujveudir, pas vrai ? C'est duuur. J'en… j'en ai t-tellement marre ! Je veux voir le BAFTA, moi. C'est p-pas simple, eh ?

Simon, lui, s'était éclipsé depuis déjà un bon bout de temps en direction des toilettes. Je commençais à craindre qu'il ne se soit tragiquement empêtré dans les étoles d'Alicia ou, pire, qu'il ait touché le BAFTA et fait une overdose fatale de mini-bœufs Wellington et de minipommes de terre farcies au caviar, lorsqu'il est réapparu en lançant :

— Ah, te voilà, ma chérie ! Qu'est-ce que tu fais planquée dans la cuisine ? Il y a des gens qui aimeraient bien faire ta connaissance, là-bas.

Sur ce nous sommes partis, main dans la main, vers l'aube dorée du salon, laissant derrière nous Fiona Montague et la parfaite-maman de la Parfaite-Lucy Atkinson, mâchoire pendante sous l'effet combiné de l'envie et de l'alcool.

Apparemment, Simon est un ancien camarade d'école du mari d'Alicia, Tristan (évidemment, il fallait qu'il s'appelle Tristan !). Ils se sont croisés devant les toilettes et se sont tombé dans les bras comme de vieux amis qui s'étaient perdus de vue, ce qu'ils sont puisque Simon refuse d'utiliser Facebook dans le but où il a été conçu, à savoir espionner vos anciens camarades d'études dans l'espoir de découvrir que vous êtes plus mince qu'eux et que vous avez mieux réussi dans la vie. Simon prétend que s'il va sur Facebook, c'est uniquement pour jauger l'humeur dans laquelle il va me retrouver le soir et pour lire les articles satiriques du *Daily Mash.* Bref, les tendres souvenirs de Simon et de Tristan du temps où ils intervertissaient lithium et magnésium en TP de chimie (ils avaient failli arracher la tête de leur prof, le vieux Dr Everett : « Qu'est-ce qu'il était rigolo sans ses sourcils, il est resté comme ça jusqu'à la fin du trimestre ! ») ont suffi à nous faire admettre au pays des Coussins. En fait, il n'y avait là ni champagne ni petits fours, mais j'ai quand même tenu le BAFTA (étonnamment lourd).

Sam m'a raconté comment s'était passé le reste de la soirée dans la cuisine, après ma lâche défection. La maman de Lucy Atkinson s'était disputée avec son mari qui lui avait suggéré de revenir à l'eau, ce à quoi elle avait répliqué : « ARRÊTE DE ME DIRE CE QUE JE DOIS FAIRE, TU ME DIS TOUJOURS CE QUE JE DOIS FAIRE ! » Du coup, il était reparti sans elle. Là-dessus, elle avait craqué et avoué à Sam qu'elle soupçonnait son mari d'être gay. Fiona Montague vomissait dans les parterres de fleurs, tandis que son mari tentait de la faire monter dans un taxi. Apparemment, le Gang supporte très mal l'exclusion sociale. Et l'alcool. De toute façon, je suis sûre qu'en dépit de l'insistance de Fiona pour que je devienne sa meilleure amie, le retour à la normale s'opérera dès lundi.

En allant me coucher, une idée m'est venue : j'aurais dû donner une soirée, moi aussi. À ce propos, il se peut que j'aie déjà décidé d'en organiser une et d'inviter toutes les personnes qui étaient présentes chez Alicia. Simon n'y trouvera rien à redire. Et puis on va bien s'amuser !

Dimanche 20 décembre

Youpi ! Aujourd'hui, c'est le jour du Sapin. Malgré la soirée d'hier, je n'ai pas l'ombre d'une gueule de bois, ce qui me laisse à penser que le vin du salon était de meilleure qualité que celui de la cuisine. Impression confirmée par les captures d'écran que m'a envoyées Sam avec humour et les messages embarrassés de Fiona Montague et de la parfaite-maman de la Parfaite-Lucy Atkinson présentant de vagues excuses dans le genre « J'ai un tantinet trop bu, hier ». Rholala… Je me demande dans quelle mesure elles assumeront leur conduite lundi.

Mais revenons au sapin… Dans mon Noël idéal, nos pas devraient s'enfoncer dans les rues enneigées, Simon chargerait l'arbre sur ses larges épaules et le porterait jusqu'à la maison, tandis que les enfants et moi sautillerions gaiement dans son sillage viril. En réalité, nous allons dans un magasin de bricolage où nous nous disputons parce que je choisis toujours un énorme sapin qui ne rentre pas dans la voiture, alors que Simon choisit un arbre si riquiqui qu'il ferait honte à une famille de souris, tellement il est anti-festif.

Cette année, cependant, j'avais déniché l'adresse d'une sapinière. Le principe : on roule agréablement dans la campagne, puis on monte sur un tracteur, on va choisir un arbre et on abat son propre sapin de Noël ! Quoi de plus divin ? Nous nous sommes donc mis en route. Ravie, je chantais à tue-tête « MON BEAU SAPINNNNNNN, ROI DES FORÊÊÊÊÊTS », Simon maugréait que je l'empêchais de se concentrer sur sa conduite et à l'arrière, Peter et Jane chouinaient parce qu'ils n'avaient pas eu la permission de prendre leurs iPod. Pas grave ! Nous allions passer une journée magique et nous constituer des souvenirs heureux que les enfants garderaient toute leur vie. Dans les cinq minutes après notre arrivée, Peter est tombé dans une flaque de boue. Il a passé le reste de la visite à pleurer qu'il allait mourir de froid. Dès que Simon s'est vu confier une scie, il s'est transformé en chasseur-cueilleur et a commencé à crier dans tous les sens des choses comme : « RECULEZ ! RECULEZ ! Je vais l'ABATTRE ! » Bizarrement, il a insisté pour abattre un sapin tellement immense que moi-même, je doutais qu'il puisse rentrer dans la maison, sans parler de la voiture.

Néanmoins, Simon a bel et bien réussi à le faire tenir, à force d'obstination, même si les enfants étaient quelque peu écrabouillés dessous. Jane a prétendu avoir perdu l'usage d'un œil et Peter a clamé qu'il avait des aiguilles jusque dans son slip.

De retour à la maison, nous avons fixé le sapin sur son socle, ce qui a donné lieu à notre incontournable dispute durant laquelle Simon doit obligatoirement hurler : « IL EST DROIT, LÀ ? CA Y EST, LE TRONC EST DEDANS ? » ce à quoi je réponds : « MAIS OUI, BORDEL ! » Alors, Simon lâche l'arbre qui bascule immanquablement en entraînant le socle. Le processus doit se répéter au moins six fois avant que l'arbre soit stabilisé en position semi-verticale. Puis, Simon insiste pour qu'on accroche la guirlande lumineuse : l'électricité, c'est un boulot d'homme, la preuve, son père s'occupait toujours des guirlandes lumineuses quand il était petit. Ce n'est qu'ensuite que je peux créer la magie de Noël à grand renfort de boules.

J'adore décorer le sapin. C'est l'un de mes passe-temps préférés. Quand je suis rentrée à la maison lors de ma première année de fac, j'ai été bouleversée en découvrant que maman et Jessica avaient fait l'arbre sans m'attendre. J'ai tellement pleuré qu'elles ont dû enlever toutes les décorations pour que je recommence l'opération avec elles.

Dans les premiers temps, j'avais mille idées charmantes sur la façon dont nous allions décorer l'arbre, avec les enfants. Puis, je me suis rendu compte que si j'étais une nazie-du-sapin-de-Noël, les enfants, eux, avaient toujours tout faux. Résultat, je passe les dix premières minutes à leur crier dessus. Au-delà de ce temps, ils perdent tout intérêt pour l'entreprise et se barrent. Alors, je peux enfin réorganiser les boules qu'ils ont accrochées en dépit du bon sens : par exemple, déplacer à l'arrière de l'arbre leurs monstrueuses créations en morve pailletée, afin que mes élégantes décorations John Lewis and White Company soient bien en vue sur le devant. Ainsi, je peux faire du sapin une glorieuse-vision-de-l'esprit-de-Noël en chantant des cantiques à pleins poumons. Je dois aussi empêcher le chien de lever la patte. Il ne voit pas bien l'intérêt d'avoir un arbre dans le salon si ce n'est pas pour pisser dessus.

Je me retrouve donc assise dans le clignotement des guirlandes, ivre de joie, ou du vin pétillant que j'ai bu tout en décorant l'arbre, et je m'écrie : « Regardez le beau sapin ! C'est pas un arbre de Noël, ça ? Vous sentez comme il sent bon ? Regardez ! NON, ON NE TOUCHE PAS ! ON REGARDE, C'EST TOUT. LAISSEZ LES DÉCOS EN CHOCOLAT OÙ ELLES SONT ! *Non*, elles ne sont pas faites pour être mangées. Je me fous qu'elles soient comestibles ou non, il est hors de question que vous les mangiez, bon sang ! Ça vaut aussi pour toi, Simon ! » Et tout va pour le mieux dans le meilleur des mondes. Le jour où l'on décore le sapin est sans doute le jour le plus festif de l'année, même si, je le répète, il se peut que mon euphorie soit due au vin. D'ailleurs, je crois que je vais m'accorder un *mince-pie* !

Ah, quel dommage que je n'aime pas le sherry ! Je suis sûre que ce genre de soirée requiert un petit verre de sherry sec.

Mardi 22 décembre

Louisa est arrivée aujourd'hui, flanquée de Bardo et de leurs six enfants (Simon avait raison). Tout l'alcool du monde ne suffira pas à me noyer dans l'oubli.

Comme j'ai posé des jours pendant les vacances de Noël, j'étais là lorsqu'ils ont débarqué, heureux hasard, juste avant le déjeuner. Louisa a eu beau déclarer avec désinvolture qu'ils pouvaient tous dormir dans le camping-car, même moi je n'ai pas pu me résoudre à faire dormir six enfants dans un camping-car au mois de décembre. Du coup, ils se sont entassés dans notre maison qui n'est pas si grande que ça. Louisa, Bardo, leur dernier-né et leur avant-dernier occupent la chambre d'amis, les quatre autres sont répartis entre les chambres de Peter et de Jane. Louisa et Bardo ayant eu le tact d'avoir deux garçons et deux filles en premier, mes enfants ne peuvent pas crier à l'injustice parce que l'un en accueille plus que l'autre.

Ils se plaignent pourtant beaucoup de devoir partager leur chambre tout court, doléance qu'ils n'ont pas manqué d'exprimer auprès de Louisa (« *S'il te plaît*, Ellen, fais un effort ! Je m'appelle Amaris ! J'ai laissé Louisa derrière moi le jour où j'ai décidé de consacrer ma vie à la Déesse »). Cette dernière a vu là l'occasion rêvée de délivrer son petit sermon sur l'éducation qu'elle donne à ses propres enfants, l'essentiel étant de comprendre qu'on ne possède rien en propre en dehors de son âme, et patati et patata. En observant la lueur qui s'était allumée dans les yeux de ses gamins à la vue de nos iPad, je me suis dit que ceux-ci n'étaient peut-être pas d'accord avec les opinions de leur mère sur la notion de propriété. Il ne faut pas que j'oublie de fouiller ces petits morveux le jour où ils repartiront.

Le repas s'est déroulé dans une ambiance quelque peu contrainte, Louisa m'ayant annoncé qu'ils étaient devenus végans et sans gluten depuis la dernière fois que nous les avions vus. Du coup, mon gratin de pâtes que je pensais OK n'a pas trouvé grâce à ses yeux. Mais pas de souci, a-t-elle affirmé. Il ne fallait surtout pas que je m'en fasse, Bardo allait nous préparer une de ces soupes dont il avait le secret. À ce signal, Bardo s'est mis à farfouiller dans mes placards, a exigé des lentilles et des pois chiches (je m'angoisse un peu pour notre plomberie qui va être mise à rude épreuve si nos huit invités passent la semaine à se bourrer de fibres). Pendant ce temps, Louisa a inspecté le contenu du frigo en se lamentant sur l'absence de légumes bio.

— Les tiens sont pleins de toxines, Ellen, tu empoisonnes littéralement ta famille ! Je sais bien que les produits bio sont plus chers, mais tu n'as qu'à faire ton propre potager, comme nous. C'est très facile et tellement gratifiant ! Et puis c'est merveilleux de renouer le contact avec la terre, tu n'en apprécies que plus ce que tu manges !

Là-dessus, elle s'est mise à fourrager dans les dix mille sacs de jute qui lui tiennent lieu de valises (les valises seraient-elles le symbole de l'oppression masculine et du viol de la planète ? Qui sait ? Et qui s'en soucie ?) et m'en a lancé un, particulièrement gonflé.

— Vu qu'on représente plusieurs bouches à nourrir, on ne voudrait pas vous donner l'impression qu'on profite de vous, c'est pourquoi on vous a apporté notre contribution aux repas !

Louisa m'a adressé un sourire de fierté béate. J'ai jeté un coup d'œil à l'intérieur du sac : il contenait diverses tumeurs rabougries et incrustées de boue.

— Ce sont des légumes de notre potager, tous obtenus par culture bio et durable. Quand tu les auras goûtés, tu ne voudras plus jamais revenir à ces horribles choses emballées dans du plastique que te vendent les supermarchés ! Avant que tu aies eu le temps de dire ouf, tu vas crouler sous l'abondance de la Déesse !

Elle a vidé le sac, semant de la terre partout sur la table (« C'est de la bonne terre propre, ne t'en fais pas ! ») et s'est mise à brandir divers objets mystère.

— Regarde ! Des pommes de terre, des oignons, des betteraves et du chou kalé. Mmm… délicieux ! Avec ça, Bardo va nous préparer une bonne soupe, tu vas te régaler.

Je me suis efforcée de dissimuler mon indignation face au fait que :

a) Louisa ne saisit visiblement pas la place cruciale qu'occupe la betterave dans mes traditions familiales. Si elle croit que le testicule difforme qu'elle m'a agité sous le nez va remplacer le bocal sacré de betteraves au vinaigre sur ma table de Noël, elle se trompe lourdement. Voilà au moins un point sur lequel Jessica m'apportera son soutien, bien qu'elle partage les vues de Louisa sur les légumes non bio, responsables de tumeurs instantanées si vous les autorisez à franchir vos lèvres.
b) Elle s'attend à ce que je lui sois reconnaissante d'avoir apporté de quoi faire une marmite de soupe alors que je suis

censée la nourrir, elle et sa marmaille crasseuse, pendant toute une semaine.

La soupe de Bardo a fini par être prête. Il était temps. Peter et Jane se roulaient par terre en se tenant l'estomac, clamant qu'ils allaient mourir de faim, et Louisa ordonnait sèchement à ses aînés (Cédric, Nisien, Idelisa et Coventina – je ne sais pas bien qui est qui) de s'éloigner des iPad car il était hors de question qu'ils s'empoisonnent le corps et l'esprit avec ces tablettes toxiques et leurs ondes meurtrières. Boreas, le bébé, n'avait pas cessé d'émettre un flux d'odeurs nauséabondes tout en braillant avec indignation contre Louisa qui tentait avec force de lui coller son nichon dans la figure. Oilell, l'avant-dernière, avait fait caca deux fois par terre : « On l'entraîne à l'hygiène naturelle, mais elle n'aime pas la sensation de la couche. Quand elle se sentira prête à aller sur les toilettes, elle nous le dira. Ou peut-être qu'elle préférera aller dehors, comme Nisien, en accord avec la nature. »

Hein ? L'une chie par terre et l'autre va aller chier dans le jardin ? Déjà que ça me saoule de devoir courir après le chien avec la pelle à crottes, je refuse de ramasser le besoin de s'exprimer de Nisien, qui passe par le rejet des sanitaires bourgeois et se réalise dans le fait de CHIER DANS MON PUTAIN DE JARDIN !

Bardo a posé sur la table ma plus belle cocotte Le Creuset, pleine à ras bord d'une bouillasse indéterminée.

— On dirait du caca ! a déclaré Peter.

— D'ailleurs ça *sent* le caca ! a confirmé Jane.

— Les enfants, restez polis, s'il vous plaît, ai-je dit, même s'ils avaient raison sur toute la ligne. Tu sais, Louisa… Enfin, je veux dire, Amaris… il n'y en aura pas assez pour tout le monde. Ça a l'air délicieux, mais je ne voudrais surtout pas vous en priver. On va se contenter du gratin de pâtes. Non, non, je t'assure, on a l'habitude des toxines !

Si la mixture qui avait brûlé au fond de ma cocotte n'avait pas été aussi rebutante, les demi-lunes noires (de bonne terre propre ou d'autre chose) sous les ongles de Bardo auraient suffi à retourner l'estomac le mieux accroché.

Après le repas, Louisa s'est exclamée :

— Pfiou, Ellen, je suis épuisée ! On a mis trois jours pour descendre et on s'est levés hyper tôt pour pouvoir être avec vous à midi. Tu crois que je pourrais prendre un bain ?

Je ne suis pas sûre qu'un bain chaud soit tout à fait en accord avec les principes écolos de Louisa, mais je n'avais guère le choix. Serrant les dents, j'ai répondu :

— Mais bien sûr. Attends, je vais te donner des serviettes.

— Oh, c'est trop gentil ! Bardo ? Tu viens prendre un bain avec moi ? Tu voudras bien surveiller les enfants, Ellen ? Boreas va sûrement s'endormir et Oilell va peut-être vouloir l'imiter, tu n'auras pas grand-chose à faire.

Non. Pas grand-chose. À part nettoyer ma cuisine recouverte de terre, gratter toutes mes casseroles, laver toutes mes planches à découper et mes couteaux, ustensiles sans lesquels Bardo n'aurait pu créer ce chef-d'œuvre culinaire qu'est la bouillasse *à la mode*... et tout ça en surveillant HUIT enfants, dont un bébé et un tout-petit qui chie par terre. Trois fois rien, en effet. Alors que Louisa sortait de la pièce d'un pas dansant, elle s'est retournée pour me regarder mettre les assiettes au lave-vaisselle.

— J'espère que tu ne te sers pas trop de cette machine, Ellen, a-t-elle gazouillé. Ça consomme énormément d'eau et d'électricité : c'est une catastrophe pour l'environnement.

Deux heures après, Louisa et Bardo ont émergé de leur bain, pas vraiment plus propres, mais cocottant à des kilomètres. J'ai reconnu le parfum de ma luxueuse huile de bain Penhaligon's dont je ne me suis jamais servie parce que je la garde pour une grande occasion. Les enfants étaient devant la télé, dans un état catatonique. J'avais personnellement encouragé Peter et Jane à mettre les dessins animés les plus pénibles, les plus stupides et les plus braillards afin qu'ils ne viennent pas me casser les pieds. Mais en dépit des quantités gargantuesques de lentilles que les enfants de Louisa avaient avalées à midi, aucun d'eux n'avait éprouvé le besoin de pratiquer à nouveau l'hygiène naturelle.

Louisa s'est ruée sur la télé pour l'éteindre, à la grande indignation de Peter et de Jane, puis elle s'est laissée tomber dans le canapé et *a ôté son haut.*

— C'est l'heure du lolo, les enfants ! a-t-elle lancé. Qui veut passer en premier ?

Peter, Jane et moi sommes restés figés d'horreur. L'aîné de la fratrie, Cédric je crois, qui doit avoir au moins huit ans, s'est jeté sur le sein de sa mère et s'est mis à téter, bientôt suivi par le reste du troupeau.

— Ne faites pas les timides, les loulous ! a crié joyeusement Louisa en direction de Peter et de Jane. Vous pouvez essayer, si vous voulez. C'est tout à fait naturel !

Nous avons battu en retraite, blêmes et tremblants. Pour une fois, même Jane est restée sans voix, même si je crains que les mots ne lui viennent plus tard.

Quand je suis entrée dans la salle de bains, elle était dans un état encore pire qu'après le passage des enfants : le sol était inondé, jonché de serviettes trempées et il ne restait plus une goutte de ma précieuse huile pour le bain. L'intérieur de la baignoire était agrémenté d'un cerne de crasse noire que j'ai mis vingt minutes à récurer. Je suis sûre qu'ils ont fait l'amour dans ma baignoire. Je ne pourrai plus jamais m'allonger dedans et mon huile pour le bain aura à jamais pour moi l'odeur de la trahison, du deuil et des couilles velues de Bardo.

Quand Simon est rentré du bureau, Louisa était toujours dans le canapé, divers enfants pendus à ses seins.

— Salut, Si ! a-t-elle lancé. Je suis super-contente de te voir !

Voyant ce que faisait sa sœur, Simon est ressorti aussi sec de la pièce.

— Oh là là, Si ! Qu'est-ce que tu es inhibé ! lui a-t-elle crié. C'est sûrement parce que maman ne t'a pas allaité, tu sais.

J'ai rattrapé Simon.

— Hep ! C'est *ta* sœur. Moi, je sors. J'ai besoin de prendre l'air.

Je suis allée droit chez Sam, ne m'arrêtant qu'au coin de la rue pour acheter deux bouteilles de vin et un paquet de cigarettes, et je lui ai déballé toute l'histoire. Sam était mort de rire.

— Tu riras moins à Noël, quand ses gros lolos pendouilleront dans tes choux de Bruxelles, lui ai-je fait remarquer.

Quand je suis rentrée à la maison, Simon m'a empoignée par le bras.

— Toi, tu as fumé, a-t-il déclaré d'un ton accusateur.

— Ouais et alors ? ai-je marmonné, me la jouant ado renfrognée.

— Et alors ? T'as intérêt à m'en filer une ! a-t-il sifflé. J'ai dû regarder la naissance de Boreas dans les bois ! Et elle a mis le film en pause au moment où on voyait apparaître le crâne. *Je viens de voir une tête humaine sortir de la chatte de ma sœur !* Ah, et Bardo aussi était à poil durant tout l'accouchement ! Et comme c'est une de leurs amies qui filmait, on voyait sa bite sur tous les plans. Putain, il me faut une clope !

On s'est éclipsés dans le jardin.

— Regarde où tu mets les pieds, ai-je dit. Nisien préfère faire caca dehors, en pleine nature.

— Oh, malheur ! Comment on va faire pour tenir une semaine ? Je sais bien que c'est ma sœur, mais…

— Mais elle est moralisatrice, prétentieuse, hypocrite, c'est une chieuse de compète, à l'hygiène douteuse et sans le moindre respect pour ma putain d'huile de bain, c'est ça que tu veux dire ?

— Eh bien, j'allais opter pour « elle n'est pas facile », mais ta version a le mérite d'être exhaustive.

Nous avons longuement tiré sur nos cigarettes.

— Qu'est-ce qu'elle pense du tabac ? ai-je demandé.

— La même chose que pour tout le reste, sans doute : nos clopes sont toxiques et impures, mais les pétards que fume Bardo sont naturels et bons pour la santé. Ça lui permet une fois de plus de nous être supérieure moralement. Je ne vais jamais tenir, Ellen. Tirons-nous ! On n'a qu'à laisser Peter et Jane à Lou : dans le tas, elle n'y verra que du feu. On pourrait dire qu'on va ramasser du quinoa bio dans le jardin et on irait passer Noël à l'hôtel. Ils ne se rendront même pas compte de notre absence.

— Si, ai-je soupiré. Louisa s'en apercevra dès qu'elle n'aura plus personne à prendre de haut et à sermonner sur son empreinte carbone. Et on ne peut pas non plus lui laisser Peter et

Jane. Je leur donne trois heures avant d'être en manque d'ondes électriques, tu sais, celles qui grillent leurs neurones d'enfants si sensibles. Ils se déchaîneront sur les couteaux de cuisine et massacreront toute personne qui tentera de s'interposer entre eux et un écran.

— Tu as raison, a tristement reconnu Simon. On l'a dans le cul, hein ?

— N'empêche. Vois le bon côté des choses : au moins, ils n'ont pas encore bouché les chiottes avec leur turbo-merde enrichie en lentilles !

Comme un fait exprès, Louisa a crié :

— Ellen ? Ellen, il y a un problème avec les cabinets de la salle de bains. On va utiliser les vôtres, d'accord ?

VDM. Pourquoi personne n'a encore acheté mon appli ?

Mercredi 23 décembre

La liste des choses que je vais devoir jeter après le départ de Louisa s'allonge d'heure en heure. Ce matin, en descendant, je l'ai trouvée en train de se préparer un smoothie avec ce qui semblait être le contenu entier de mon frigo et du compotier – y compris le melon et les framboises hors de prix que j'avais achetés dans le but de tenter une entrée ironiquement rétro à Noël. Apparemment, Louisa est capable de surmonter ses principes bio pour des framboises à 3,99 livres la barquette.

Horrifiée par le chantier que Louisa laisse derrière elle de façon quasi innée, je l'ai regardée sortir un petit pot rempli d'une substance blanche et gélatineuse qu'elle a versée dans le blender. Fait remarquable, c'était sûrement la seule chose qu'elle n'avait pas pillée dans ma cuisine. J'avais beau savoir que j'allais le regretter, je n'ai pas pu m'empêcher de lui demander ce que c'était. Sans doute de la sève bio d'une plante péruvienne qu'on ne peut recueillir que les nuits de pleine lune – franchement, tu devrais essayer.

— Du sperme ! a répondu Louisa d'un ton enjoué.

— Ah ah ah ! Désolée, Louisa, j'ai entendu « du sperme ». Qu'est-ce que tu as dit que c'était ?

— J'ai dit que c'était du sperme. Bardo m'en donne tous les matins. C'est très nutritif – bourré de protéines et de vitamine B. Ça fait aussi un merveilleux masque pour le visage. Tu as remarqué comme j'ai l'air jeune, tu as vu l'éclat de ma peau ? Tiens, tu veux goûter mon smoothie ?

Un violent haut-le-cœur m'a empêchée de répondre. Louisa venait de verser le foutre hippie de Bardo *dans mon blender KitchenAid et elle me proposait d'y goûter* ! Mais c'est quoi, son problème ? Elle ne peut pas lui tailler une pipe et basta ? Est-ce qu'elle effectue le « recueil » elle-même ou est-ce qu'il s'enferme dans la salle de bains avec un magazine cochon ? COMMENT PEUT-ON FAIRE UNE CHOSE PAREILLE ? D'ailleurs, pourquoi est-ce que je me pose la question ? Et tant qu'on y est, depuis qu'elle s'est « trouvée en Amaris », Louisa fait dix ans de plus que son âge. Quant à l'éclat de sa peau, on serait bien en peine de le distinguer sous sa couche de crasse, et ce même après avoir vidé mon huile de bain – oui, je ne l'ai toujours pas digéré et ça ne me passera pas de sitôt !

Avant que j'aie pu me ressaisir et sortir autre chose que : « C'est quoi, ce délire ? », Peter et Jane ont fait irruption dans la cuisine en exigeant des Coco Pops.

— On a demandé à tatie Louisa de nous faire le petit déjeuner, mais elle voulait nous donner un smoothie dégueu ou du porridge horrible, se sont-ils plaints.

Pour une fois, j'ai accueilli avec gratitude la violente aversion de mes enfants pour tout aliment susceptible de renfermer des vitamines ou des nutriments. Au moins, je suis sûre qu'ils ne goûteront jamais une des préparations de Louisa ou Bardo. Par là même, il y a zéro risque pour qu'ils ingèrent des liquides organiques égarés dans la cuisine.

— Tiens, ça me rappelle, Ellen, a dit Louisa. Je n'ai pas trouvé les graines de chia pour mon porridge. Où tu les ranges ?

— Je n'en ai pas, ai-je marmonné, m'armant de courage en prévision de l'inéluctable.

Des graines de chia… Je ne sais pas ce que c'est, mais j'entends parfois la parfaite-maman de la Parfaite-Lucy Atkinson en parler d'un ton entendu avec le reste du Gang.

— Pas de souci, a gazouillé Louisa. Je suppose que tu vas faire des courses, aujourd'hui ? Tu n'auras qu'à en ramener. Je t'ai déjà fait la liste de deux ou trois bricoles qu'il nous faut, tu pourrais les prendre ? Ou encore mieux, je viens avec toi. On se fera une virée entre filles, on va bien s'amuser !

Oh oui, comme des folles… Dans le genre « Donnez-moi une corde pour me pendre ». L'horreur.

En même temps, ça aurait pu être pire. Non, c'est vrai. Louisa aurait pu nous embarquer tous les dix dans Gunnar le camping-car. Au moins, j'y ai mis mon veto. Je lui ai fait valoir qu'entasser huit enfants et deux adultes dans un véhicule équipé de quatre ceintures de sécurité constituait une infraction flagrante au Code de la route. Louisa a soufflé, vexée, et elle a déclaré qu'en Écosse, personne ne se souciait de ce genre de bêtises. Mensonge, j'en mettrais ma main au feu ! Il n'y a que dans l'esprit fantasque de Louisa qu'on se fiche des ceintures de sécurité. J'y ai donc mis le holà en lui peignant un tableau sinistre d'elle-même en train de moisir en prison : ses p'tits loups dépériraient, privés des bienfaits de son lait maternel et elle-même se transformerait en vieille pomme toute ridée sans les remarquables propriétés anti-âge du sperme de Bardo. À sa sortie, elle serait complètement ratatinée, Bardo se serait recasé avec une fraîche jeunette et ses enfants auraient oublié jusqu'à son existence. Louisa a fini par capituler et nous sommes parties dans ma voiture en laissant le gros des enfants à Bardo et Simon, ce qui nous a au moins évité de périr dans une énorme boule de feu. C'est à peu près la seule chose qui aurait pu rendre cette sortie encore plus éprouvante.

Aldi a été écarté d'office : on n'y trouve ni graines de chia, ni café bio. Néanmoins, ils vendaient un petit générateur à un prix tout à fait raisonnable, ainsi que je l'ai fait remarquer à Louisa. Pourquoi ne l'achèterait-elle pas ? Ce générateur lui permettrait de compenser les frais d'électricité générés par les panneaux solaires inopérants. Elle a glapi d'horreur :

— DES ÉNERGIES FOSSILES, ELLEN ! Non, non, non ! Je ne pourrais plus jamais me regarder dans une glace si j'introduisais cet épouvantable monstre brûleur d'essence dans notre ashram, le havre de la Déesse !

En revanche, sillonner le pays dans un camping-car d'âge canonique qui suce du diesel et rote une fumée noire, ça ne la dérange pas ! Mon cher 4 x 4, lui, m'a valu un sermon sur les véhicules énergivores : « Je t'en supplie, Ellen, réfléchis-y ! Et échange-le contre une voiture électrique. » Parfois, je me demande si Louisa entend les mots qui sortent de sa bouche.

Waitrose, quoique tenant en rayon les essentielles-graines-de-chia et tous les produits bio de la création, a été dédaigné : « trop industriel », « tellement classe moyenne que c'en est pénible ».

Mais je suis classe moyenne ! De même, soit dit en passant, que Louisa qui sort d'une école privée et qui a fait ses études à Durham ! Et j'adore Waitrose ! Néanmoins, au bout de vingt minutes passées à tourner en rond avec Louisa qui émettait force soupirs bruyants, murmures réprobateurs et exclamations stridentes – « Oh, MA DÉESSE ! *Le circuit de distribution* de ces aliments est beaucoup trop long ! » (même si, apparemment, la distance ne compte pas quand il s'agit de café) –, j'ai craqué et cédé à ses exigences : « Un marché de petits producteurs, Ellen, ou un magasin bio de produits artisanaux et diététiques. J'en ai vu un, là-bas, ce serait beaucoup mieux, tu sais. » Comme elle menaçait de s'arrêter pour allaiter Cédric, son aîné, au beau milieu du rayon boulangerie, il m'a paru plus sage de partir – les gens commençaient à nous regarder de travers. Bref, Louisa gâchait mon havre de paix.

À la maison, un Simon aux cernes creusés m'a accueillie à la porte, tenant à bout de bras un Boreas hurlant d'indignation (j'avais refusé que Louisa l'emmène : nous n'avions pas de siège-auto et je ne croyais pas une seule seconde que le bébé serait tout à fait en sécurité sur ses genoux, dans son écharpe de portage, ainsi qu'elle me l'avait affirmé).

— Viens, m'a lancé Simon en fourrant Boreas (qui dégageait une odeur ignoble) dans les bras aimants de sa mère et en me prenant par la main. On va au pub.

Sam, cet amour, était passé voir si Peter et Jane voulaient dormir chez lui ce soir.

— Ils ont fait leur sac et mis leur manteau avant même que j'aie dit oui, m'a dit Simon.

Nous nous sommes raconté nos calvaires respectifs en nous anesthésiant avec un divin alcool fort.

— Elle refuse d'acheter son café bio chez Waitrose sous prétexte que c'est « trop classe moyenne », mais quand elle a eu fini de remplir son chariot de graines à oiseaux hors de prix dans sa misérable épicerie de produits bio, diététiques et artisanaux, elle s'est aperçue à la caisse qu'elle avait oublié son sac, parce qu'elle n'a pas l'habitude de se servir d'argent : chez eux, ils « font du troc entre amis » quand ils ont besoin de quelque chose ! Du coup, c'est moi qui ai dû lui payer ses putains de courses ! Elle ne voit même pas l'ironie de la situation !

— Ils m'ont suivi dans ma remise. Tu te rends compte ? Dans ma *remise* ! Même Peter et Jane ne vont pas dans ma remise.

— En toute honnêteté, mon chéri, c'est parce que ta remise est sombre, qu'il y règne une drôle d'odeur et que tu leur as dit que, tapis dans les coins, il y avait des écureuils-vampires du Vénézuéla qui attaquaient les petits enfants.

— Ensuite, ils ont commencé à *tout toucher. Dans ma remise !* Et puis le petit, comment il s'appelle ? Pas le bébé, celui qui est juste avant, le petit morveux ?

— Oilell. Ce sont les fruits des entrailles de ta sœur, mon chéri, tu devrais quand même pouvoir te souvenir de leurs noms.

— Putain, chérie, je t'en supplie ! Évite d'évoquer les entrailles de ma sœur après cette vidéo d'accouchement. Enfin bref, oui, celui-là, il s'est accroupi pour faire caca. *Dans ma remise !*

— Oh, misère ! Hier, il a chié dans la cuisine, je n'ai aucune compassion pour lui. D'après toi, c'est un garçon ou une fille ?

— Aucune idée, j'ai fait mon possible pour ne pas trop m'approcher. En tout cas, cet enfoiré de Barbudo était trop occupé à lorgner mes outils pour intervenir, mais l'aînée des filles…

— … Coventina…

— Comment tu fais pour te souvenir de leurs noms ?

— Des années passées à écouter ta fille me raconter ce que Tilly avait dit à Milly et qu'alors Milly l'avait dit à Katie et puis Katie l'avait raconté à Lucy qui l'avait dit à Sophie et Sophie avait dit que Tilly et Milly devaient trop faire ça et qu'après Lucy pleurait et que c'était nul de la part de Lucy mais Katie avait dit qu'elle s'en fichait pas mal alors Sophie l'avait dit à Tilly et alors Milly, etc., etc. Et là, tu dois démêler qui est qui pour ne surtout pas inviter en même temps des ennemies jurées aux anniversaires, mais choisir les bonnes Tilly, Milly, Sophie, Katie et Lucy.

— Elles s'appellent toutes Tilly, Milly, Katie, Sophie et Lucy ?

— Non, mon chéri, ne sois pas bête, il y en a aussi qui s'appellent Olivia. Et il y a deux ou trois Poppy. Bon et alors, qu'est-ce qu'il a fait le chieur sur sol ?

— Eh bien, la grande…

— … Coventina…

— … Coventina a vu ma tête et la fumée qui me sortait des naseaux. Elle a empoigné le gosse, l'a traîné dehors et il a chié sur la terrasse. Ce qui était quand même mieux que *dans ma remise.* À ce moment-là, Barbudo me demande si je veux bien lui prêter ma scie à onglet. Je lui dis « pour quoi faire ? » et il me répond : pour faire du bricolage, chez eux, à l'ashram. Il a littéralement tenté de me voler MA scie à onglet, Ellen !

— Oui, d'accord, mais : et le caca sur la terrasse ?

— Ah, ça… Coventina est allée chercher des sacs à crottes de chien et elle l'a ramassé. Elle a l'air tout à fait normale, celle-là, je l'aime bien. Je l'ai surprise en train de voler des friands à la saucisse dans le frigo avec Peter et Jane. Et quand je lui ai demandé si c'était bien d'être végane et sans gluten, elle a soupiré qu'elle préférait ne pas en parler et elle a ingurgité un autre friand à la saucisse.

— Vive Coventina ! À tous les coups, elle va se rebeller contre ses parents, se rebaptiser Susan et devenir trader.

C'était bien agréable ce tête-à-tête au pub avec Simon. D'habitude, lorsque je lui propose une sortie, hormis pour une grande occasion, il ronchonne qu'il est trop fatigué, qu'il fait trop froid ou trop humide, et pourquoi on ne resterait pas tranquillement à la maison ? Parce que dehors, il y a des Gens. Faut-il que la famille de sa sœur l'ait mis à mal pour qu'il veuille retrouver le monde des Gens ? Nous avons beaucoup ri et un peu trop bu (en vrai, on s'est bourré la gueule). Enfin, j'ai consulté ma messagerie sur mon téléphone : un mail m'informait que dix personnes avaient acheté mon appli. Autrement dit, si j'ai bien fait mes calculs dans les vapeurs de l'alcool, j'ai gagné la coquette somme de 7 livres ! Encore quatre-vingt-dix-neuf téléchargements et j'aurai amorti les 100 dollars que m'a coûtés mon enregistrement au titre de conceptrice d'appli mobile. Maintenant que quelqu'un avait acheté « Pourquoi maman picole », je pouvais en parler à Simon, au cas où l'appli ferait notre fortune. Il a eu un peu de mal à saisir le concept et la raison de ma démarche, mais le mot-clé « argent » est parvenu jusqu'à son cerveau, malgré les brumes de la bière, et il a estimé l'entreprise très futée de ma part.

Nous sommes rentrés main dans la main, mais il a refusé tout net que je regarde dans le container du numéro 27. Moi, j'étais sûre que ça pouvait être intéressant, mais Simon m'a fait valoir que s'il y avait eu quoi que ce soit à glaner là-dedans, Louisa et Bardo l'auraient récupéré depuis longtemps.

Jeudi 24 décembre : veille de Noël

Oubliez tout ce que j'ai dit à propos du premier décembre, que c'était le jour le plus chargé d'espérance de toute la période des fêtes, etc. J'avais tort, c'est n'importe quoi. Ce jour-là, c'est la veille de Noël, bien sûr ! Le jour où l'on s'embrasse sous le gui et où l'on écoute le chœur d'enfants du King's College à la

TSF, le jour où l'on a le plaisir de feuilleter la véritable bible du roi James pour les lectures à l'église, et pas l'affreuse édition moderne que l'école fournit pour la messe chantée des élèves. Je ne suis pas croyante pour deux sous, mais quitte à entendre un passage de la Bible, je veux que ça soit la version originale avec plein d'expressions en moyen anglais et des « s » longs qui ressemblent à des « f ».

C'est le jour où l'on regarde *La Vie est belle* de Frank Capra, blottie sur le canapé avec ses loupiots aux joues comme des pommes et où l'on emballe les cadeaux près du feu, vêtue d'un pull de Noël artistiquement kitsch, en buvant du vin chaud (j'ai encore oublié de vérifier ce qu'était le cidre chaud) et en mangeant des *mince-pies*. Ensuite, on lit *La Nuit d'avant Noël* aux enfants et on dépose un *mince-pie* et un grand verre de scotch à l'intention de papa Noël (Simon a évacué l'idée du « verre de lait » au premier Noël de Jane) sans oublier une carotte pour Rodolphe, le petit renne au nez rouge. Ensuite, il est temps d'accrocher les bas de Noël et d'envoyer les enfants se coucher pour pouvoir se lover contre son mari bien-aimé et regarder *Love Actually* en buvant un verre d'excellent rouge, puis de bâiller à se décrocher la mâchoire.

Ce n'est *pas* un jour pour être réveillée par neuf textos de Jessica se torturant pour savoir quel Christmas pudding apporter, puisque maintenant, elle en a acheté un chez Waitrose (« Super nouvelle, j'ai réussi à trouver un Heston Blumenthal sur eBay ! »), un chez Selfridges, un chez Harrods et un chez Fortnum & Mason. Je pense qu'elle a passé plus de temps sur ses Christmas puddings que moi sur tout le repas de Noël ! Elle m'a aussi envoyé cinq textos pour vérifier que j'avais bien des betteraves au vinaigre pour le souper de Noël (« BIEN SÛR QUE J'AI LES BETTERAVES AU VINAIGRE, JESSICA, TU ME PRENDS POUR UNE CONNE OU QUOI ? »).

Ce n'est pas un jour pour m'énerver contre mes enfants en manque de sommeil, pour ranger le bordel laissé une fois de plus dans la cuisine par Louisa, pour me rendre compte qu'éplucher des patates pour vingt-deux personnes prend en fait bien plus de temps que la traditionnelle retransmission des chants de Noël par le chœur d'enfants du King's College, pour me bagarrer avec une dinde géante qui ne va peut-être pas rentrer dans le four, tandis que Bardo tourne autour de moi de peur que le rôti mou qu'il est en train de confectionner pour sa monstrueuse progéniture n'entre en contact avec la sanglante scène de meurtre d'une volaille innocente.

Ce n'est pas un jour pour renverser une grosse casserole de bouillon de dinde et pour passer la serpillière en sanglotant : « Je veux juste regarder *La Vie est belle*, C'EST TROP DEMANDER ? »

Ce n'est certainement pas un jour pour découvrir que Peter et Jane se sont bourrés de bonbons Haribo, même si, sachons profiter des petits bonheurs que la vie nous offre, ils n'ont partagé leur butin qu'avec Coventina (« Tu crois que tu pourrais juste m'appeler Tina, s'il te plaît ? »). N'empêche qu'ils étaient tous les trois shootés au sucre et sautaient partout dans la baraque.

Quand j'ai regardé par la fenêtre de la cuisine, Nisien poussait, accroupi au milieu de la pelouse, et l'odeur suspecte émanant de la salle à manger suggérait qu'Oilell y avait déposé un cadeau surprise pour Noël.

À 20 heures, j'étais sur les rotules, une vraie loque. Aucun cadeau n'était emballé, aucun. On ne pouvait plus distinguer les enfants haribotisés des enfants non haribotisés. Ils avaient tous atteint un tel degré de surexcitation qu'essayer de les faire asseoir pour écouter *La Nuit avant Noël* s'apparentait à réunir une colonie de chats des rues. À sa décharge, Tina a tenté de m'aider en hurlant à ses frères et sœurs : « FERMEZ VOS GUEULES, BANDE DE P'TITS CONS ! » Ça a réveillé le bébé qui s'est mis à brailler. C'en était trop : je me suis retirée dans ma chambre pour commencer à emballer les cadeaux, en compagnie de la bouteille de Baileys.

L'empaquetage festif n'a pas eu sur moi l'effet apaisant escompté en raison des dix mille interruptions que j'ai dû subir : Louisa voulait m'emprunter les ciseaux ; Simon voulait savoir s'il devait déjà déposer le *mince-pie* et le whisky de papa Noël au pied du sapin ; Peter et Jane beuglaient à l'injustice ; Louisa, encore elle, réclamait des serviettes propres (ENCORE des serviettes ? Mais qu'est-ce qu'elle en fait ? Elle compte encore accoucher ce soir, genre miracle de Noël ?). Et puis Cédric, glissant un regard aigu par l'entrebâillement de la porte, soi-disant par curiosité – « Qu'est-ce que tu fais ? ». Je le soupçonne, moi, d'être venu en repérage, histoire de me piquer encore quelques trucs. Et, enfin, Bardo. Bardo qui voulait… bah, je ne sais plus ce qu'il voulait, ce connard, parce qu'à cet instant je me suis lancée à corps perdu dans ce qui est devenu mon traditionnel pétage de plombs de Noël.

Je me suis mise à sangloter que je demandais JUSTE qu'on me foute la paix cinq minutes, cinq minutes, putain ! Noël était magique et ils me BOUSILLAIENT TOUS MA MAGIE DE NOËL ! Ensuite, j'ai glapi « VDM », à plusieurs reprises. Enfin, je me suis emparée de mon chien quelque peu surpris, du Baileys, d'un plaid (j'ai tiré des leçons des précédents pétages de plombs) et je suis partie m'enfermer dans le garage. Là, j'ai sorti mon téléphone et j'ai regardé des extraits de *La Vie est belle* sur YouTube en bramant dans la fourrure du chien.

Mon chien n'aime pas trop qu'on lui pleure dessus. Ce n'est pas un animal doué d'empathie ni de compassion. Il ne ressent pas ma peine comme un chien est censé le faire. Il a beaucoup gigoté et il m'a pété dessus. À mon avis, il doit être croisé de chat. Alors, je me suis remise à pleurer : même le chien me détestait et il faisait un froid de canard dans le garage. Toutefois, mon amour-propre m'interdisant de rentrer dans la maison, j'ai repris du Baileys pour me réchauffer.

Au bout d'une demi-heure, Simon est venu me chercher.

— Ça va ?

— Noooon, ça va pas, ai-je reniflé d'une voix avinée. Tout est foutu ! Il y a trop à faire et je ne peux pas tout faire !

— Mais personne ne t'oblige à rien. Pourquoi t'infliges-tu ça chaque année au lieu de demander de l'aide ? En tout cas, les enfants sont tous au lit. Et je leur ai dit que si jamais il y en avait un seul debout avant 7 heures du matin, on mangerait des steaks de Rodolphe pour Noël. J'ai fini d'emballer les cadeaux et Louisa est en train de mettre de l'ordre dans la cuisine avec Bardo. Je ne sais pas s'ils vont y arriver mais au moins, ils font un effort. Et puis regarde, il neige ! On va avoir un Noël blanc ! Et un Noël blanc, c'est… ?

— Magique ! ai-je sangloté.

Simon avait raison. De gros flocons blancs tombaient dru, recouvrant le hideux trampoline, le jokari abandonné, transformant notre morne petite rue de banlieue en monde de Narnia.

— Oh là là, je me suis conduite comme une quiche !

— Oui, mais tu es ma quiche à moi. Enfin, tu comprends ce que je veux dire. Et je t'aime.

Alors il m'a embrassée et tout est devenu magique.

Vendredi 25 décembre : Noël !

La magie n'a pas duré. Je me suis soudain souvenue que personne n'avait ramassé le caca de Nisien au milieu de la pelouse. Je me suis donc hâtée de sortir avant que les enfants ne marchent dedans en allant s'amuser dans la neige.

Simon avait fait d'énormes efforts d'empaquetage, mais il n'avait pas trouvé les nombreux cadeaux que je planque tout au long de l'année. Bref, il restait encore pas mal de choses à faire et il était 2 heures du matin quand nous sommes enfin tombés au lit, ce qui était malgré tout un exploit par rapport aux autres années.

Malheureusement, il était écrit que je ne dormirais pas tout de suite, Louisa et Bardo ayant décidé de s'offrir une bruyante partie de jambes en l'air. Je ne veux même pas en parler. Je me contenterai de dire qu'ils étaient tous deux extrêmement loquaces et qu'après avoir entendu leurs exhortations mutuelles de la nuit, je n'ai même pas pu croiser leur regard ce matin.

Les enfants ont réussi à respecter le décret de Simon : rester au lit jusqu'à 7 heures, sinon Rodolphe mourrait dans d'atroces souffrances. Mais une fois debout, ils ont refait un pic de surexcitation. Peter et Jane ont reçu leur ration habituelle de vils cadeaux consuméristes, tandis que les enfants de Louisa ont écopé de jouets en bois fabriqués par Bardo, mais aussi de quelques vêtements (ma contribution, au cas où Louisa bannirait toutes mes autres idées). Bien entendu, il y a eu controverse : les aînés de Louisa ont exigé de savoir pourquoi le père Noël leur avait apporté des trucs nuls et donné tous les cadeaux sympas à leurs cousins. Ce à quoi Louisa et Bardo ont répondu d'un ton suave que le père Noël connaissait les valeurs propres à chaque famille et qu'il distribuait ses cadeaux en conséquence. Puis, ils ont exhorté leurs petits chéris à se souvenir qu'on ne possède jamais rien que son âme et que les biens matériels ne sont que des chaînes à nos pieds.

Cédric a alors tenté de faire la révolution. Il a réclamé la redistribution des richesses de la bourgeoisie au profit des classes populaires. Selon lui, la simple justice exigeait que Peter et Jane leur donnent certains de leurs super-jeux vidéo abêtissants. À ces mots, Jane a tiré un couteau de sa poche et déclaré qu'elle tailladerait quiconque toucherait à ses affaires, ce qui suggère qu'ayant eu vent des intentions de Cédric, elle s'était armée en conséquence.

Pour leur changer les idées, nous leur avons proposé d'aller jouer dans la magnifique neige qui recouvrait le jardin. Une demi-heure plus tard, après avoir confisqué son couteau à Jane, procédé à une fouille en règle de tous les enfants et leur avoir fait enfiler de force bonnet, gants, manteau et bottes, nous les avons lâchés dans le jardin. Nous en avons profité pour nous échanger nos cadeaux entre adultes.

J'ai offert à Louisa un savon, des accessoires de toilette ainsi qu'une jolie étole – mon cadeau par défaut quand je panique. Bardo a eu pour sa part de l'huile à barbe, une brosse à ongles et un gel douche très chic. J'avais veillé à ne choisir que des produits bio, d'origine éthique et fabriqués avec amour par des artisans. L'étole elle-même était en chanvre. Ainsi, ils ne pourraient pas me gratifier de leur petit sourire condescendant et dédaigner mes attentions festives (sinon chargées de sens).

Eux nous ont offert des « soins ». Je m'en suis tirée plutôt bien, avec une séance reiki effectuée par Louisa, ce qui au moins signifiait qu'elle ne me toucherait pas.

— J'ignorais que tu t'étais formée au reiki, Louisa, ai-je dit.

— *Amaris*, s'il te plaît, Ellen… et je n'ai pas besoin d'être *formée*, a-t-elle répliqué avec mépris. Le reiki, c'est servir de canal à l'énergie universelle pour la faire circuler dans une autre personne. J'ai une telle connexion avec l'énergie que j'ai un don inné pour ça. Parfois, c'est la seule chose que je peux faire pour *contenir* mon énergie et la canaliser dans la bonne direction. Sens ça ! (Elle a agité ses mains devant moi.) Tu la sens ? Cette chaleur, cette énergie ? Ça circule en permanence, Ellen, en permanence ! C'est d'une puissance inouïe. Je suis peut-être l'un des maîtres reiki les plus puissants que la Terre ait jamais portés. C'est une *vocation* chez moi !

Je n'ai strictement rien ressenti, si ce n'est le regret que Louisa ne se lave pas les mains plus souvent.

— Ah, euh… d'accord. Tu peux te déclarer maître reiki même sans avoir reçu de formation, alors ?

— Ce genre de pouvoir ne s'enseigne pas, Ellen. On l'a ou pas. Je ne fais « qu'être moi ». C'est une bénédiction de la Déesse, et aussi ma croix.

— Super. Eh bien… merci !

Le pauvre Simon a écopé d'une séance de régression dans ses vies antérieures avec Bardo.

— Amaris n'arrête pas de me dire que tu es complètement inhibé, ami ! Alors on va aller au fond des choses et découvrir pourquoi tu te bloques comme ça.

Simon en est resté sans voix.

Louisa a ajouté son grain de sel :

— Tu verras, Bardo est incroyablement doué pour ça. C'est l'une de nos prestations les plus demandées à l'ashram, c'est dingue ! Les gens disent que savoir qui ils étaient dans une vie passée les aide à mieux se comprendre au présent. C'est vrai, rien que le mois dernier, on a eu une femme qui avait été Marie-Antoinette, Emily Brontë, la reine Victoria et Marie Curie dans ses vies antérieures ! Imagine le poids de chagrins, d'émotions et de traumas qu'elle portait sur ses épaules ! Bardo lui a permis de comprendre que tout ça s'était accumulé au fil des siècles. Il lui a expliqué qu'elle devait *déposer son fardeau* et se pardonner à elle-même pour ne plus souffrir. Bien sûr, c'est le genre de chose qui ne se fait pas en quelques heures, il lui a fallu de très nombreuses séances pour qu'elle accepte d'abandonner ses anciens Moi et vivre dans le présent, mais Bardo accomplit des prodiges.

Bardo est intervenu :

— Elle avait aussi été Cléopâtre, Ams. N'oublie pas.

Simon s'est enquis :

— Mais Marie Curie, Emily Brontë et la reine Victoria n'ont-elles pas été contemporaines à certaines périodes ?

Curieuse, j'ai demandé :

— Et vous prenez combien pour ces « séances » ?

Louisa s'est indignée :

— *Simon !* Ça ne marchera pas si tu n'y *crois* pas !

De son côté, Bardo marmonnait dans sa barbe que l'argent n'était pas vraiment l'objectif, la finalité des séances, c'était d'utiliser son don pour aider les autres, « même si, c'est clair qu'il faut qu'on rentre dans nos frais ».

— Et comment, a demandé Simon, se passe cette « régression », exactement ?

Bardo s'est animé.

— Bah, d'habitude, on fait ça dans notre yourte, mais on pourra s'installer dans ta remise, je pense. On allumera ton poêle à bois, on se mettra nus et je ferai brûler certaines herbes, je ne peux pas te dire lesquelles, parce que c'est un secret que m'a révélé un maître yogi d'Omnatoli. Ensuite, je psalmodierai un chant rituel, je te mettrai en transe et je te ramènerai dans le passé.

Simon, qui avait paru vouloir se prêter au jeu de la « régression » avec Bardo, ne serait-ce que pour se payer sa tête et dénoncer sa réelle nature de charlatan, affichait une mine épouvantée à l'idée que sa remise puisse abriter en même temps deux spécimens de nudité masculine.

— Et comment tu fais pour mettre les gens en transe ? s'est-il inquiété.

Bardo a paru troublé.

— Euh, je leur dis juste qu'ils sont en transe et ils se mettent en transe… ?

— Écoute, on a quand même des journées assez chargées… C'est très gentil de ta part, Bardo, mais je ne sais pas si on aura le temps avant que vous partiez, a conclu Simon avec brusquerie.

De toute évidence, il soupçonnait Bardo de vouloir le droguer pour lui piquer sa précieuse scie à onglet à son nez et à sa barbe.

Par chance, c'est le moment qu'ont choisi les enfants pour se lasser de la neige. Après avoir passé vingt bonnes minutes à jouer dehors (et à piétiner mon merveilleux paysage hivernal qui ressemblait maintenant à une friche postapocalyptique), ils ont estimé que c'était bien plus amusant de rentrer en laissant des traces de neige et de boue dans toute la maison. À ce stade, j'ai abandonné Simon pour me replier dans la cuisine avec ma gueule de bois et une bouteille de gin. Je devais surveiller la dinde et les montagnes de nourriture que j'avais préparées, craignant qu'il n'y en ait pas assez pour tout le monde.

Jessica et Neil ont débarqué vers midi et demi.

— Nous voulions arriver tôt pour te donner un coup de main, et puis Perséphone et Gulliver mouraient d'envie de voir leurs cousins, n'est-ce pas, mes chéris ?

Perséphone et Gulliver se cachaient derrière Jessica, visiblement épouvantés par la folie furieuse qui régnait dans ma maison. Franchement, je ne pouvais pas leur en vouloir. Louisa et Bardo criaient des encouragements à Oilell, accroupie sur la terrasse (j'avais refusé catégoriquement qu'elle continue à chier dans la salle à manger) tandis que Nisien, mécontent qu'on lui vole la vedette, affichait un air outragé.

Peter, Jane et Coventina (qui ne faisait même plus semblant d'être du côté de sa famille), étalés à plat ventre devant la télé, hurlaient après un jeu vidéo tout en se gavant de chocolats de Noël. Cédric arpentait la pièce d'un pas martial en chantant un hymne socialiste, et lançait de temps en temps l'assaut sur les petits possesseurs de nouvelles technologies dans le but de leur arracher une manette et de la donner au peuple.

Idelisa, la fille du milieu que tout le monde semblait royalement ignorer, dépourvue des tendances psychopathes de ses frères et de la finesse d'esprit de Coventina, s'efforçait de changer bébé Boreas. Lequel s'y opposait avec vigueur.

— Bonté divine, il y a de l'ambiance chez toi ! m'a dit Jessica.

Neil a marmonné quelque chose d'indistinct.

Perséphone et Gulliver ont tiré sur la manche de leur mère et lui ont murmuré quelque chose à l'oreille.

— Oh, c'est trop mignon ! Perséphone et Gulliver demandent à quel moment ils pourront offrir leurs cadeaux à tout le monde. Perséphone a été tellement accaparée par ses examens de viole et de piano qu'elle n'a pas eu le temps de nous composer un morceau, cette année. Elle se contentera donc de vous interpréter le premier mouvement de la symphonie qu'elle a apprise pour le concert de l'école. Quant à Gulliver, il a rédigé une série de sonnets en latin – une sorte d'hommage informel à Catulle. N'est-ce pas gentil ?

— Merveilleux, ai-je répliqué faiblement. (Catulle n'a-t-il pas écrit certains poèmes plutôt lestes ?)

— Et j'ai apporté tous les Christmas puddings ! Comme ça, tu pourras choisir celui que tu serviras. (*Du coup, s'il est dégueu, ce sera ma faute.*) Comme tu ne m'as pas dit où tu t'étais procuré tes betteraves, j'en ai pris un bocal chez Fortnum, tant que j'y étais. Bon, qu'est-ce que je peux faire pour t'aider ?

Par pure malice, histoire de la voir se défiler, j'ai répondu :

— Eh bien, tu pourrais commencer par peler les carottes, si ça ne te dérange pas.

Jessica a soupiré.

— Oh, Ellen, ça ne t'ennuie pas si je m'abstiens ? Je me suis fait faire une manucure hier pour la soirée où nous sommes invités demain – chez les Cholmondeley-Featherstonhaugh, tu vois qui c'est ? – et je ne voudrais pas abîmer mes ongles. Mais s'il y a autre chose à faire, tu n'as qu'à demander !

— Eh bien, tu pourrais peut-être veiller à ce que personne n'ait son verre vide…

Je lui ai tendu deux bouteilles (l'alcool disparaissait à une vitesse inquiétante, entre notre automédication et Louisa et Bardo que leurs scrupules éthiques et bio n'empêchaient pas de se murger aux frais de la princesse). Jessica a lorgné l'étiquette.

— Parfait, pas de souci ! Et des bulles, en plus, comme c'est sympa ! Neil, apéro ! a-t-elle crié en direction de son mari qui détalait déjà. Dis, Ellen, je n'ai pas pu m'empêcher de remarquer que tes bulles… qu'est-ce que c'est au juste ? Du prosecco ? Oh, du *cava*, formidable ! Mais il n'est pas bio. Écoute… j'espère que tu ne m'en voudras pas, mais je ne bois plus que du vin bio, sinon les sulfites me donnent des migraines atroces. (*De toute évidence, Jessica ne peut pas avoir la gueule de bois comme tout le monde.*) Du coup, j'ai apporté quelques bouteilles de ce délicieux vin bio que nous avons acheté à *l'incroyable* petit domaine du sud de la France où nous avons séjourné…

Ah ah ah ! ai-je pensé. Si Louisa et Bardo découvrent qu'il y a du vin bio dans cette baraque, ils ne t'en laisseront pas une seule goutte !

Avec son timing toujours impeccable, Louisa est apparue à cet instant précis et a longuement étreint Jessica. Ma sœur a encore plus de problèmes d'espace vital que moi et comme moi, elle déteste qu'on lui impose des contacts physiques. Elle s'est tortillée, prise au piège, mais s'est contentée de s'essuyer discrètement les mains sur sa jupe, ses bonnes manières prenant le dessus sur son dégoût, même si mentalement elle devait chercher son flacon de désinfectant.

— JESSICA ! s'est écriée Louisa. Ça fait un bail ! Comment vas-tu ? Est-ce que j'ai bien entendu, tu as apporté du vin bio ? C'est formidable de ta part et tu as raison sur toute la ligne à propos des sulfites. Je n'arrête pas de le dire à Ellen, mais elle refuse de m'écouter – tu la connais, elle préfère la quantité à la qualité ! C'est pour ça qu'elle a épousé mon frère.

Louisa s'est lancée dans un odieux numéro de complicité « coup de coude-clin d'œil entendu », puis Neil est réapparu avec mon Cava de chez Aldi. Pour la première fois depuis des jours, Louisa a couvert son verre de la main à la vue d'une bouteille.

— Non, merci, Neil. Jessica me parlait justement d'un merveilleux vin bio, je préfère boire celui-là. Bardo ! Bardo ! Viens goûter le vin bio de Neil et Jessica !

— Oh, merci, ami ! s'est exclamé Bardo, en posant le bébé plus ou moins mouillé pour foncer vers la bouteille.

Jessica et Neil affichaient un rictus figé, conscients que leur précieux châteauneuf-de-poussière-de-licorne allait sans doute étancher le gosier de Louisa et de Bardo avant même qu'on soit passés à table.

— Ça ne t'embête pas, hein, Jessica ? lui a demandé Louisa, l'air innocent.

— Non, non… bien sûr que non. Neil va te servir, tu n'as qu'à lui dire stop, a maugréé ma sœur.

— Ah ah ah, STOP ! a crié Louisa d'une voix stridente, alors que son verre menaçait de déborder. Ooooh, Neil, tu veux me saouler, espèce de coquin ? Tu ferais mieux de servir la même dose à Bardo, sinon il va croire que je t'ai tapé dans l'œil !

La tronche qu'a faite Neil – lui, le mari de Jessica, la reine des Neiges aseptisée ! – à l'idée de mettre sa main dans la culotte sans doute cradingue de Louisa ! Les yeux lui sortaient de la tête, il semblait au bord de l'apoplexie. Le meilleur moment de toute ma journée !

Sam et Hannah sont arrivés vers 2 heures. Sam avait finalement réussi à garder Sophie et Toby. À la toute dernière minute, Robin s'était vu proposer de passer Noël à bord du yacht d'un ami, dans les Caraïbes. Sam râlait bien un peu au sujet de ce nouvel « ami », mais il était ravi d'avoir les petits pour les fêtes. Hannah aussi avait ses deux enfants, Emily et Lucas qui, bien que porteurs de la moitié des gènes de Ducon Dan, sont en général polis, agréables et propres.

Perséphone pleurait depuis une heure parce qu'elle voulait interpréter son « cadeau » et Gulliver marmonnait des expressions latines de plus en plus menaçantes qui, selon moi, ressemblaient plus à une terrible malédiction collective qu'à des sonnets (lorsque je l'ai dit à Simon, il a répliqué que Gulliver aurait du mal à trouver une malédiction plus terrible à nous infliger que les enfants non étanches de Louisa). Du coup, quand tout le monde a été là, j'ai suggéré qu'on achève la distribution de cadeaux.

Il n'y a eu qu'un seul moment embarrassant, lorsque Cédric a décidé d'ajouter des percussions au récital de Perséphone, accompagnement qui a provoqué un regain de larmes et aussi un hurlement quelque peu dépourvu de tact (mais aux accents de sincérité) :

— Maman, ce garçon dééééééégoûtant est en train de tout gâcher !

Mais sinon, ce moment a été tout à fait agréable. Un échange de cadeaux neutres, très classe moyenne, achetés chez St. John Lewis, le temple des grands magasins.

Louisa a continué de distribuer ses « soins ». Quand elle a annoncé à Jessica qu'elle aimerait lui offrir une séance de réflexologie plantaire sur-le-champ, dans la salle à manger, ma sœur s'est étouffée avec une noix du Brésil et elle a viré au violet. Jessica donne à une « merveilleuse petite dame » de Harley Street l'équivalent d'une mensualité de mon emprunt immobilier pour sa séance de réflexologie hebdomadaire. Même sous la torture, elle n'accepterait jamais d'ôter ses Jimmy Choo pour que Louisa lui tripote les pieds de ses pattes crasseuses.

J'ai fini par servir le repas vers 4 heures, après avoir passé une bonne heure à débriefer Sam et Hannah dans la cuisine autour de la bouteille du vin de Jessica (délicieux, en effet) que j'avais réussi à arracher aux doigts avides de Louisa.

Tous les enfants étaient réunis dans la cuisine, autour de diverses tables. Je leur ai balancé quelque chose à manger dans des assiettes en plastique, puis j'ai refermé la porte, tandis qu'ils ululaient que c'était trop injuste de les laisser s'entre-déchirer pendant que les grands festoyaient dans la salle à manger. Louisa a attendu que tout le monde soit assis autour de la table pour faire remarquer d'une voix forte :

— Je trouve vraiment *merveilleux* de ta part, Ellen, de laisser tes enfants exprimer leur créativité en peignant les meubles. Mais quel *dommage* que tu leur aies permis de le faire sur le beau buffet de Granny chérie !

— Ce n'est pas bien grave, Louisa, a répliqué sèchement ma sœur. Souviens-toi qu'en dehors de notre âme, nous ne possédons rien : ce buffet n'est qu'un *objet* !

Jessica prenait-elle ma défense par loyauté familiale ou fulminait-elle de voir Louisa descendre tout son vin exceptionnel ? Dans un cas comme dans l'autre, je lui en ai été reconnaissante.

À 8 heures du soir, le souper de Noël était servi, une heure à peine après la fin du repas de Noël, et tout le monde, à part Neil qui conduisait, était paf. Plusieurs enfants titubaient également. Ils n'avaient peut-être pas bu que du lait dans la cuisine… Jessica et moi avons tenu à organiser une dégustation à l'aveugle de nos betteraves au vinaigre respectives. Un vague effroi s'est peint sur le visage de mes invités lorsque nous avons entonné la *Chanson de la betterave sacrée* que nous avons composée il y a vingt ans, puis nous avons lancé d'un air mauvais :

— Alors, ce sont lesquelles les meilleures ?

Les deux ont été déclarées « délicieuses », à l'unanimité. Jessica et moi avons alors pris part à la séance de dégustation. Nous avons fini par jacasser comme des pies après avoir conclu de manière définitive que les deux étaient dégoûtantes parce que les betteraves au vinaigre, ça pue.

À 10 heures du soir, Jessica et moi nous étions même rapprochées l'une de l'autre.

— C'est vrai, quoi… on est s-sœurs, quand même… bredouillait-elle, l'élocution pâteuse. Et pis j'taime, bordel ! Per-perséphone, dégage, steuplé ! V-va regarder la télé 'vec les autres, OK ? Maman parle à tatie Ellen. Chuis tellement contente qu'on-qu'on ait fait ce Noël chez toi, Ellen, paske comme ça… on est une vraie famille ! Tout le monde…

D'un geste vague, elle a désigné les formes comateuses de Louisa et Bardo allongés par terre (Simon et Louisa nous avaient gratifiés de leur traditionnelle dispute de Noël pour savoir lequel était le préféré de leurs parents. Ceux-ci nous avaient souhaité un joyeux Noël à tous *via* FaceTime sur l'iPad de Simon, mais ils n'avaient pas appelé Louisa *en particulier*. Elle avait tapé du pied, furieuse, et Simon lui avait lancé qu'il regrettait qu'on ne l'ait pas donnée à adopter à la naissance. Des portes avaient claqué et, de manière générale, ils s'étaient comportés comme des gamins insupportables) mais aussi Sam, Hannah, Neil et Simon qui essayaient de jouer au Trivial Pursuit, et les divers enfants tapis dans les coins, branchés à tout un tas d'appareils électroniques.

— C'est a-adorable. C'est ça, No-Noël. Si seulement j'pouvais te ressembler d-davantage… Si seulement je pouvais me f-foutre de tout comme toi !

Pourquoi les gens me disaient-ils tous ça ? Ne voyaient-ils pas le temps que je passais à m'angoisser pour tout bien faire et à m'inquiéter de ce que les autres pensaient de moi ? Si tout le monde pense que je me fous de tout, ça suggère qu'ils passent encore plus de temps que moi à se prendre la tête ? Peut-être que tout le monde est angoissé, peut-être que tout le monde a l'impression de ramer, tout en donnant aux autres une image complètement différente. Peut-être que personne n'est aussi parfait que je le crois, pas même la parfaite-maman de la Parfaite-Lucy Atkinson ? J'avais trop bu pour y réfléchir maintenant. C'était Noël. C'était (plus ou moins) magique. Allez, un petit dernier pour la route !

Samedi 26 décembre : Saint-Étienne

Euaaargh. Mal au crâne. Gueule de bois. Incapacité générale à affronter la réalité tout en pleurant la fin brutale de la magie. La neige s'est transformée en boue marronnasse. La dinde n'est plus qu'un triste amas d'os qui feraient une excellente soupe si le frigo n'abritait pas des fournées de friands à la saucisse et des saladiers de farce. Et il reste encore cinq des Christmas puddings de Jessica. Aujourd'hui, c'est chacun pour soi. Aujourd'hui, je vais traînasser en pyjama, manger des *mince-pies*, lire les livres que m'ont offerts Hannah et Sam et bouffer des loukoums à m'en rendre malade. Ça me revient, maintenant, je n'aime pas les loukoums. Et je me fous royalement que tout le monde pense que je m'en fous royalement. Je vais juste ranger un peu la maison pour pouvoir me prélasser dans de bonnes conditions. Et enfiler un pyjama propre – je ne suis pas une bête.

Lundi 28 décembre

Je déteste ce gouffre béant qui sépare le 25 décembre du jour de l'An. Après l'attente, l'effervescence et l'excitation qui mènent à Noël, tout se termine en un éclair de fumée, comme un cracker qui explose, paf ! Ne reste qu'un tas de camelote, de blagues pourries et de minuscules tournevis qui vous seraient fort utiles dans l'avenir si seulement vous arriviez à vous souvenir où vous les avez mis le jour vous en aurez besoin.

Les bonnes choses de Noël, à savoir les amuse-bouches, les friands à la saucisse, les canapés et autres succulentes bricoles qu'il vous a fallu protéger avec tant de vigilance contre les hordes de pillards bien décidés à braquer le frigo avant le 25 sont à présent jugées « répétitives » et déclinées par tout le monde, tandis que j'essaie de fourguer des vol-au-vent et des sandwichs à la dinde à toute personne que je croise.

Ce soir, on mangera une tourte dinde-jambon (enfin, Simon, les enfants et moi, bien sûr. On ne peut pas exiger de Louisa que sa tribu nomade s'empoisonne avec de telles cochonneries. Ils se régaleront d'une spécialité de Bardo – j'ai déjà dû déboucher trois fois les cabinets, au prochain coup, c'est Simon qui s'y colle, je le lui ai signifié en termes très clairs). Quand je lui ai annoncé les délices gastronomiques qui l'attendaient ce soir, il a soupiré :

— Oh non, Ellen… J'en ai un peu marre de tous ces plats lourdingues. Franchement, je préférerais une bonne petite salade bien fraîche ou un truc comme ça !

En vrai, moi aussi je préférerais une bonne petite salade bien fraîche, mais CE N'EST PAS CE QUI SE FAIT À NOËL et de toute manière, nous ne mangerons rien d'autre tant qu'il y aura des restes de fête au frigo – par principe. Simon prétend que je n'ai pas besoin de lui hurler dessus en martelant le plan de travail avec un couteau de cuisine. Grossier personnage !

Mardi 29 décembre

Enfin, la délivrance est arrivée. Louisa et Bardo sont repartis ! Leur vieux camping-car rempli d'enfants jusqu'à la gueule a pris la route dans un nuage de fumée noire. Franchement, j'ai cru que ce jour ne viendrait jamais. Louisa, qui apprécie visiblement le confort de mon chauffage central et de mon eau chaude, m'a bien proposé de rester encore « quelques jours », mais Simon, qui vivait de plus en plus mal les incursions de Bardo dans sa remise et son garage (je l'ai trouvé hier soir en train de soupeser avec angoisse ses pots « spécial écrous » en se demandant à voix haute si Bardo avait pioché dedans. À mon avis, c'est plus que probable) est vivement intervenu :

— Ça serait avec joie, sœurette, mais tu ferais mieux de retourner à l'ashram, non ? Les enfants doivent avoir envie de retrouver leur lit et après tout, c'est normal : on n'est jamais aussi bien que chez soi, pas vrai ? Ça nous a fait super-plaisir de vous avoir, il faudra refaire ça très vite. Enfin, pas trop vite non plus. Rentrez bien !

Et, sur ces bonnes paroles, il l'a quasiment foutue à la porte.

Bardo, cependant, a tenté jusqu'à la dernière minute d'embarquer la précieuse scie à onglet en marmonnant dans sa barbe :

— Au fait, Si, tu te souviens que t'étais d'accord pour me prêter ta scie, ami ? Attends, je vais la chercher…

Simon ne s'est pas laissé faire. Il a déclaré d'un ton ferme :

— Je suis VRAIMENT désolé, vieille branche ! (« Vieille branche » ? C'est quoi, ce délire ? Simon se serait-il transformé en « épatante » caricature de 1930, en rébellion contre le blabla

New Age de sa baba cool de sœur ?) À mon immense regret, la scie à onglet est cassée. Eh oui… complètement fichue, absolument kaput ! Quel dommage.

Rendons à César ce qui est à César, Bardo ne s'est pas avoué vaincu. Il a joyeusement proposé de l'emporter quand même, vu qu'il est « doué pour réparer les choses » et si la scie était vraiment irréparable, il pourrait au moins « en récupérer les pièces ».

Duel homme-homme. Enjeu : le Saint Graal des outils électriques. Dans la pièce, la testostérone était palpable. Mais l'on aurait eu tort de sous-estimer l'amour de Simon pour ses outils.

— Hélas, je l'ai déjà donnée à réparer, a-t-il répliqué froidement. Chez un spécialiste, très loin d'ici. Je la lui ai apportée ce matin, de bonne heure. C'est vraiment très dommage. Au revoir, Bardo.

Il y a eu une dernière scène, lorsque Peter et Jane se sont jetés sur leur cousin Cédric, pas pour lui manifester tardivement leur affection, comme je l'avais d'abord cru, mais pour lui reprendre les iPod et diverses consoles de jeux qu'il tentait d'embarquer en douce.

Louisa, plus préoccupée par l'envie de son rejeton de griller sa cervelle en formation avec ces « horribles micro-ondes » (pas sûr que les iPod émettent des micro-ondes, mais qui sommes-nous pour discuter de la science spécieuse de Louisa ?) que par ses agissements de voyou, en a conclu que Simon avait sans doute raison : il était vraiment temps pour eux de retrouver la « pureté » de leur ashram. Elle n'a pas ouvertement qualifié notre maison d'antre de corruption, mais on sentait bien qu'elle avait le mot au bout de langue.

Jamais je n'ai éprouvé un tel soulagement que lorsque je leur ai dit au revoir. Certes, Coventina va me manquer, mais mieux valait ne pas la laisser au contact de Jane – les deux filles se seraient rapidement associées. Devenues des caïds de bac à sable, elles auraient dealé des Haribo au marché noir et fourgué des exemplaires pornos du *Journal de Mickey* en réduisant le pauvre Peter au rang de grouillot.

Mais surtout… quel bonheur d'avoir de nouveau la maison à nous ! J'ai l'impression de n'avoir fait que cuisiner et nettoyer depuis un mois.

Mercredi 30 décembre

Ah ah ah ! le sapin est parti. Parti. PARTI ! Je ne pouvais plus le supporter, ce pauvre arbre. Apporté en grande pompe chez nous, dans une chaleureuse ambiance festive, ce vert symbole de l'esprit de Noël n'était plus qu'une triste arête desséchée – je vais sûrement aspirer des aiguilles jusqu'au mois de mars. La vache ! Le salon a l'air immense sans lui. En fait, c'est toute la maison qui me semble plus vaste, débarrassée de toutes les cartes, babioles, branches de houx et boules de gui qui l'encombraient. Certes, elle n'est pas très propre, mais j'en ai marre de faire le ménage : j'ai passé toute une heure à aspirer des aiguilles de sapin et une demi-heure à déboucher l'aspirateur bourré par ces saloperies d'aiguilles. Toutefois, la maison *a l'air* beaucoup plus propre. Simon n'a peut-être pas tort lorsqu'il réclame à cor et à cri davantage de minimalisme ? Une boîte blanche et nue, ça ne serait peut-être pas SI moche que ça ?

Le chien aussi est ravi de voir partir le sapin : il a enfin pu faire pipi dessus à l'endroit où on l'a remisé, près de la porte de derrière. Il en rêvait depuis le jour où l'arbre est entré dans la maison.

Jeudi 31 décembre : Saint-Sylvestre

Pourquoi ? Oh pourquoi, pourquoi ai-je trouvé judicieux, dans les brumes de l'alcool et l'ambiance étonnamment débonnaire de la soirée Télé-Alicia, d'organiser moi aussi une soirée à mon domicile ? Et POURQUOI ai-je décidé de la donner le soir de la Saint-Sylvestre, sans doute la PIRE date au monde pour ce genre de chose, avec ses jeux obligatoires et son hilarité forcée qui doivent vous mener jusqu'à minuit, parce que c'est la veille du Nouvel An et qu'on doit s'amuser comme des petits fous, C'EST LA LOI !

Ensuite, passé minuit, après avoir compté les secondes à rebours et vous être fait tripoter par des hommes en sueur au prétexte de vous souhaiter une « Bonne et heureuse année », il n'y a rien, rien hormis un sentiment de désillusion et de désespoir. Les derniers feux de décembre se sont brutalement éteints et vous vous retrouvez face au sombre néant de janvier, face à une nouvelle année au cours de laquelle vous ne réussirez sans doute pas à devenir adulte.

Qu'est-ce qui a bien pu me faire perdre de vue le bon sens le plus élémentaire ? (Question de pure rhétorique, à laquelle comme souvent la réponse est : l'alcool.) Comment ai-je pu oublier que passer le soir du 31 devant la télé, ce n'était pas si mal que ça, finalement ? On y voit un assortiment hétéroclite de célébrités, elles aussi forcées de passer une « soirée de folie » dans un studio d'enregistrement, le tout en s'efforçant de dissimuler le fait que l'émission a été mise en boîte au mois d'août. Comment ai-je pu penser un seul instant que donner une soirée le soir de la Saint-Sylvestre était une bonne idée ?

Prise de frénésie, je nettoie, je cuisine, j'assemble des petits fours entre deux virées sur Facebook où toutes les personnes que je connais postent des statuts du genre « Impatiente d'aller à la fantastique soirée du 31 chez Ellen ! », « Hâte d'entrer dans la Nouvelle Année avec Ellen et toute la bande ! », « Bulles coquines avant la soirée chez Ellen ! », « Je me fais belle pour la soirée d'Ellen, bonne année d'avance à tout le monde ! ».

JE LES HAIS TOUTES ET TOUS ! Pas question pour moi de prendre quelques « bulles coquines » ni de me « faire belle » ! Je passe l'aspi en mode panique, j'assemble des putains de salades César sur des bâtonnets, j'essaie de ne pas faire brûler les profiteroles, et tout ça, c'est la faute de mes horribles amis qui ont accepté ma stupide invitation ! Et c'est aussi la faute de Simon qui m'a laissé organiser une soirée ! S'il me propose encore une fois un truc idiot et égoïste comme de me servir un verre de vin ou de me faire couler un bain, je le tabasse à mort à coup de saucisses cocktail glacées au miel et à la moutarde ! (De toute façon, le bain, c'est mort pour moi quand je pense aux horreurs qui ont dû se passer dans ma baignoire à Noël.)

Respire. Respire. J'en suis tout à fait capable. Ces gens sont mes amis, sauf ceux que je déteste et que je n'ai invités que pour leur montrer quelle hôtesse sereine, capable et accueillante je suis. Et ceux que j'ai invités parce qu'on leur « doit » une invitation. Et ceux que je viens d'inviter parce que sous l'effet de l'alcool ils m'étaient apparus moins pénibles que d'habitude. Oui, tout va bien se passer. LA PLUPART de ces gens sont mes amis.

Les enfants dorment chez Sam qui a pris une baby-sitter. Au moins, ils ne feront pas irruption au beau milieu de mon élégant cocktail en exigeant de mes invités qu'ils devinent qui a pété – Peter ou le chien ? – et en leur proposant aimablement un petit coup de pouce : « Je te donne un indice, mes pets sentent le chou et les siens sentent plus la viande ! »

Les cocktails ! Crotte. Simon a-t-il commencé à préparer les cocktails ? Les cocktails de Simon, c'est mon arme secrète. Il a le don de réaliser des cocktails extrêmement forts qui se boivent comme des jus de fruits. Grâce à lui, je saoulerai tout le monde dès l'arrivée et tout se passera comme sur des roulettes : mes invités se ficheront du reste et ils se réveilleront le lendemain avec fort peu de souvenirs de la soirée. À partir de là, il me sera très facile de les convaincre que je suis l'hôtesse du siècle. Hourra ! Tout va bien se passer. N'empêche que je continue de haïr ces pimbêches bobos qui me taguent sur Facebook.

Arrrghhhh ! Mes invités sont déjà là !

JANVIER

Vendredi 1er janvier : jour de l'An

Oh, mon Dieu, ma tête… Oh, Seigneur ! que s'est-il passé ? Oh, putain… Sam était là, Sam et Hannah sont arrivés de bonne heure pour m'aider à finir de tout préparer. On a bu deux ou trois cocktails…

Les autres invités sont arrivés et j'ai été absolument charmante – enjouée, spirituelle et accueillante. J'ai présenté les gens les uns aux autres et je les ai encouragés à circuler. Ai-je réellement beuglé : « MAIS PUTAIN, CIRCULEZ BANDE D'ENFOIRÉS ! » ? C'est possible. Mais bon, ils ont dû penser que c'était de l'humour au second degré.

La bouffe. Je leur ai bien donné à manger, hein ? Il me semble m'être réveillée en serrant un friand à la saucisse dans mon poing crispé. Oui, je leur ai donné à manger. Je me souviens vaguement d'avoir déblatéré avec un papa (un généraliste, ai-je appris) sur les gens qui faisaient tous un régime sans gluten. Je me gavais de miniscotch eggs et je voulais à tout prix lui en fourrer un dans la bouche.

De la musique ? Oui, il y avait de la musique. Et on a dansé ! Moi, du moins, j'ai dansé. J'ai même insisté pour que tout le monde dégage la piste pendant que je me lançais dans la choré de Kate Bush sur *Wuthering Heights*. J'ai chanté aussi. Je me souviens très clairement de ma surprise face à la stupeur qui a suivi la fin de ma prestation, alors que je m'attendais à un concert d'applaudissements pour ma performance virtuose. Merde.

Et d'ailleurs, remerde, qu'est-ce que je fous là ? Pourquoi suis-je dans la chambre d'amis ? Oh misère, ai-je été si horrible hier soir que Simon veut demander le divorce ? J'ai peut-être refait ma choré de *Patricia the Stripper* ? Maintenant que j'y pense, ça me dit quelque chose. *Oui*, j'ai fait ma choré de *Patricia the Stripper*, mais je n'étais pas seule… Qui l'a faite avec moi ? Oh, putain : Fiona Montague ! Ouf, ça me rassure un peu. Si Fiona Montague était assez paf pour danser la choré de *Patricia the Stripper*, je ne suis pas la seule à avoir été « un peu trop loin », hier soir ! *Patricia the Stripper* et *Wuthering Heights* sont mes deux grands classiques, en soirée. Tant que je n'ai rien commis de vraiment terrible, comme piquer les étoles de Télé-Alicia pour faire la danse des sept voiles, ça va.

Si j'envoyais un texto à Simon, est-ce qu'il m'apporterait une tasse de thé ? J'ai mangé le friand à la saucisse, histoire de me remettre l'estomac en place. Mais là, tout de suite, je donnerais n'importe quoi pour un sandwich au bacon.

Samedi 2 janvier

Oh, misère. Il semble que je sois tout de même allée « un peu trop loin ». En fait, j'ai forcé Fiona Montague à prendre part à ma choré sur *Patricia the Stripper* même si, une fois lancée, elle s'est bien éclatée, d'après Simon. Elle aurait, je cite, « un sacré déhanché ». Après ça, j'ai décidé que la jonglerie avec profiteroles devait devenir sport olympique et j'ai voulu en offrir une démonstration à l'assemblée. Quand Simon s'y est opposé, j'ai pris la mouche et je suis partie me coucher en tirant la gueule – et dans la chambre d'amis, rien que pour l'embêter ! Pourtant, personne n'a semblé s'apercevoir de mon absence, tout le monde a pensé que j'étais dans une autre pièce.

Fait nettement plus intéressant, Alison Evans était venue accompagnée de son frère Mark, mâle fort séduisant qui est reparti avec le numéro de téléphone de, je vous le donne en mille, notre jeune Sam ! Sam l'a déjà appelé et ils ont *rancard* ensemble. De toute évidence, ça fait quelque temps que Sam n'a pas eu de rancard. Envolée, sa décontraction toute citadine, il s'est transformé en collégienne énamourée, ascendant pie bavarde. Hannah et moi lui servons de confidentes et de conseillères en image. Il nous a déjà envoyé au moins dix photos de chemises différentes, chacune assortie d'une inquiétude précise : « La bleue fait vraiment ressortir mes yeux, mais la verte met en valeur mes pectoraux. En même temps, je ne veux pas qu'on ne voie que ça, je ne veux pas qu'il me prenne pour une espèce de Musclor gonflé aux anabolisants. D'un autre côté, je ne veux pas avoir l'air d'un mec facile non plus. J'aime bien celle à carreaux écossais, mais est-ce qu'elle ne fait pas trop intello ? Parce que je ne veux pas avoir l'air d'un bobo branchouille... Du coup, je pense que je vais opter pour la bleue. Oui, je vais mettre la bleue. À moins que vous ne préfériez la verte ? Et si je m'achetais une chemise neuve ? Je ne veux pas avoir l'air en manque. Je pourrais toujours dire que je l'ai eue pour Noël. Qui me l'aurait offerte ? Pas ma mère, c'est clair ! Bon, l'une de vous deux m'a offert une chemise pour Noël, d'accord ? Si jamais vous voyez Mark, n'oubliez pas. Pensez à lui dire que vous m'avez offert une jolie chemise à Noël, comme ça, j'aurai l'air d'avoir des amies qui ont du goût et qui m'aiment assez pour m'offrir des cadeaux de prix. Oui, voilà, nickel ! »

Qu'entend-il par « avoir l'air » d'avoir des amies qui ont du goût ? Mais oui, nous avons du goût, nous avons très bon goût, même ! Il y a bien l'histoire du buffet, mais ça peut arriver à tout le monde, ça...

Quand j'ai eu fini avec les angoisses vestimentaires de Sam... Rhooo, je me demande s'il a déjà pris une photo de sa bite et si c'est ça qui le met dans une telle effervescence ! Mais je m'écarte du sujet. Donc, maintenant que ma gueule de bois s'est atténuée, j'ai dressé une liste de bonnes résolutions pour la nouvelle année, d'excellentes résolutions auxquelles je vais me tenir. Dans quelques petits mois, je vais avoir quarante ans : il faut que je devienne enfin adulte. À quarante ans, on ne grimpe plus sur un piano bancal pour se trémousser lascivement sur *Patricia the Stripper* (même si, en réalité, ce n'est pas donné à tout le monde de danser sur un piano droit). Les gens de quarante ans sont des gens-comme-il-faut. Sachant cela, cette année je vais :

Apprendre le français. Un français correct, avec l'accent français, qui me permette de converser avec éloquence, au-delà de ma limite actuelle : « *Je voudrais aller le discothèque.* » De toute façon, j'ai trente-neuf ans, âge trop avancé pour énoncer mon envie d'aller en boîte dans quelque langue que ce soit.

Je pourrai lire de passionnants romans français dans le texte, allongée sur une *méridienne*[1], peut-être. *Madame Bovary*, c'est un bon roman français, ça, et très osé, en plus. Au fait, est-ce que j'ai lu *Madame Bovary* ou est-ce que je me suis contentée de mater cette série télé si grossière où les personnages n'arrêtaient pas de baiser dans les bois ? C'est décidé, je vais lire *Madame Bovary*, en français. Ou au moins en anglais.

J'obligerai aussi les enfants à apprendre le français avec moi. Une fois par semaine, nous organiserons une soirée française, comme à la Chalet School où on ne se parle qu'en français, en disant des choses comme : « *Voulez-vous passez le petit pois à moi, s'il vous plaît ?* » Ces soirs-là, je veillerai à inviter les enfants du Gang, comme ça, ils rentreront chez eux en s'exclamant sur notre intelligence et notre culture cosmopolite. Les mamans du Gang se sentiront un peu dépassées, les pauvres, malgré leurs tableaux Pinterest nickel chrome et leurs publications #quedubonheur sur Instagram. Et pan, dans les dents !

Changer de travail. J'ai carrément tendance à tirer ma flemme au bureau, mais il faut dire que mon job est très monotone. Simon affirme que tous les métiers ont un côté monotone et que j'ai de la chance d'avoir des horaires compatibles avec ceux des enfants, mais j'aimerais me réaliser dans une activité exaltante et amusante, avec des missions qui stimulent ma créativité.

Quand je dis ça, Simon réplique : « Mais tout le monde aimerait avoir ce genre de travail, mon cœur ! Allez, arrête de faire ta pimbêche. » Mais c'est facile pour lui de se la jouer désinvolte ! Il est architecte, son empreinte géniale passera à la postérité, ou du moins elle demeurera quelques années, bien qu'il semble lui-même douter de la valeur de son legs – trans-

1. En français dans le texte.

formation de bureaux et d'immeubles d'habitation au centre-ville. Parallèlement à ma brillante activité de conceptrice d'appli mobile, je songe à devenir exploitante de site. Je n'ai aucune idée de ce que ça veut dire, mais je n'arrête pas de voir partout des gens qui se prétendent « exploitants de site ». La première partie de ma résolution devrait peut-être s'intituler : « Découvrir ce qu'est un exploitant de site » ?

Je compte aussi continuer à promouvoir mon appli afin d'en tirer quelques revenus. Ce matin, j'ai découvert avec ravissement que cent personnes l'ont désormais achetée : pour le coup, je suis rentable ! À partir de maintenant, je vais faire des bénéfices ! Entre ce que je vais engranger et mon activité d'exploitante de site, je serai bientôt millionnaire.

Boire moins de vin. Au lieu d'acheter un chariot de pinard en promo, je me fournirai chez de pittoresques cavistes à qui j'achèterai une ou deux bouteilles de grand cru que je dégusterai d'un air pensif, en savourant chaque gorgée.

Ce sera sûrement du vin français, de manière à refléter ma nouvelle sophistication. De toute façon, je serai trop occupée à apprendre le français et à devenir papesse des applis mobiles/exploitante de site pour continuer à me bourrer la gueule au pinot gris de supermarché. Je n'aurai plus le temps de passer mes soirées à regarder *EastEnders*, à glander sur Facebook ou à siffler de la piquette pour atténuer le blabla incessant des enfants et faire taire la petite voix dans ma tête qui me répète que tout le monde a mieux réussi sa vie que moi. De toute façon, les enfants ne blablateront plus, ils émettront de brillantes remarques sur l'existence – en français.

Être plus gentille envers Simon. Nous nous réserverons des moments à nous. Nous prévoirons des soirées-en-tête-à-tête au cours desquelles nous parlerons art et politique, au lieu de nous engueuler pour savoir si c'est lui ou l'un des enfants qui a laissé le gros étron au fond de la cuvette des toilettes.

Nous nous baladerons main dans la main au clair de lune, le long de rivières miroitantes, en nous rappelant que nous sommes chacun l'âme sœur de l'autre. Je ne le traiterai plus d'emmerdeur ni de connard (en tout cas, pas en face) et je m'efforcerai de porter des dessous assortis, du moins assez souvent pour qu'il ne s'imagine plus que lorsqu'il m'arrive de porter un soutien-gorge et une culotte vaguement de la même couleur, c'est un « signal » à son intention. J'apprécierai à leur juste valeur toutes les généreuses attentions qu'il a pour les enfants et moi, je ne me focaliserai plus sur les choses qui m'énervent. Je ne bouderai plus après nos disputes et je ne l'obligerai plus à s'excuser le premier, même quand c'est moi qui ai tort. De toute manière, grâce aux relations plus responsables que j'aurai instaurées dans notre couple, nous ne nous disputerons sans doute même plus. À la place, nous pourrions organiser des « réunions de famille » durant lesquelles nous exposerions à tour de rôle nos petites insatisfactions comme deux adultes, sans nous en rejeter la faute. Nous tâcherons de trouver des solutions à nos conflits, au lieu de nous jeter la boîte à biscuits à la tête. Comme quand Simon me demande pour la énième fois « s'il y a une raison » pour que le four soit allumé, alors que le premier crétin venu verrait que si le four est allumé, c'est parce que SON PUTAIN DE DÎNER EST EN TRAIN DE CUIRE DEDANS !

La politique. Je vais m'intéresser à tout ça. Pas seulement à la politique britannique, mais à la politique internationale.

Je comprendrai enfin le système politique américain ; je saurai faire la différence entre le Premier ministre et le Président français ; j'apprendrai qui dirige l'Espagne (ont-ils toujours un roi ? Ou est-ce que je confonds avec le Portugal ?).

D'ailleurs, je regarderai où se trouve l'Espagne sur la carte, et aussi le Portugal, comme ça, je saurai où les gens partent en vacances. Je ne situerai plus bêtement Cologne en France (erreur fort naturelle, du reste. Pourquoi dit-on *eau de Cologne* si Cologne est en Allemagne ? Il serait plus logique d'appeler ça de la *Wasser aus Köln*, non ?).

Je connaîtrai les noms de tous les membres du gouvernement, mais aussi ceux des figures de l'opposition. Je ne lirai plus le *Mail Online*, en particulier le « Baromètre de la honte », mais le *Guardian* et le *New Statesman*, des journaux sérieux. Je deviendrai une citoyenne attentive, compatissante et informée.

La télé. BBC2 et BBC4 exclusivement, pour les documentaires et les reportages. Et Sky Arts.

Fini les visionnages marathons d'*EastEnders*. *Game of Thrones* doit être une série acceptable, j'ai lu quelque part qu'elle contenait beaucoup d'analogies politiques. Je pourrai donc continuer à la regarder dans le cadre de mes bonnes résolutions politiques – mais seulement pour les analogies, pas pour les dragons, le cul et l'étrange fixette que je fais sur Jaqen H'ghar.

Je limiterai de façon très stricte le temps que les enfants passeront sur les écrans. J'entends par là le limiter vraiment ! Pas faire semblant d'ignorer qu'ils continuent à mater Netflix dans leur chambre après que je leur ai fait éteindre la télé. Ils ne regarderont que la chaîne jeunesse de la BBC, et plus particulièrement le magazine d'informations pour les enfants.

Les enfants. Je ferai des activités intéressantes et éducatives avec eux, mais sans m'énerver contre eux et sans les traiter d'idiots, MÊME quand ils se colleront les mains à la table en se livrant auxdites activités intéressantes et éducatives. Je me formerai aux méthodes de résolution de conflit et je les appliquerai chaque fois qu'ils essaieront de s'entre-tuer, au lieu de brailler : « Bon Dieu, vous allez arrêter de vous friter, oui ? Je me FOUS de savoir qui a commencé, je vous ORDONNE d'arrêter, bordel ! »

Je serai à l'écoute de leurs ressentis, de leurs pensées et de leurs émotions, bref de tout ce qui les conduit à se fracasser mutuellement le crâne à coup d'iPad. Je leur expliquerai calmement pourquoi leur comportement n'est pas acceptable, tout en les aidant à exprimer leur frustration par d'autres voies. La danse figurative, peut-être.

L'argent. Je vais être plus raisonnable dans ce domaine. Je ne ferai plus l'autruche en prétendant que les crédits renouvelables sont de l'argent gratuit. Je me connecterai chaque semaine sur mes comptes, je suivrai nos dépenses de près et j'essaierai de réduire nos dettes. Je le ferai sans tarder, car j'ai enfin trouvé le courage de consulter mes relevés de cartes de crédit renouvelable. J'ai aussitôt rabattu l'écran – horreur ! Puis j'ai dû vérifier que je ne m'étais pas trompée. On n'a quand même pas pu dépenser tout ça pour Noël ? Apparemment si. Je vais en parler très très très vite à Simon afin que nous puissions nous en occuper comme deux adultes responsables.

Quoi d'autre ? Ah, oui, mincir, c'est clair. C'est un point qu'on retrouve sur la liste de résolutions de toutes les femmes, non ? Mincir, et faire du sport. Dans l'idéal, j'aimerais perdre assez de kilos pour que dans mon dos, les gens disent des choses comme : « Si vous voulez mon avis, je la trouve même un peu *trop* mince, maintenant », mais je me contenterai de « plus mince ».

Je viens de relire toutes mes bonnes résolutions. Ce sont de très bonnes résolutions. En revanche, elles risquent de me transformer en reine des connasses. De toute façon, il est trop tard pour m'y mettre aujourd'hui, et puis il reste encore du vin. Il vaut mieux que je termine le vin acheté en promo avant d'entamer ma résolution « vin intelligent ». Les enfants ne cessent de m'agiter sous le nez des affiches antigaspi, je ferai mon devoir citoyen en finissant ces bouteilles de piquette.

Oui, je vais finir ce chardonnay premier prix et j'irai un tout petit peu espionner sur Facebook, mais seulement les profils les plus dignes d'intérêt, ceux qui partagent des articles du *Guardian.* Ce sera un excellent moyen de me familiariser avec l'univers des consciences politiques.

Je me demande comment on dit « WTF » en français.

Mercredi 13 janvier

Simon a vu le relevé des cartes de crédit renouvelable. À l'ère informatique, c'était inévitable. Fini l'époque où maman pouvait cacher les factures à papa en les fourrant sous le matelas (cela dit, papa pouvait toujours les trouver et ça donnait lieu à une dispute très similaire à celle que nous venons d'avoir avec Simon). Dispute assez classique, du reste. La longueur du relevé et la somme des dépenses étaient entièrement de mon fait, puisque c'est moi qui ai effectué la majorité des achats du mois dernier. Car Simon a commodément ignoré le fait que c'est moi qui me suis tapé toutes les courses de bouffe et moi qui ai acheté tous les cadeaux (la plupart pour ses foutus parents et la tribu de crasseux en constante augmentation de sa chaudasse de sœur !). J'ai peut-être commis une erreur en décrivant Louisa et sa famille en ces termes. En effet, seul Simon a le droit de critiquer sa sœur. Moi, je n'ai pas mon mot à dire, sauf si c'est lui qui a ouvert les hostilités.

Simon a fini par rugir :

— Mais putain de merde, Ellen ! Comment tu veux qu'on arrive à un équilibre financier si tu continues à claquer le fric comme ça ? Je bosse comme un malade pour subvenir à tes besoins et toi, tu jettes l'argent par les fenêtres !

J'aurais bien des choses à répondre à ça. Par exemple, que ce n'est pas moi qui ai dû rembourser cinq années de prêts étudiants. Qu'au début de notre mariage, c'est moi qui faisais bouillir la marmite, parce que je gagnais plus que lui. Que si je bosse à temps partiel, c'est *uniquement* pour m'occuper de ses enfants ! Et que si moi, je jette l'argent par les fenêtres, qu'est-ce qu'il fout, lui, avec tous ses gadgets à la con et ses outils dont il ne se sert jamais ? Hein ?

Mais je me suis abstenue. Je me suis astreinte à une attitude positive. J'ai dit :

— Ce n'est pas si terrible que ça, Simon. Il faut qu'on mette un peu d'argent de côté pendant les prochains mois, c'est tout. Et puis peut-être que mon appli va…

— Ellen, nom de Dieu ! Lâche-moi avec ta putain d'appli, tu veux ? Combien tu en as vendu ? Cent ? À moins que tu te sois déjà implantée au niveau mondial en atteignant le chiffre vertigineux de deux cents ? Ce n'est pas ta précieuse appli qui va nous sortir de ce gouffre financier, d'accord ? Moi, au moins, j'essaie de nous faire faire des économies. J'ai commandé des ampoules intelligentes et un compteur énergétique pour surveiller notre consommation d'électricité.

— Ah, d'accord ! Je vois. C'est formidable, Simon, vraiment formidable, bordel ! Faut toujours que tu fasses ton petit prof moralisateur et content de toi, hein ? À t'entendre, c'est toujours MA FAUTE À MOI si on n'a pas d'argent, alors que TOI, tu nous fais faire des économies EN DÉPENSANT ENCORE PLUS DE FRIC !

— Ce n'est pas moi qui ai dépensé une fortune pour Noël, Ellen, c'est tout ce que j'ai à dire. Si tu pouvais juste prévoir un peu mieux tes achats et comparer les prix, je suis sûr qu'on n'aurait pas besoin de dépenser autant. Si tu voulais bien t'organiser, tout serait beaucoup plus facile. Et oui, à long terme, mes ampoules vont nous faire faire des économies. En réalité, c'est un investissement, contrairement à ce que tu fais quand tu claques 180 livres dans je ne sais quelle épicerie bio. Et tout ça pour quoi ? Qu'est-ce que tu peux bien acheter dans ce genre de magasin ? Des lentilles ? Il n'y a que toi pour mettre un pognon dingue dans des lentilles alors qu'on n'en mange même pas !

— C'est ta connasse de sœur qui a dépensé tout ça ! Parce que ce pur cristal ne peut pas se nourrir avec ma bouffe industrielle farcie de toxines ! Et si on a eu des factures aussi élevées à Noël, c'est parce qu'on a eu HUIT BOUCHES DE PLUS À NOURRIR DURANT UNE SEMAINE ! Et ça, Simon, c'est pas économique ! Parce que JE NE SUIS PAS LE MESSIE, MOI ! JE NE PEUX PAS NOURRIR CINQ MILLE PERSONNES AVEC CINQ PAINS ET DEUX POISSONS, BORDEL ! Et même si je savais multiplier les pains, ta frangine ferait la moue parce qu'ils ne seraient ni bio, ni sans gluten, NI VÉGANS, BORDEL DE MERDE ! Et je ne sais pas non plus transformer l'eau en vin, hélas ! pour satisfaire et sa soif inextinguible et mon propre besoin de m'anesthésier contre sa connerie ! Et à quel moment suis-je censée faire le tour de six supermarchés différents pour pouvoir économiser 5 pences sur un sac de carottes, puis me tirer dans un autre pour acheter les patates, tout ça parce que dans celui-là elles valent 10 pences de moins ? Dis-moi comment je peux faire, Simon ! Je bosse, je m'occupe de tes putains de mioches, je fais le ménage, je fais la cuisine ! Et toi, qu'est-ce que tu fais, toi ? Parce que tu bosses un jour de plus que moi, ça te donne le droit de passer le week-end le cul dans un fauteuil pendant que moi, je cours dans tous les sens entre les enfants, la bouffe, le ménage, les lessives ! Et pendant ce temps-là, tu ne fais rien, strictement que dalle, pour m'aider…

— Oh, ça va, je te demande bien pardon d'être trop fatigué pour faire le repassage après ma semaine de soixante heures, chérie ! Je te fais mes putains d'excuses pour avoir le culot de réclamer un peu de temps pour moi ! Et puisque tu rends MA famille responsable des dépenses de Noël, puis-je te rappeler que TA famille a aussi passé Noël chez nous ?

J'ai eu des envies de meurtre. Des visions sanguinaires m'ont assailli l'esprit. Quelle immense satisfaction aurait été la mienne, si j'avais pu lui asséner la batte de cricket de Peter sur le crâne avant d'aller enterrer son cadavre dans une tombe peu profonde, en pleine forêt. Au lieu de la batte, j'aurais aussi pu prendre un gigot d'agneau surgelé, comme dans *Le Coup du gigot et autres histoires à faire peur* de Roald Dahl ? Mais je n'avais pas d'agneau au congélo. Il y avait bien le gros morceau de gîte de bœuf en promo… est-ce que ça ferait l'affaire ? Sans doute pas, il faut sûrement un truc genre os de gigot pour avoir une bonne prise – avec du gîte de bœuf, il faudrait d'abord que je mette Simon au tapis. Ensuite, n'importe quelle pierre suffirait pour le frapper à la tête. Pourtant, au lieu de le tuer, j'ai pris une profonde inspiration.

— Simon, tu te souviens du pigeon ?

— Ellen, qu'est-ce que tu vas chercher, maintenant ? J'essaie de te dire qu'on doit faire des économies, mieux s'organiser au quotidien, et toi, tu me parles de pigeons ?

— Pas grave. Laisse tomber. Tire-toi, Simon, et fous-moi la paix, puisque tout est ma faute, comme d'habitude ! À partir de maintenant, je ne vais acheter que des surgelés, tu seras content ? Un bon gigot d'agneau surgelé, hein ?

Malgré tout, Simon a raison sur un point. À quoi me sert de consulter sans arrêt mes mails pour voir si j'ai vendu dix applis de plus ? J'ai beau l'avoir envoyée à divers sites qui testent les applis mobiles et donnent leur avis dessus, ça ne marchera jamais. C'était une idée stupide.

La dispute passée, nous ne nous adressons plus la parole. Enfin, moi, je ne parle plus à Simon. Et pour souligner le bien-fondé de mes arguments, je m'applique à traverser la maison de façon théâtrale, à claquer les portes et à faire un boucan d'enfer dans la cuisine, genre personnalité passive agressive. Toutefois, j'ai la désagréable impression qu'en dépit de mes portes claquées et de mon comportement passif agressif, Simon savoure à fond sa paix et son silence. Je devrais peut-être recommencer à lui parler, rien que pour l'embêter. Et toc ! En plus, c'est très difficile à tenir comme attitude, quand tout mon être a envie de hurler : « ET C'EST PAS TOUT… ! »

Samedi 16 janvier

Désireuse de fuir Simon-à-qui-je-n'adresse-toujours-pas-la-parole, j'ai décidé d'emmener Peter et Jane visiter une galerie d'art doublée d'un musée gratuit. Cette sortie présente deux avantages. Primo, elle m'évite d'entendre cet enfoiré de Simon pousser un soupir désapprobateur en découvrant un fond de houmous périmé depuis hier et de subir un autre de ses sermons sur le « gaspillage ». Deuzio, elle démontre par sa gratuité ma prudence financière et ma grande frugalité. Par souci d'économie, j'ai décidé de laisser mon 4 x 4 énergivore au garage et de ne pas mettre des sommes astronomiques dans un horodateur : nous irons en bus, c'est à la fois rigolo et bon marché.

Adopter définitivement les transports en commun, c'est bien joli, mais il ne faudrait pas non plus que nous nous égarions en territoire miné. En effet, la parfaite-maman de la Parfaite-Lucy Atkinson m'a appris que sa fille et elle se réservaient une « journée transports en commun » par an où elles laissaient le Range Rover Overfinch au garage. La règle du jeu ? Choisir une destination et trouver comment s'y rendre et en revenir en ne prenant que les transports en commun. C'est, paraît-il, « prodigieusement amusant ». Hélas, le bus coûte la peau des fesses, ai-je découvert, il aurait été plus économique d'y aller en voiture. La galerie d'art-musée gratuit regorge de trésors venus des quatre coins du monde, mais Peter et Jane n'ont voulu voir que la crotte de dinosaure et la salle égyptienne – lorsque vous avez des enfants en primaire, l'un d'eux a toujours un exposé à faire sur les anciens Égyptiens, c'est la règle.

Ensuite, je les ai traînés dans l'aile consacrée à la peinture. Ils en ont été très dépités jusqu'à ce qu'ils tombent sur un nu. Ils se sont mis à le montrer du doigt en ricanant, puis, incapables de se retenir plus longtemps, ils ont explosé : « CUL ! NICHONS ! » en gloussant très fort.

— Cessez vos enfantillages ! ai-je sifflé, ce à quoi ils m'ont répondu, troublés :

— Mais maman, on est des enfants. Comment tu veux qu'on cesse nos enfantillages ?

J'avais l'intention de me reposer l'âme et l'esprit en contemplant dans le calme les œuvres des impressionnistes, mais Peter s'est planté derrière moi en psalmodiant :

— Des culs, des culs, des culs, je veux encore voir des culs !

Jane, en revanche, était étrangement silencieuse. J'espérais un peu la trouver bouche bée devant toute la beauté qui l'entourait, mais au fond de mon cœur je n'y comptais pas trop : je la connaissais trop bien. En fait, elle s'était faufilée dans la salle suivante où elle était tombée en arrêt devant des bijoux anciens d'une valeur inestimable. Elle était en train d'essayer de crocheter la serrure de la vitrine.

Pour être franche, je n'étais pas trop anéantie par l'absence totale d'intérêt pour l'art de mes enfants. J'ai moi-même passé une grande partie de ma vie plantée dans les galeries de peinture, m'efforçant de « ressentir », d'absorber, de savourer et de comprendre les tableaux, mais la plupart du temps je me sens empruntée et mal à l'aise. Néanmoins, m'étant arrêtée devant une toile, je suis obligée de m'attarder dessus un moment, sinon, les gens me prendraient pour une béotienne incapable de reconnaître un chef-d'œuvre – un peu comme quand vous vous rendez compte que vous allez dans la mauvaise direction, mais que vous ne pouvez pas repartir dans l'autre sens parce que sinon les gens verront que vous vous êtes trompée. Du coup, vous êtes obligée d'entrer dans un magasin, puis d'en ressortir et de reprendre votre chemin, du bon côté cette fois.

Après ça, j'ai cédé, je les ai conduits à la boutique de souvenirs, comme ils me le réclamaient depuis notre arrivée. J'ai à nouveau refusé d'allonger 35,99 livres pour le pépin à la ballerine que continue de vouloir Jane, bien que son prix ait été réduit à 22,99 livres.

Dans le bus du retour, j'ai bêtement suggéré qu'on s'installe sur l'impériale, au motif que ce serait « rigolo ». Grossière erreur. Je n'étais pas montée sur une impériale depuis l'interdiction de fumer dans les bus. Ce n'était pas « rigolo » du tout, il y régnait un raffut de tous les diables. Des adolescentes surexcitées chattaient entre elles, puis discutaient à tue-tête des messages qu'elles venaient de s'envoyer. L'avantage, c'est que leurs glapissements couvraient les chamailleries de Peter et de Jane qui s'accusaient mutuellement de tricher à *I Spy*.

Toutefois, j'avais oublié la vue splendide qu'on a de là-haut sur les maisons et sur la vie des habitants. Il faisait nuit et les fenêtres s'éclairaient au fur et à mesure que les gens rentraient chez eux. Toutes ces scènes du quotidien défilaient devant mes yeux : un couple debout dans sa cuisine, épluchant des légumes pour le dîner ; une femme lisant un magazine dans son salon, un verre de vin à la main ; une pièce vide, garnie de livres et de tableaux où un feu de cheminée attendait que ses occupants rentrent du travail et se jettent sur l'un des gros canapés moelleux.

Ça me fascine toujours, quand je passe devant toutes ces maisons, devant toutes ces fenêtres, de penser que derrière chacune de ces portes d'entrée il y a une histoire, une famille qui réfléchit, éprouve, crie, se dispute, mange des pâtes et regarde la télé, tout comme nous. Les gens pensent-ils la même chose en passant devant ma maison ? Regardent-ils par mes fenêtres ? Et que voient-ils ? Une belle maison, une femme comblée par deux beaux enfants et un mari qui l'aime ?

Moi, c'est ce que je vois, par toutes ces fenêtres : de belles histoires. Les couples cuisinent dans un silence complice, non dans un silence tendu, mâchoires serrées, débitant agressivement des légumes après une dispute homérique. La femme ne se demande pas si elle va couper l'oignon en rondelles ou planter le couteau dans le cœur de son mari. Quant à la femme au verre de vin, elle savoure un moment de repos bien mérité après une grosse journée. Elle a un job glamour et ne boit pas pour oublier que son amant lui a finalement préféré son épouse légitime. Si la pièce où brûle un bon feu est vide, c'est parce qu'elle attend d'accueillir une famille unie, pas parce que quelqu'un est allé répondre au téléphone dans l'entrée et a appris une terrible nouvelle.

Quand les gens passent devant ma maison, ils ne voient pas une femme persuadée d'être une mère catastrophique, une femme qui s'interroge sur ses choix de vie et qui se demande si son mari l'aime encore – car son mari n'a vraiment pas l'air de l'aimer beaucoup en ce moment, ils se parlent à peine et n'ont plus rien en commun. Une femme qui ne sait pas combien de temps encore elle pourra garder ce sourire lumineux rivé aux lèvres, ce sourire qui proclame au monde extérieur que tout va bien, super-bien, que tout est merveilleux, puis qui se met à pleurer, ivre, dans les oreilles de son chien, parce que personne ne la comprend. À moins que ça ne soit beaucoup plus banal que ça. Peut-être que ce couple n'a plus rien à se dire. Tous deux regrettent d'avoir englouti leur argent dans un mariage ridicule et une maison au-dessus de leurs moyens. Ils auraient mieux fait de s'acheter une voiture de sport pour visiter le Midi de la France. Elle repense au garçon qui l'a embrassée un jour, sur une plage du Mull of Kintyre. Si seulement je pouvais me souvenir du prénom de ce garçon… ce baiser a été l'un des moments les plus romantiques de ma vie.

C'est à Simon que je dois le geste le plus romantique qu'on ait jamais eu pour moi, et aussi le plus ridicule. À l'époque, nous ne sortions ensemble que depuis peu et nous vivions à Édimbourg. Nous marchions dans le parc des Meadows quand nous avions vu de jolis pigeons roses en train de s'affairer sur le chemin. J'étais enchantée qu'il existe des pigeons roses (de loin) et lorsque Simon a dit : « On devrait en avoir un », je me suis exclamée :

« Oh, ce serait trop mignon ! La prochaine fois que tu rentreras chez tes parents, ramène-m'en un, je veux un pigeon rose ! »

Nous avons continué notre chemin et cette histoire de pigeons roses m'est complètement sortie de la tête. Quelques semaines après, Simon est rentré chez lui pour une fête de famille. À ce stade de notre relation, ses parents ne m'avaient pas encore invitée. J'étais donc restée à Édimbourg, j'étais sûrement allée au pub avec des copines et j'avais sûrement trop picolé.

Le dimanche soir, Simon a sonné à mon appartement. Il tenait un carton et a insisté pour que je sorte avec lui. Il a voulu qu'on aille jusqu'au square en face de chez moi et là, il m'a tendu le carton. Il arborait le sourire d'un petit garçon au matin de Noël, tant il était content et fier de lui.

J'ai ouvert le carton, poussé un cri perçant, j'ai tout lâché et je me suis enfuie à toutes jambes.

Simon avait attrapé un pigeon rose dans le pigeonnier de sa grand-mère, il l'avait ramené jusqu'ici depuis le Hampshire (s'attirant de drôles de regards dans le train quand il ouvrait le carton pour lui donner à manger et à boire) et, enfin, il avait fait traverser la moitié d'Édimbourg à cette foutue bestiole pour me l'offrir. Tout ça parce qu'un jour, j'avais exprimé le désir d'avoir un pigeon rose, par pur caprice…

Le pauvre Simon ne pouvait pas savoir que j'ai la phobie des oiseaux, des mites, des chauves-souris et de tout ce qui volette ou bat des ailes. À part la tête de Gwyneth Paltrow, la pire des choses que je pouvais découvrir en ouvrant un carton, c'était un pigeon courroucé. J'ai tellement hurlé que les gens ont cru que Simon m'agressait. Un vendeur de journaux des rues a même tenté d'accomplir une « arrestation citoyenne » en le cravatant.

C'est la chose la plus adorable qu'on ait faite pour moi. Une fois passé tout ce remue-ménage, j'ai cessé de hurler et le vendeur de journaux a desserré sa prise. Le pigeon s'était envolé. Simon m'a affirmé que c'était un pigeon voyageur et qu'il s'en sortirait très bien, afin que je cesse de pleurer sur le sort de ce pauvre pigeon arraché à sa campagne et jeté, seul, dans les rues de la grande ville. (Ce n'est pas parce que j'ai une trouille bleue des pigeons que je ne me faisais pas de souci pour cette saloperie de volatile.) Puis, tandis que le crépuscule descendait sur ce parc d'Édimbourg, Simon m'a prise dans ses bras et, pour la première fois, il m'a dit qu'il m'aimait. (Très exactement, il m'a dit : « Tu es cinglée, mais je t'aime » – cependant, dans l'intérêt du récit, nous omettrons le début de sa phrase.)

Aujourd'hui, il pousse de hauts cris si je lui demande de rentrer le linge. Je ne pense pas qu'il me rapportera jamais d'autre pigeon. Bordel à culs, ce blues de janvier est mortel ! Pas étonnant que les gens se plaignent que les transports en commun sont déprimants.

Dimanche 17 janvier

Je regardais de vieilles photos, aujourd'hui. Je faisais semblant de les trier, mais en fait, je les parcourais, émerveillée : comme nous étions jeunes ! Il y en avait une absolument géniale d'Hannah et de moi à une soirée « putes et prêtres ». Nous étions déguisées en prêtres cochons avec colliers de chien, porte-jarretelles et bas résille, les lèvres tartinées de rouge bordeaux, très années 1990.

C'est ce soir-là, je pense, que je me suis cassé le poignet alors que mon cavalier me faisait virevolter avec enthousiasme sur la piste de danse. Par peur du qu'en-dira-t-on, j'ai refusé d'aller aux urgences déguisée en prêtre lubrique et je me suis automédiquée au gin bon marché. Le lendemain, je me suis réveillée avec un poignet atrocement douloureux et une gueule de bois carabinée. Cela dit, c'était peut-être à une autre occasion – des soirées « putes et prêtres » ce n'est pas ça qui manquait à l'époque.

Où sont passées toutes nos fêtes « putes et prêtres » ? N'était-ce qu'un feu de paille des années 1990 ou perdurent-elles parmi la jeune génération, plus cool que les vieux schnocks que nous sommes devenus ? L'espace d'un instant, j'ai envisagé de donner une soirée « putes et prêtres » pour mes quarante ans. Puis, je me suis rendu compte que ce look n'est pas le plus seyant qui soit. À dix-neuf ans, c'était déjà difficile à porter avec un corps souple et mince, alors aujourd'hui, après deux enfants et beaucoup d'excès de chips… La résille incrustée dans les chairs flasques, ça ne nous mettrait pas en valeur. On devrait se déguiser en femme pasteur, genre grosse dondon à col ecclésiastique et humour de corps de garde. À l'époque, j'enrageais de voir que les garçons étaient nettement plus sexy que moi (du moins de dos), dans mes robes de pétasse et mes culottes coquines. Je luttais déjà contre mes « courbes » et si j'arrivais à rester mince, c'est parce que je me nourrissais de vin blanc, de vodka, de mauvais Coca Light, de Marlboro Light à gogo (la vache, si seulement j'avais les moyens d'en fumer autant aujourd'hui !) et, à l'occasion, d'un kebab ou d'un friand à la saucisse que j'achetais à l'Istanbul ou à la boulangerie ouverte H24 en rentrant d'une virée en boîte.

Ensuite, je me suis intéressée aux photos de Simon et moi, des incontournables photomatons jusqu'aux soirées où je prends des poses débiles tandis que Simon fait Mister Cool derrière moi, mais toujours en m'enlaçant. Enfin, je suis tombée sur nos photos de mariage et j'ai fondu en larmes. En partie parce que nous étions jeunes, pleins d'espoir et rayonnants de bonheur, en partie parce que ma robe était horrible.

Sérieusement, qu'est-ce qui m'avait pris de choisir une telle meringue ? Des kilomètres et des kilomètres de taffetas blanc, raide et brillant, des manches ballons (*very* Anne dans *La Maison aux pignons verts*), des frous-frous et des volants. Les années 1980 étaient loin, mais je n'aurais pas déparé dans *Dynasty*. Ma seule consolation, c'est que la robe de ma demoiselle d'honneur était tout aussi moche.

Simon, ce salaud, était d'une élégance intemporelle dans sa jaquette, et je trouve ça carrément injuste ! Et puis, pour leur mariage, les garçons s'achètent un smoking qui leur dure toute la vie, à condition qu'ils ne grossissent pas trop (pour être franche, Simon n'a pas pris un gramme) alors que les femmes, elles, sont censées arborer une tenue différente à chaque « grande occasion ». Et si jamais une autre se pointe dans la même robe que vous, c'est la cata ! Alors que les hommes, eux, sont tous habillés à l'identique.

Toujours râlant contre ce principe du « deux poids deux mesures », j'ai cherché en reniflant mes premières photos de bal du lycée, avec Hannah. Parce que si ma robe de mariée était moche, ma première robe de bal, au début des années 1990, était une vision de cauchemar : en taffetas vert émeraude, farcie de nœuds et de volants, avec boléro assorti. (À ce propos, qu'est-il advenu du taffetas ? A-t-il disparu en même temps que les soirées « putes et prêtres » ?) J'étais toujours en train de farfouiller dans les photos quand Simon est entré dans la chambre. Il a vu que j'avais pleuré.

On dit que les femmes épousent leur père. Il est certain que mon père et Simon partagent une incapacité viscérale à faire face aux états d'âme féminins, c'est même leur point commun le plus flagrant. Mon père, lui, s'en tirait en nous donnant de l'argent. À l'adolescence, Jessica et moi avions très vite compris que nos larmes pouvaient être une excellente source de revenus : une lèvre tremblante valait au minimum cinq livres, mais si nous parvenions à faire jaillir de vraies larmes, nous décrochions un billet de dix, parfois même de vingt en nous arrachant quelques sanglots. Nous n'avions même pas besoin de donner une raison à nos pleurs : on chouinait juste qu'on était trooooooop triiiiiiiiistes à cause du divorce. Notre père ne supportait pas ce chantage aux sentiments qui lui faisait ouvrir encore plus grand son porte-monnaie. Jessica mettait la moitié de ses gains sur son compte épargne et investissait l'autre moitié en bons du Trésor. Moi, je claquais tout en vodka, clopes et boîtes de nuit. Cette différence dans la gestion financière explique peut-être que Jessica ait aujourd'hui une grande maison, des tonnes de fric et une future confortable retraite, alors que moi, je n'ai même pas les moyens de m'offrir les injections de botox qui gommeraient mes ridules autour de la bouche, conséquence d'années de tabagisme.

L'approche de Simon envers les femmes éplorées est, hélas ! moins généreuse que celle de mon père. Il a tendance à filer se planquer dans sa remise pour une durée indéterminée, le temps que l'orage passe. C'est pourquoi j'ai été très étonnée qu'il vienne s'asseoir sur le lit. Il devait être venu faire sa valise, puisqu'il part demain pour un déplacement professionnel d'une semaine.

Je m'attendais à ce qu'il pousse de grands cris en voyant toutes les photos en bazar par terre, mais non. Il a ramassé une photo de nous deux. L'arrière-plan était trop sombre pour qu'on distingue si c'était dans un pub ou à une soirée. Je levais les yeux vers lui en riant et il me contemplait comme s'il ne m'avait pas vue depuis très longtemps.

— Mon Dieu, qu'est-ce qu'on était jeunes ! s'est-il exclamé.

— Trop jeunes, ai-je répliqué froidement, car je lui en voulais encore pour la dispute d'hier soir.

— Tu crois ? Au fait, je me souviens très bien du pigeon. Transporter un pigeon dans un carton sur huit cents kilomètres, y compris dans le métro de Londres, c'est une expérience qui ne s'oublie pas…

Là, je n'ai pas pu m'empêcher d'éclater de rire.

— Je te demande pardon, Ellen. Je ne veux pas qu'on se quitte fâchés.

J'étais encore très, très, très en colère contre lui, mais ce n'était pas très facile à exprimer avec toutes ces photos de nous étalées par terre. Nous avions l'air si heureux (et si minces). En plus, Simon m'avait présenté ses excuses le premier, donc en théorie, j'avais gagné la partie. Ça non plus, je ne l'ai pas dit. C'était certes tentant, mais inutile : je savais qu'il savait que je savais que j'avais gagné. C'était sans doute un mauvais départ pour ma résolution « Établir une relation adulte et discuter des problèmes de manière responsable », néanmoins, je maintiens que Simon avait tort et que j'avais donc tout à fait le droit de ne pas m'excuser la première. De toute façon, je l'aime, ce con. Sauf quand je rêve d'enterrer son cadavre en pleine forêt dans une tombe peu profonde, c'est clair.

FÉVRIER

Lundi 1er février

Sam est *in looooooooooooooove* ! Si Sam était encore ado, il écrirait au courrier du cœur de *OK Magazine* pour savoir s'il plaît ou non à un garçon. Voilà son dilemme actuel, sur lequel il a passé vingt minutes à débattre à la sortie de l'école – et qui s'est poursuivi *via* textos groupés entre lui, moi et Hannah : doit-il fêter son premier mois avec Mark dans deux jours ou doit-il attendre la Saint-Valentin ? Il ne peut pas dire trois phrases sans prononcer son nom, c'est trop mignon. Je ne serais pas étonnée qu'il se soit entraîné à signer « Sam Evans » et qu'il ait additionné les lettres de leurs prénoms pour connaître leur degré de « compatibilité ».

De son côté, Hannah a décidé que si Sam avait pu retrouver l'amour après les infidélités de Robin le Rat, elle ferait bien elle aussi de tremper l'orteil dans la mare aux rencontres (c'est sa métaphore, pas la mienne. Personnellement, quand elle m'a décrit son projet en ces termes, ça ne m'a évoqué que des algues verdâtres).

Bref, elle a découvert un site de rencontres très sympa entre gens de classe moyenne, où vos amis se répandent sur vos merveilleuses qualités humaines et s'exclament sur le grand intérêt qu'il y aurait à sortir avec une personne telle que vous. Elle estime ce site moins risqué que le précédent : ses profils n'ont pas du tout l'air « photo de bite ». Sam a soufflé de mépris. D'après lui, tous les hommes sont du genre « photo de bite » à condition qu'on leur en donne l'occasion. Hannah l'a mal pris.

La pauvre, j'espère vraiment qu'elle sait ce qu'elle fait. Elle mérite tellement de rencontrer quelqu'un de bien, à l'opposé de ce salaud de Dan Ducon, mais je ne suis pas sûre que les rencontres en ligne soient vraiment faites pour elle. Au moins m'a-t-elle demandé de lui rédiger sa « présentation », même si je ne sais pas trop quoi mettre : « Je connais Hannah depuis qu'on a onze ans. Soyez sympa avec elle, ne lui envoyez pas de photos de votre queue, sinon, je vous retrouverai et je vous la couperai. » Too much ?

« Je connais Hannah depuis de nombreuses années. Elle aime le fromage, le vin, le cinéma et les soirées entre amis. Elle adore la lecture, les voyages et la famille. C'est une fille adorable au tempérament positif. » Trop fade, putain ! Ça pourrait être n'importe qui. Oh là là, c'est bien plus dur qu'il n'y paraît.

« Hannah est une marrante. » Non. Pourquoi pas « loufoque » ou « fofolle », tant qu'on y est ? Et si j'arrêtais de vouloir la « vendre » à tout prix ?

« Hannah est gentille, fidèle et affectueuse. » OK, Hannah est un golden retriever, maintenant. Qui aurait cru que la rédaction d'un court paragraphe sur la baisabilité de votre meilleure amie serait un exercice aussi ardu ? La prochaine fois que nous irons au pub, je pourrais aussi bien aller au bar, taper sur l'épaule d'un mec et lui dire : « Eh, tu plais vachement à ma copine, ça te dirait de lui rouler une pelle ? » comme on faisait à quatorze ans.

Je me demande si les ados de quatorze ans continuent à se rouler des pelles ou s'ils en sont déjà à mater du porno hard ? Voilà qui me promet bien du plaisir avec Peter et Jane… Encore faudra-t-il que Jane trouve un garçon assez courageux pour la sauter. Je plains celui qui osera lui envoyer un sexto, elle lui plantera sûrement une lame dans le cœur – à tout le moins, elle lui enfoncera son téléphone quelque part. Enfin, pour l'instant, elle reste traumatisée par la discussion éducative « Comment fait-on les bébés » et par le DVD qu'on leur a passé à l'école. Elle m'a souvent déclaré qu'elle ne ferait JAMAIS « ça ». Avec un peu de chance, sa poussée hormonale ne la fera pas dévier de sa position.

Concernant Peter, en revanche, je suis moins optimiste. J'imagine déjà le défilé de pères furibards à notre porte, lui reprochant d'avoir sali l'honneur de leurs jouvencelles. Bébé, Peter était un dragueur éhonté. Un jour, alors qu'il savait à peine marcher, il s'est penché par-dessus le chariot du supermarché pour pincer les fesses d'une dame. Celle-ci a cru, et c'est fort compréhensible, que c'était Simon qui avait eu ce geste déplacé et elle l'a menacé d'appeler la police. Simon ne s'en est toujours pas remis. Il continue de citer cet incident pour justifier son refus que les enfants l'accompagnent quand il va au supermarché. Pourtant, aujourd'hui, Peter se contente de péter, puis de glousser comme un petit fou pendant que toute l'allée suffoque. Mais revenons à l'argumentaire de vente concernant Hannah.

« Hannah est charmante. C'est une femme chaleureuse et pleine d'humour, une maman formidable et une merveilleuse amie. Elle mérite de trouver un homme aussi remarquable qu'elle. Un homme qui ne lui montrera pas son gland avant même de l'avoir rencontrée. » Peut-être pas finir là-dessus. Bah, ça ira… J'ai lu les autres présentations, elles disent toutes plus ou moins la même chose. Tout le monde aime la lecture et les voyages. En réalité, les mecs ne sont jamais allés plus loin que Calais (pour faire le plein de pinard) ou que Benidorm (en voyage organisé) et le plus gros volume qu'ils aient lu récemment, c'est le menu du kebab en bas de chez eux.

À les lire, ce sont tous des êtres exceptionnels qui ne boivent que dans les soirées et sont à la recherche d'une personne « à part ». (En vrai, qui va écrire sur son profil : « Alcoolique convaincu » ou « J'adore vider des Kro, avachi sur mon canapé, et me mettre minable en slip kangourou taché » ?)

Franchement, je trouve Hannah hyper-courageuse de faire ça. Certes, Simon me casse parfois les pieds, mais je ne me vois pas chercher l'âme sœur parmi ces milliers d'hommes à partir d'une minuscule photo et d'une brève présentation. Quand l'un se décrit comme un « nounours », par exemple, faut-il comprendre qu'il est carrément gros ? Et cet autre qui se prétend « sportif », est-ce qu'il se la joue un peu ou est-ce qu'il s'attend à ce que je transpire avec lui ?

Simon, béni soit-il, n'a jamais exigé de moi une quelconque activité physique. OK, j'avais pris un abonnement à la salle de sport, lorsque les enfants étaient petits, mais c'était plus pour profiter du service de garderie que par désir de retrouver ma ligne. Durant cette période, néanmoins, j'ai suivi certains cours. J'étais même devenue assez musclée. En particulier, j'adorais le cours de kick-boxing qui me permettait de passer ma rage et ma frustration sur un sac de boxe. C'est très efficace, à condition de ne pas raconter que vous visualisez la tête de votre mari quand vous vous défoulez dessus.

Et puis un jour, je suis allée à un cours atroce qui a marqué la fin de ma passion pour le sport. L'objectif était de tenir en équilibre sur une planchette instable et de se livrer à divers exercices dessus. Le cours était donné par un homme à la musculature excessive, moulé dans un débardeur plus que réduit, qui n'arrêtait pas de se caresser les biceps de façon très dérangeante.

Sauf qu'apparemment, j'étais la seule à ne pas panteler de désir devant ses pectoraux huilés. Toutes les autres filles venaient à son cours maquillées comme des camions et battaient de leurs faux cils avec frénésie dans l'espoir d'attirer son attention. Moi, j'arrivais dans mon vieux T-shirt ample et mon confortable legging et j'étais tellement nulle sur ma planchette que le gars passait la séance à m'indiquer ce qu'il fallait faire, à la vive indignation des pépettes en Lycra.

Mais le coup de grâce m'a été porté par le cours de « gainage », où l'on nous faisait agenouiller sur des ballons géants. Ce cours a signé la fin de mes activités sportives. J'avais pourtant prévenu le prof que l'exercice excédait mes capacités, mais il avait répliqué avec assurance que tout le monde pouvait y arriver, que c'était facile.

Ça n'était pas facile. J'ai réussi à osciller une microseconde sur le ballon avant de tomber. Mais je ne me suis pas vautrée par terre, non, j'ai été catapultée à l'autre bout de la salle. Ma trajectoire s'est achevée contre un pilier au pied duquel je me suis écroulée, un peu K.O.

Tout le monde m'a vue. Plusieurs personnes se sont même précipitées pour m'aider, tandis que je me relevais avec difficulté, encore sonnée, en répétant avec insistance : « Tout va bien, je n'ai rien, ah ah ah ! Non, rien de cassé ! » Je suis sortie du cours en clopinant, j'ai récupéré les enfants à la garderie et je me suis enfuie. Je n'y ai plus jamais remis les pieds.

Pour qu'on ne devine pas que c'était la honte qui m'empêchait d'y retourner, j'ai quand même continué à payer mon abonnement durant six mois, jusqu'à ce que Simon s'élève contre cette dépense inutile et m'oblige à arrêter. Aujourd'hui, ma seule activité sportive consiste à courser mon couillon de chien quand il file après un lapin. C'est aussi à cause de cette totale absence d'exercice que jamais je ne pourrais coucher comme ça avec un quasi-inconnu. Je serais incapable de me déshabiller devant quelqu'un d'autre que Simon, pas après avoir eu deux enfants et pris tous ces kilos.

Simon, lui, a vu apparaître sur mon corps les vergetures et autres changements (ravages) causés par deux grossesses, deux accouchements et dix milliards de barres chocolatées à la crème de menthe. Il est d'ailleurs en partie responsable de toutes ces transformations (les barres chocolatées, ce n'est peut-être pas sa faute, j'avoue). Mais comment pourrais-je me mettre à poil devant d'autres hommes en faisant « Ta-daaaa ! » après être restée presque vingt ans sans que personne ne voie mon corps dans toute sa splendeur à part Simon et quelques professionnels de la santé ?

Décidément, il faut que je me tienne avec plus de sérieux à ma résolution d'être gentille avec Simon. Jamais il ne m'a reproché de ne plus être la bombe jeune et souple qu'il a épousée. Au contraire, quand je marmonne que je suis devenue énorme et que je fais une fixette sur mes horribles vergetures, il rit et me dit que je suis belle. C'est vrai, il ne m'offre pas souvent des fleurs, mais il m'apporte des dizaines de tasses de thé qui, je dois bien le reconnaître, me font davantage plaisir sur le moment. Bien sûr, il passe un temps fou dans sa putain de remise et il remplit la maison de gadgets inutiles, censés nous faire gagner du temps et de l'énergie et qui, en fait, nous font perdre les deux, sans parler des prises de tête pour trouver la bonne télécommande ou l'appli qui contrôle ledit gadget. Et alors ? Il vaut mieux ça plutôt qu'il me brise le cœur en baisant d'autres femmes, comme les épouvantables ex de Sam et d'Hannah.

Mardi 9 février : journée crêpes

Il y a des crêpes au plafond. Il y a des crêpes au sol. Il y a des crêpes sur le chien. Hier soir, j'ai visionné une heure de tutos sur YouTube pour apprendre à faire sauter les crêpes. Soixante minutes de tutos, putain ! Tout ça pour ça.

Certes, annoncer un goûter crêpes et inviter les enfants de Sam après l'école, c'était peut-être un poil présomptueux de ma part, mais qu'on m'explique comment fait une malheureuse crêpe pour voyager aussi loin ! Mon plan astucieux consistait à appeler mes pancakes des « crêpes » et à me rapprocher ainsi d'une de mes bonnes résolutions, à savoir : « apprendre le français et devenir une personne cultivée, élégante et de classe internationale » (apparemment, « WTF » se dit *WTF* en français, c'est déjà ça de pris).

Hélas, mes « crêpes » m'ont rappelé pourquoi je ne fais jamais la cuisine avec les enfants. Sophie et Jane ont soigneusement tamisé la farine partout par terre, quant à Peter et Toby, ils ont réussi à casser cinq œufs sans en mettre un seul dans le saladier. Du coup, après d'innombrables essais, il n'est plus resté ni œufs ni lait pour faire la pâte. J'ai donc pris le saladier des mains des enfants et j'ai tout versé dans le bol du KitchenAid en croisant les doigts.

J'ai eu beau croiser les doigts, le résultat était plein de grumeaux. Néanmoins, j'ai commencé à faire les crêpes. Les trois premières sont bien sûr restées attachées à la poêle, sans doute parce que j'ai négligé d'appliquer les fastidieuses consignes de Jamie Oliver et de Nigella Lawson : pour faire des crêpes, il faut absolument se munir d'une crêpière que l'on peut trouver dans leur enseigne de prédilection à un prix très raisonnablement exorbitant.

En désespoir de cause, j'ai raclé le fond de la poêle et récupéré une chose vaguement comestible sur laquelle les enfants se sont jetés comme une meute de chiens enragés. Après quoi, ils m'ont fait remarquer que je ne faisais pas *sauter* les crêpes, que je me contentais de les retourner à la spatule, ce qui, à l'évidence, constitue une faute grave. Il fallait que j'essaie de les faire sauter (mais sans pour autant « me faire sauter », m'a conseillé Jane avec un tel sérieux que je suis sûre qu'elle avait conscience de l'ambiguïté de sa remarque).

Après avoir vu toutes ces vidéos sur l'art de faire sauter les crêpes, j'ai décidé de me lancer. Hélas, c'est à ma lamentable technique que je dois tous ces pancakes collés au plafond. De leur côté, les enfants ont affirmé qu'ils pouvaient faire mieux que moi : leurs tentatives ont recouvert le sol ainsi que mon pauvre chien qui en est resté quelque peu perplexe.

Sam, comme à son habitude, s'est montré très fair-play lorsque, venu récupérer ses chérubins, il les a trouvés généreusement enduits de farine, de pâte et d'œuf, si bien qu'on aurait pu croire, à juste titre, que j'avais voulu les faire frire en beignets, telle la sorcière de Hansel et Gretel, version Écossaise de Glasgow. Les sorcières du sud de l'Angleterre font sans doute cuire les enfants sur un gril adapté et hors de prix, approuvé par les plus grands critiques gastronomiques, tandis que les sorcières du nord sont sûrement trop occupées à débattre du petit pain qu'elles vont servir en accompagnement (bagel, focaccia, pumpernickel ?) pour arriver à en faire cuire un seul.

Dimanche 14 février : fête de la Saint-Valentin

Qui a dit que le romantisme était mort ? Chez nous, en tout cas, il l'est. Simon a toujours refusé de fêter la Saint-Valentin qui est également le jour de son anniversaire. Apparemment, ma belle-mère était assez partante pour l'appeler Valentin, mais mon beau-père s'y est opposé au motif qu'on ne choisit plus le prénom d'un enfant selon le saint du jour. Le 14 février, c'est aussi la Saint-Maron. Aurais-je pu épouser un Maron ? Je ne sais pas. Cela fait-il de moi un être superficiel ? Non, sans doute pas : un petit garçon prénommé Maron serait certainement devenu un homme bien différent de celui qui porte le prénom classique et sensé de Simon.

J'avoue que je ne suis pas non plus une affolée de la Saint-Valentin. Pour moi, cette fête est encore imprégnée du désespoir d'être scolarisée dans un établissement de filles. Ce jour-là, j'entrais dans la cour le dos rond, le regard fuyant, et je prétendais être partie de chez moi avant le passage du facteur. Les filles populaires, elles (celles qui allaient devenir membres de ces putain-de-gangs-parfaits-de-cour-d'école), avançaient d'un pas dansant, leur blonde chevelure au vent, en brandissant des liasses de cartes, voire, si elles étaient en possession d'un petit ami, d'une ignoble rose enveloppée de cellophane.

J'ignore comment je me suis débrouillée, mais je n'ai jamais réussi à avoir un copain pour la Saint-Valentin, pas même un admirateur secret. Certaines filles recevaient des cartes de leur père. Je n'ai jamais su si c'était mieux ou pire que de ne pas en recevoir du tout – mon père en tout cas refusait catégoriquement de se prêter à ce genre de plan.

Au cours de ma première année de fac, en revanche, j'ai reçu pas moins de quatre cartes pour la Saint-Valentin ! J'étais enchantée. Je secouais ma chevelure au vent et je dansais d'allégresse. J'étais populaire. J'allais rencontrer le grand amour. L'année d'après, j'ai à nouveau reçu quelques cartes, mais à la Saint-Valentin suivante, je sortais déjà avec Simon. Depuis, la seule carte que j'aie reçue a été confectionnée par le groupe de garderie de Jane. C'était très mignon, toutes les mamans en avaient reçu une. Simon, outré à l'idée que je puisse avoir un admirateur, ne s'était calmé que lorsque je lui avais expliqué la provenance de ladite carte. Sur le moment, je n'ai pas su si je devais me sentir flattée que Simon puisse être aussi jaloux, ou insultée qu'il ait été à ce point surpris qu'on puisse m'envoyer une carte pour la Saint-Valentin.

Cette année, cependant, j'ai le bonheur de gérer les choix respectifs de Peter et de Jane, ainsi que les divers désespoirs de Sam. Peter a déclaré sa flamme éternelle à Poppy Hodgkins, une petite fille excessivement guillerette qui empeste la fraise synthétique (« Elle sent délicieux ! » affirme mon fils avec fougue), et qui, à mon avis, va devenir une vraie garce. Mais Peter lui a donné une carte et lui a officiellement demandé d'être son amoureuse. Poppy va « y réfléchir » (salope).

Jane, de son côté, était à la fois furieuse et horrifiée que Freddie Dawkins ait eu l'audace de lui donner une carte pour la Saint-Valentin (aucun de ces enfants ne semble avoir saisi le concept d'anonymat de cette tradition), car Freddie est, je cite, « un rouquin binoclard qui louche et qui pue ».

J'ai bien tenté de lui expliquer qu'on ne doit pas juger les gens sur leur apparence et que Freddie était sûrement un charmant petit garçon, mais en vrai, c'est un enfant au physique plus qu'ingrat, qui dégage des relents de chou rance fort prononcés. De plus, son comportement très bizarre me fait craindre que sa vocation soit d'enterrer des gens dans des tombes peu profondes, au milieu des bois.

Ma fille n'a sans doute pas fait grand-chose pour améliorer le rapport aux autres de Freddie – elle a déchiré sa carte en petits morceaux avant de les piétiner (ainsi que le cœur de Freddie) devant tout le monde. Elle pourrait même être le catalyseur qui, dans le meilleur des cas, conduira un jour ce pauvre garçon à s'embarquer dans une existence de relations dysfonctionnelles. Contrairement aux parents de Poppy Hodgkins, je ne me fais aucun souci pour Jane : ce n'est pas une candidate aux grossesses adolescentes.

Sam, pour sa part, essaie de mitonner un dîner romantique pour Mark, mais pour l'instant, tout part en vrille. Après un dix-septième texto angoissé – ses coquilles Saint-Jacques avaient viré à l'eau de boudin —, je lui ai conseillé d'aller tout simplement acheter son gueuleton au rayon traiteur de Marks & Spencer et de planquer les emballages. C'est ce que je fais pour le repas d'anniversaire de Simon, puisqu'il refuse catégoriquement de s'aventurer dans le monde le jour de la Saint-Valentin. De mon côté, ça me fait des vacances et lui s'imagine que j'ai préparé un repas gastronomique en son honneur.

Les tourments sentimentaux de ses enfants lui sont passés au-dessus de la tête, il était trop occupé à jouer comme un petit fou avec ses cadeaux. Sur ce point, Simon et moi sommes tombés d'accord depuis longtemps. J'ai arrêté de lui acheter des cadeaux, il est trop chiant. En plus, si je ne lui offre pas exactement la référence qu'il veut, c'est mort. Ce qui ne me dérangerait pas le moins du monde, s'il consentait à rapporter le cadeau offensant au magasin afin d'obtenir un remboursement ou un échange. Mais il n'y a rien à faire ! Il met son cadeau de côté et affirme que « non, non, c'est *parfait*, il l'aime beaucoup, non, non, pas besoin d'aller l'échanger ! » et le truc reste là où il l'a rangé, à tout jamais dédaigné.

Du coup, un jour, je lui ai donné le choix : soit je lui faisais bouffer toutes les montres, les pulls, les écharpes et les gadgets que je lui ai offerts au fil des ans, soit il allait s'acheter lui-même son cadeau que je lui emballerais ensuite joliment. Il a opté pour cette dernière solution.

De mon côté, je continue de lui acheter une bouteille d'excellent gin ou une écharpe en cachemire, histoire de lui montrer que je fais un effort – cadeaux dont je profite ensuite. De cette façon, tout le monde est gagnant. Cette année, son choix s'est porté sur un assortiment de petits boîtiers noirs à brancher sur la télé. Nous avons donc encore plus de télécommandes à perdre... De toute manière, allumer la télé est devenu une épreuve genre *Questions pour un champion.* Simon s'est aussi offert une scie à chantourner pour tenir compagnie à sa sacro-sainte scie à onglet. Ça renforce son sentiment de virilité et puis, elle fera pâlir Bardo d'envie la prochaine fois qu'il viendra nous voir.

Les explications étant toujours un brin longuettes avec mes petits anges – pourquoi doivent-ils aller au lit au lieu de se joindre à notre repas en amoureux ? –, j'ai hélas un peu trop goûté le gin d'anniversaire de Simon tout en faisant amoureusement réchauffer son dîner Marks & Spencer. C'est ainsi que je me suis retrouvée à le regarder dans les yeux au moment du tiramisu.

— Tu te souviens de la première fois que je t'ai préparé un repas, mon chéri ?

— Bien sûr. Comment pourrais-je l'oublier ?

Je me suis épanouie de fierté.

— Ça m'avait pris des heures. Et j'en avais mis partout. Qu'est-ce qui m'avait pris de me lancer dans des « cannellonis pancakes » à l'épinard et à la ricotta ? Tout ça, c'est la faute des *Recettes faciles de Delia.*

Simon a objecté :

— Ce n'est pas ce que tu m'as fait, la première fois.

L'indignation a rendu ma voix un poil stridente. Qu'il ne se souvienne même pas du premier plat que je lui avais préparé avec amour !

— MAIS SI ! C'était une recette incroyablement délicate à réaliser, en plus ! Mais je l'avais faite exprès pour toi parce que tu étais végétarien, à l'époque.

— Je ne sais pas à qui tu as servi ce truc-là, Ellen, mais ce n'est pas à moi parce que je n'ai jamais été végétarien. En tout cas, ça a l'air dégoûtant. Et je n'oublierai jamais la première fois que tu m'as fait à manger, parce que tu as essayé de faire dorer de la viande sur le gaz dans un plat Pyrex qui a explosé. Quand je suis arrivé, ta cuisine était pleine de pompiers, de débris de verre et tu faisais une crise de nerfs.

Rhoooo, grand moment de solitude… Mais à qui ai-je bien pu faire ces cannellonis pancakes, alors ? (Simon a raison, c'était carrément dégueu comme recette – si mes souvenirs sont bons, la pâte était toute détrempée.)

— Ah… Ah, oui. Ça me rappelle quelque chose, en effet.

— Et la fois d'après, tu n'as pas fait déplacer la brigade de pompiers, mais tu as tenté de faire rôtir un morceau d'agneau qui n'était pas fait pour ça, c'était immangeable. À l'époque, je pensais qu'il n'y avait que toi pour louper une « recette facile de Delia ». Et puis, tu as acheté le *Livre de cuisine du River Café* et notre cohabitation est devenue moins dangereuse au quotidien. Il faut dire que pendant un an, tu n'as plus fait que des pâtes. C'est à ce moment-là que j'ai décidé que je ne risquais peut-être rien à t'épouser.

— Que tu ne risquais rien à m'épouser ? Mais qu'est-ce que tu entends par là ? Ce n'est pas très romantique... Donc, si je comprends bien, tu m'as épousée parce que j'étais « inoffensive » ?

— Non, ma chérie, a pouffé Simon. Personne n'aurait pu dire de toi que tu étais une femme de tout repos... Dès notre première nuit, j'ai su que je voulais passer ma vie avec toi. Simplement, au vu de tes talents de cuisinière, je n'étais pas sûr de vivre très longtemps !

Vaguement amadouée, je lui ai demandé sèchement :

— Mais aujourd'hui, tu l'aimes ma cuisine, non ? J'ai fait des progrès, quand même ?

— Bien sûr, mon amour. Tu es devenue formidablement douée pour planquer les emballages de Marks & Spencer. Tu fais des miracles en cuisine...

Le mufle ! Mais j'étais complètement paf, sentimentale et bien résolue à aller à la pêche aux compliments. C'était quand même la Saint-Valentin !

— C'est vrai, tu as su que tu voulais passer ta vie avec moi, cette nuit-là ? lui ai-je demandé d'un ton enjôleur.

— Bien sûr. En revanche, je ne vais pas te demander si toi aussi. Étant donné que tu m'as déjà confondu avec un de tes ex, ce soir, je ne sais pas si je pourrais te croire. Ça faisait une éternité que je fantasmais sur toi, à l'époque, mais je n'avais jamais eu l'occasion de te le dire. Quand je n'étais pas trop bourré, c'était toi qui l'étais et quand tu étais sobre, il y avait toujours un gros bourrin qui te tournait autour. Je croyais que je n'existais pas pour toi. Et enfin, ce soir-là, tu étais toute seule ! Je ne sais pas pourquoi, je me suis dit : « Et merde, qu'est-ce que j'ai à perdre ? Je me jette à l'eau ! Au moins, si je me prends un râteau, ce ne sera pas devant un public, pour une fois. » Le reste appartient à l'histoire…

— Eh, oui… et ce, malgré tous les sermons sur les mecs qui ne respectent pas les filles qui couchent le premier soir. Alors, dis-moi : qu'est-ce qui t'a tellement plu chez moi ?

(Je n'avais aucune honte. Simon me l'avait déjà dit, mais parfois, ça fait du bien de le réentendre. En fait, ça fait toujours du bien de le réentendre. Et si je l'enregistrais en douce sur mon téléphone pour pouvoir le réécouter la prochaine fois qu'il glandera dans sa remise ou qu'il ronflera devant *Occasions à saisir ?*)

— Tu avais des seins d'enfer !

J'ai voulu le frapper.

— C'est bon, c'est bon… Tu as *toujours* des seins d'enfer. Et tu avais toujours l'air très heureuse, comme si tu t'amusais plus que tout le monde. D'ailleurs, j'aimerais bien que tu le retrouves, cet air-là… Allez, à ton tour maintenant ! Après tout, c'est mon anniversaire, c'est toi qui devrais me dire que je suis beau, irrésistible et que tu es folle de mon corps.

Alors, je le lui ai dit. Je lui ai dit que je l'avais toujours trouvé beau, brun et ténébreux. Que sa mèche qui lui retombait sur le front me donnait des pensées très impures, que moi aussi je croyais que je n'existais pas pour lui et que je le croyais attiré par les filles sombres, ténébreuses et « artistes » comme lui, pas par quelqu'un d'aussi ordinaire et ennuyeux que moi. Puis, nous sommes allés au lit, Simon ayant remporté haut la main le concours du plus grand romantique, tout ça à cause de ce crétin de végétarien et de ses pancakes aux épinards à la con !

Mercredi 17 février

Parfois, je me demande ce qui déconne chez moi. Comme une andouille, j'ai accepté une téléconférence cet après-midi, à la maison et après l'école, en plus ! Faut-il être idiote pour vouloir passer des appels importants dans une maison pleine de gosses !

Je les ai installés dans le salon avec des iPad, des chips et tous les goûters possibles et imaginables, je me suis assurée qu'ils avaient bien pris leurs précautions afin de ne pas réitérer le fâcheux incident de « torchage » datant de ma dernière téléconférence (de toute façon, Peter, lui, ne s'essuie en aucune circonstance) et je me suis éloignée sur la pointe des pieds, plus silencieuse qu'une petite souris. Peine perdue ! Dès que la communication a été établie, leurs antennes se sont dressées et ils sont apparus sur le seuil de la chambre en hurlant, pleurnichant, rugissant et gémissant. À cette occasion, j'ai découvert qu'avec Peter et Jane, user du chantage aux sentiments pour avoir la paix (maman a un travail très important à faire) revient à agiter un chiffon rouge devant un taureau. Ils sont aussitôt pris du besoin impérieux de faire un boucan d'enfer. Ça me rend dingue.

Toutes mes tentatives pour leur couper le sifflet ont été vaines. Je ne m'explique toujours pas pourquoi j'ai accepté cette téléconférence : je n'ai pas saisi un traître mot de ce qui se disait. Avec un peu de chance, ce n'était rien de trop compliqué… J'ai d'abord pensé m'en tirer en mettant le hurlement de fond sur le compte d'une mauvaise connexion et pour finir j'ai suggéré gaiement qu'on m'envoie un résumé de la réunion par mail, histoire que j'aie l'essentiel des discussions. Après avoir raccroché, j'ai ouvert la porte et j'ai demandé sèchement à mes p'tits loups ce qui leur avait pris de tambouriner et de crier pendant toute la durée de ma téléconférence, et ce, malgré mes menaces à mi-voix (s'ils ne dégageaient pas sur-le-champ, ils allaient voir ce qu'ils allaient voir !).

Peter, écarlate, sanglotait, mais il semblait un peu contrit. Il se tenait derrière une Jane indignée. C'était elle qui avait tenté d'enfoncer la porte.

Elle s'est écriée d'un ton scandalisé :

— MAIS MAMAN, POURQUOI T'AS PAS OUVERT LA PORTE ? Peter s'est coincé un petit pois dans le nez !

WTF ? Dix minutes. C'est tout, je leur ai demandé de s'occuper seuls pendant dix minutes, mais durant ce temps-là, Peter a réussi à se coincer un petit pois dans le nez.

— Pourquoi ? ai-je dit. Pourquoi tu t'es fourré un petit pois dans le nez ? Et où tu l'as trouvé, d'abord ? On n'a pas mangé de petits pois depuis des semaines !

Peter a haussé les épaules.

— Je l'ai trouvé dans un coin de la cuisine. Chais pas pourquoi je me le suis mis dans le nez.

Génial. Génial ! Déjà que j'étais une mauvaise mère, je vais maintenant pouvoir ajouter « souillon » à la liste non exhaustive des crimes que les enfants auront à me reprocher.

— VDM, ai-je marmonné.

Peter a eu beau se moucher longuement et fouiller avec enthousiasme les profondeurs de sa narine, le petit pois semblait fermement logé. Il n'y avait plus qu'une seule chose à faire : filer une fois de plus aux urgences, en croisant les doigts pour que je n'aie pas dépassé le nombre de visites après lequel l'hôpital est tenu de faire un signalement aux services sociaux. Inutile de préciser que Simon était absent, occupé à être important dans un endroit exotique. J'ai donc dû embarquer les deux enfants.

Même sur l'échelle de la bobologie, un garçonnet avec un vieux petit pois coincé dans la narine n'a rien d'une priorité. Nous allions devoir poireauter un bon moment avant qu'on examine Peter. Dédaignant tous mes efforts pour les distraire, les enfants ont trouvé mille fois plus amusant de se traîner par terre, tandis que je sifflais :

— Relevez-vous, voyons, relevez-vous ! Vous allez choper des trucs innommables ! OMG, votre système immunitaire de classe moyenne ne pourra jamais en venir à bout !

Nous avons enfin été appelés dans un box. Là, nous avons encore attendu que l'infirmière débordée revienne avec un extracteur de petit pois. La pauvre femme, qui avait pour vocation de sauver des vies, devait l'avoir vachement amer de se retrouver confrontée à des Peter et à des petits pois, après tant d'efforts et d'argent consentis. Jane, qui était étrangement silencieuse depuis dix minutes, s'est mise à marmonner quelque chose d'indistinct à mon adresse.

— Je n'entends rien, chérie, il faut que tu hausses le ton.

Articule et parle clairement, en ouvrant bien la bouche, sinon on ne te comprend pas.

Jane a ouvert la bouche :

— Je disais : je crois que j'ai un trombone un peu coincé entre les dents.

Encore une fois, WTF ?

Assommée par cette révélation, je n'ai su répliquer que :

— Mais comment ? Mais pourquoi ? Mais où as-tu trouvé un trombone ?

Jane s'est mise sur la défensive.

— Par terre, dans la salle d'attente.

Dieu du ciel ! Qu'est-ce qui cloche chez mes enfants ? Qu'est-ce qui peut pousser un individu à porter *à la bouche* un objet trouvé sur le sol d'un hôpital ?

— Je voulais voir s'il passait entre mes dents. Mais maintenant, je peux plus l'enlever.

— Mais enfin qu'est-ce qui t'a pris, BORDEL ?

— Tu devrais pas me dire des gros mots, maman, c'est pas gentil. Une gentille maman ne dit pas des choses comme ça à ses enfants, m'a fait remarquer ma fille d'un air guindé (pour autant qu'on puisse avoir l'air guindé avec un trombone coincé entre les dents).

Les gentilles mamans qui ne disent pas de gros mots, ai-je pensé sombrement, n'ont pas d'enfants qui font ce genre de chose.

Le trombone était finalement bel et bien coincé, impossible de le déloger. La brave infirmière est revenue avec l'extracteur de petit pois et elle a adroitement débarrassé Peter de ce corps étranger. Quant à moi, j'ai dû, mortifiée, lui demander si elle pouvait, par quelque tour de magie similaire, ôter le trombone des dents de Jane. Je n'ai jamais vu tant de pitié dans le regard de quelqu'un. Elle s'est munie de pincettes et a extrait le trombone de la bouche de ma fille. Il va falloir que je trouve un autre hôpital. Après une telle journée, je ne pourrai jamais supporter la honte de devoir retourner là-bas.

Putain de bordel de vie de merde ! Et vous vous demandez pourquoi je bois ? Ce soir, du vin n'aurait pas suffi. J'ai eu recours au gin, tout en maugréant :

— Profitez de chaque seconde de bonheur, qu'ils disaient ! Ça grandit tellement vite. Les enfants sont un cadeau du ciel, qu'ils disaient !

Je défie quiconque d'avoir pu profiter aujourd'hui d'une seule seconde de bonheur en compagnie de mes deux cadeaux.

J'ai failli balancer le téléphone contre un mur quand Simon m'a demandé par texto comment s'était passée ma journée. De son côté, il était las des repas au restaurant et avait hâte de rentrer pour manger quelque chose de tout simple. Par « quelque chose de tout simple », il entend des lasagnes. Quand Simon parle de « quelque chose de tout simple », ça veut toujours dire des lasagnes. Un jour, il va se découvrir une lasagne insérée dans un endroit pour le moins inattendu de son anatomie. Et s'il continue à me casser les pieds, ça pourrait même être une lasagne surgelée.

Samedi 20 février

Hier soir, Simon est enfin revenu. Face à mon refus cruel et insensé de lui confectionner un plat simple et délicieux, ses lasagnes à la con, il a affiché une mine de chien battu de compète. Du coup, j'ai décrété que nous pourrions nous ménager un joli moment de complicité, chacun avec un de nos loupiots. L'idée m'est venue ce matin, lorsque je me suis rendu compte que Jane ressemblait à une sorte d'évadée de l'hospice des pauvres. Depuis sa dernière poussée de croissance, tous ses vêtements lui sont devenus beaucoup trop petits, sans parler du fait qu'ils sont quelque peu râpés. Comme elle rejette systématiquement tout ce que je lui choisis, dans un désir d'affirmer son propre style, j'ai décidé que nous allions nous octroyer une agréable virée shopping entre filles, avec papotage et confidences inclus, sans avoir à traîner Peter qui n'aurait pas cessé de pleurer qu'il avait faim et qui aurait touché à tous les objets chers et vaguement cassables. J'en voulais encore un peu à Jane, après l'épisode du trombone, mais nous allions bien nous amuser toutes les deux, à tel point que lorsqu'elle serait grande, elle dirait des choses telles que : « Oh, ma mère était plus une grande sœur pour moi ! » Quoique… Comme Jane semble considérer que son rôle d'aînée se résume à tourmenter son frère et à multiplier les tentatives de meurtre à son égard, ça ne serait peut-être pas un compliment dans sa bouche. Peut-être dira-t-elle plutôt que j'étais sa meilleure amie ? Certaines filles disent ça de leur mère. Oui, ça vaudrait peut-être mieux.

Chez John Lewis, Jane a repoussé des tenues toutes plus adorables les unes que les autres, des jolis petits T-shirts à chatons et nœuds en sequins, des jupes bouffantes, des tabliers rétro… D'après elle, tout était BERK. Pareil pour Gap, Next et même Primark. Berk, berk, berk.

Quand elle a plissé le nez devant une énième robe, j'ai éclaté en sanglots, désespérée.

— Mais qu'est-ce que tu *veux*, à la fin ?

— Je veux un T-shirt avec des dinosaures.

— Un T-shirt avec des dinosaures ? Mais ma chérie, je ne pense pas qu'on en ait vu, des T-shirts avec des dinosaures.

— Si. Dans le premier magasin.

— Dans le premier magasin. Et pourquoi tu ne me l'as pas dit quand on y était ?

Jane a haussé les épaules.

— Tu ne me l'as pas demandé.

Nous sommes reparties chez John Lewis : aucun T-shirt dinosaure en vue.

— Ma chérie, tu es sûre que c'est dans ce magasin-là que tu l'as vu ?

— Oui. Il est là-bas, m'a-t-elle répondu en désignant le rayon « garçon ».

— Mais chérie, c'est un T-shirt de garçon…

— Ça m'est égal. Il me plaît. Et ce jean aussi, il me plaît. Il est pas comme ceux qu'on a vus ailleurs, ces trucs nuls avec des sequins.

Pour finir, Jane s'est habillée de pied en cap au rayon garçon. Exclusivement. Moi, à ce stade, j'étais au-delà de tout. Je voulais juste que cette petite diablesse arrête de dire que tout ce que je lui présentais était nul. En allant vers le café, j'ai fait un rapide crochet par le rayon chaussures – j'avais repéré une affiche « prix réduits ». Quelques affaires en perspective, peut-être ? C'était mon jour de chance. Je me suis acheté une paire de talons aiguilles argentés (d'excellente qualité, soldés 23 livres au lieu de 79, il aurait été malvenu de ne pas les prendre).

Une fois dans le café, j'ai lancé à ma fille d'un ton enjoué :

— On est comme deux amies, n'est-ce pas, ma chérie ?

Jane avait pris un chocolat chaud et moi un café. J'avais regardé avec envie les minuscules bouteilles de vin, mais j'avais dû y renoncer, la mort dans l'âme – je conduisais.

Ma fille a eu l'air encore plus horrifiée que lorsque je lui avais montré un T-shirt *Hello Kitty !* rose et cousu de sequins.

— Non, a-t-elle répliqué. On n'est pas du tout comme des amies. Tu es ma maman, pas mon amie. Sophie, c'est mon amie, et puis aussi Tilly, Milly et Lucy-pas-Lucy-Atkinson-l'autre. Mais toi, non. On n'est pas amie avec sa *maman* !

— Mais certaines filles sont amies avec leur maman ! me suis-je indignée.

— Pff ! Bah, elles sont *bizarres*, ces filles !

De retour à la maison, elle s'est empressée de déclarer :

— Papa, maman s'est encore acheté des chaussures ! Je lui ai dit non, qu'elle en avait déjà assez comme ça, mais elle les a quand même prises.

On aurait dit qu'une bombe avait explosé dans la baraque. Il y avait des assiettes sales éparpillées dans la cuisine et le salon, et quatre, oui, QUATRE verres de jus d'orange à moitié pleins sur la table basse, ainsi que plusieurs bouteilles de bière vides. Un pantalon de Peter gisait sur le dossier du canapé et le comptoir de la cuisine était recouvert de miettes, de traces de beurre et de petits bouts de fromage. Un paquet de chips vide avait été jeté négligemment à côté de la poubelle, qui débordait.

— Simon ! C'est quoi, ce bordel ? Qu'est-ce que tu as fait pour mettre la maison dans un tel état ?

Simon a pris l'air blessé.

— J'ai passé la journée à m'occuper de *ton* fils ! Nous ne sommes pas allés acheter des chaussures ni nous balader en ville, nous !

— Peut-être, mais qu'est-ce que tu as fabriqué, alors ? Tu aurais au moins pu vider la poubelle ou mettre les assiettes sales au lave-vaisselle…

— Je viens de te dire que je me suis occupé de Peter. Je lui ai préparé à manger. En plus, j'ai le décalage horaire dans les pattes, tu sais ! Comment j'aurais pu trouver le temps de faire tout le reste, pendant que tu faisais les magasins de chaussures ? Et d'ailleurs, je ne sais pas pourquoi tu te plains toujours que les enfants te rendent folle, on s'est super-bien amusés, Peter et moi !

Oh ça, je n'en doute pas ! Car Simon n'avait qu'UN SEUL enfant à surveiller, lui. Autrement dit, pas de bagarre ni de tentative de meurtre à gérer, puisque de toute évidence, quelqu'un d'autre s'occupait de Jane. Du coup, Simon n'a rien fait que « s'occuper » de Peter qui, je parie, n'a pas été débranché d'un écran depuis ce matin. Simon n'a pas nettoyé la merde dans les cabinets, il n'a pas bourré la machine de cinq paniers de linge sale, il n'a pas aspiré des Lego et il n'a pas non plus repassé, le tout en séparant deux enfants qui se bagarrent, en désamorçant leurs incessantes demandes – « Maman, j'ai faim ! », « Maman, tu peux me télécharger cette appli ? » – et en répondant à des questions ineptes – « Qui est le plus fort dans un combat, un robot ou un singe ? ». Pas étonnant qu'ils se soient bien amusés ! Et maintenant, Simon passe pour le papa-de-l'année ! Et bien sûr, à côté, faire les magasins avec sa fille adorée était une vraie partie de plaisir ! Mais oui, j'ai passé une journée de rêve, pas vrai ? Jane a juste douché tous mes espoirs en refusant d'apparaître sur Instagram avec les hashtags #journéegirly et #tropdebonheur, arguant que j'enfreignais ses droits civiques en publiant des photos d'elle sans son consentement.

VDM. Au moins, j'ai des escarpins à paillettes. Même s'ils laissent mon chien parfaitement indifférent.

Lundi 29 février

Les enfants de Sam et les miens ayant décidé qu'ils étaient les meilleurs amis du monde, Sophie et Toby sont venus goûter à la maison, aujourd'hui. Comme c'est toujours le cas chez moi, ils ont réussi à se salir de façon ahurissante, cette fois en se tachant de sauce tomate comme s'ils s'étaient chacun renversé une bouteille de ketchup dessus.

Soucieuse de me faire pardonner pour l'état répugnant de ses enfants, j'ai offert un verre de vin à Sam et très vite, nous avons fini la bouteille, tandis qu'il me racontait les merveilleuses choses que lui disait son merveilleux Mark. C'est facile, quand ton copain s'appelle Mark. Moi, je n'ai jamais pu émailler mes conversations du prénom de mon chéri, parce qu'à chaque fois que je disais « Simon… », mes copines s'exclamaient toujours : « Et Garfunkel ! » Elles étaient trop bêtes, mes copines. Sam, cependant, est toujours aussi amoureux et se demande en riant lequel de Mark ou de lui va faire sa demande une année bissextile.

Après le départ de Sam, légèrement pompette d'avoir bu l'estomac vide, j'ai décidé une fois de plus de faire preuve de courage et de consulter le solde de mon compte, histoire de savourer le sentiment d'être vaguement à flot et de voir la misère qu'il me resterait demain, lorsque mes divers achats seraient débités.

Contre toute attente, j'ai découvert avec une certaine perplexité que mon compte affichait environ 10 000 livres de plus que prévu. Ce genre de chose ne m'arrive jamais. 10 000 livres de *moins*, d'accord, mais pas 10 000 *de plus*. Après avoir louché sur l'écran et parcouru une à une toutes mes transactions, j'ai fini par tomber dessus : 10 003 livres crédités à mon compte. Par l'organisme qui gère mon appli.

Toujours bourrée, mais pleine d'espoir, j'ai regardé mes mails – deux mois de messages que, découragée, je n'avais pas pris la peine d'ouvrir, refusant d'apprendre que seules dix personnes avaient téléchargé mon appli depuis la dernière fois et que ça m'avait rapporté 7 livres supplémentaires.

Or, il se trouve que 14 290 personnes l'ont achetée ! J'avais aussi un mail de l'un des sites d'évaluation d'applis auquel je l'avais envoyée. Les responsables me disaient qu'ils allaient en parler dans l'un de leurs articles – c'est sans doute pour ça que tant de gens l'ont achetée !

J'étais stupéfaite et folle de joie. Simon était encore à son étude, impossible de discuter avec lui. Qu'allions-nous faire avec cet argent tombé du ciel ? Nous offrir des vacances de rêve ? Acheter vingt paires de Louboutin ? Nous offrir dix paires de Louboutin et un week-end en amoureux à Paris ? Marcher main dans la main le long de la Seine, puis prendre une semaine *en famille*[1] à Center Parcs ?

J'ai débouché une autre bouteille pour fêter ça. Avec cet argent, on pourrait s'acheter une belle voiture qui ne dégagerait pas une vague odeur de pomme pourrie. D'un autre côté… était-ce bien judicieux, tant que les enfants s'obstinaient à considérer les voitures comme des poubelles à roulettes ?

Enfin, à contrecœur (et aussi incroyable que ça puisse paraître quand on me connaît), j'ai fait le choix de renflouer mon compte de crédit renouvelable. J'ai pris cette décision en me remémorant le stress et l'inquiétude de Simon ces derniers temps, qui avaient augmenté quand j'avais fait chauffer la carte de crédit pour Noël. Cette somme va même me permettre d'effacer mes dettes.

Je ne lui dirai rien, à Simon, et quand il ira vérifier le montant de la mensualité pour le mois, il découvrira les comptes équilibrés : surprise ! Il demandera comment ça se fait et là, je répondrai, l'air de rien : « Ah, ça… Tu te souviens, chéri, cette appli que j'ai conçue… Cette chimère qui d'après toi ne devait pas

1. En français dans le texte.

me rapporter un sou… Eh bien, figure-toi qu'elle a effacé mes ardoises. Et admire ma frugalité et ma prudence : cet argent, je m'en suis servi pour apurer nos comptes au lieu de le dépenser bêtement en Louboutin, COMME J'EN AVAIS ENVIE ! Alors, qui a dit que cette idiote d'Ellen ne savait pas gérer son argent, hein ? » Ensuite, je pourrai longuement me vautrer dans ma suffisance et Simon sera enchanté que nos comptes perpétuellement à sec subissent une ponction de moins.

Encouragée par l'excès de vin rouge, j'ai transféré l'argent sur le compte avant qu'une meilleure idée ne me traverse l'esprit et que je consacre cet argent à un projet plus exaltant.

Quand Simon est rentré, complètement crevé, j'ai eu toutes les peines du monde à ne pas vendre la mèche. Je me suis contentée de lui faire un petit sourire en coin, même quand il a râlé que j'étais complètement bourrée un mardi soir.

Tout à coup, j'ai pensé à une chose : si mon appli m'avait rapporté autant d'argent en deux mois, elle allait peut-être m'en rapporter un peu plus ? Je pourrais encore être récompensée pour ma décision raisonnable par des vacances de rêve et des chaussures divines dans lesquelles je ne pourrai pas marcher. En toute franchise, je crois pouvoir dire que je suis très, très, très contente de moi, ce soir, même si je risque de l'être un peu moins demain, quand j'aurai la gueule de bois et que je repenserai à toutes les choses géniales que j'aurais pu faire avec dix mille billets.

MARS

Vendredi 4 mars

Pas un mot. Que dalle. Zéro. C'est ce qu'a trouvé à me dire Simon. Alors que cette semaine, il a vu que notre crédit renouvelable avait été entièrement remboursé, comme par magie. Pourquoi n'a-t-il rien dit ? Ne s'en est-il pas aperçu ? S'en est-il aperçu ? A-t-il pensé à une erreur de la banque ou à un bug informatique qu'il va encore devoir régler lui-même, parce que son évaporée de femme est nulle pour gérer l'argent ? Pourquoi ne me demande-t-il pas comment j'ai apuré nos dettes ? Serait-ce qu'il redoute ma réponse ? Croit-il que je me suis mise à jouer ou que j'escroque les vieilles dames de leurs économies ? C'est grossier de sa part de ne rien dire.

Il s'est néanmoins produit quelque chose qui sort de l'ordinaire, aujourd'hui. Ma voiture était au garage (oh, quel bonheur de ne pas avoir à m'inquiéter que le paiement soit refusé quand j'introduirai ma carte de crédit dans le sabot !) et les enfants étaient allés dormir chez Sam directement après l'école. C'est donc Simon qui m'a déposée au boulot et je m'étais dit que je rentrerais en bus – maintenant qu'on est en mars, je ne m'installerai pas sur l'impériale pour me faire des films tristes sur les gens que je vois aux fenêtres en me lamentant sur mon sort quand je compare leur vie à la mienne.

Et comme je ne devais pas aller chercher les enfants à l'école, je suis restée deux heures de plus au bureau, histoire de laisser passer les hordes hurlantes des scolaires. Mais quand je suis arrivée à l'arrêt de bus, il commençait à pleuvoir et j'avais encore un quart d'heure d'attente. J'ai donc filé me mettre à l'abri dans la jolie petite galerie d'en face qui vend des tas de jolies choses que je ne peux pas m'offrir et aussi des tas de jolies cartes que je peux m'offrir.

Je me suis dit que puisque j'avais un quart d'heure à tuer, je pouvais bien flâner dans la galerie avant de faire provision de cartes. Tandis que j'admirais un ravissant petit bronze – un loir endormi – en calculant que même si j'avais 450 livres à claquer, je ne les dépenserais pas pour un truc aussi riquiqui, la seule autre personne présente dans la galerie, un homme très grand, est venue se planter à côté de moi.

Je n'aime pas les gens qui s'imposent dans mon espace vital. Non, je n'aime pas ça, même quand c'est Simon qui se serre trop de mon côté du lit, à moins qu'il n'ait une bonne raison pour ce faire. Mais sinon, pour dormir-dormir j'ai mon côté et lui le sien, même s'il soutient mordicus que c'est moi qui ne reste pas de mon côté et qui cherche à m'approprier le lit tout entier. Moi, je trouve ça très raisonnable de ma part. Mais déjà que je n'aime pas que le père de mes enfants envahisse mon espace, autant dire que ça me rend malade quand c'est un inconnu qui le fait.

Cet homme avait toute la place qu'il voulait pour flâner, quel besoin avait-il de s'immiscer entre moi et mon loir hors de prix ? Essayait-il de me piquer mon sac ? Certes, il avait l'air très respectable, mais il ne fallait pas s'y fier. Un jour où j'avais pris le métro avec Simon, il y avait une espèce de voyou patibulaire dans notre wagon. Je m'étais cramponnée à mon sac en murmurant à Simon de faire gaffe à son portefeuille, parce que la tête de ce mec chelou ne me revenait pas. Nous avons vite appris que c'était un policier infiltré lorsqu'il a menotté au sol un type en costume tout à fait sémillant qui venait de piquer le sac d'une gentille dame.

Pas question donc de prendre des risques avec cet homme. J'ai commencé à m'éloigner non sans lui avoir lancé un regard noir que n'aurait pas renié l'ours Paddington.

Mais voilà que le gars, au lieu de prendre l'air confus et de s'écarter, comme tout Britannique digne de ce nom, s'est littéralement épanoui devant moi. Oh, non, ai-je pensé, un touriste ! À tous les coups, il va me faire louper mon bus parce que je suis trop britannique pour refuser de lui indiquer poliment son chemin. En plus, c'est vendredi soir, je n'ai pas les enfants et je ne rêve que d'une chose : rentrer chez moi, prendre un bain avec un énorme verre de gin (afin d'effacer de ma mémoire les images de ce qu'a pu faire ma belle-sœur dans ma baignoire), me mettre en pyjama et regarder la télé en mangeant des chips. La vache ! C'est ça, le summum de mon ambition un vendredi soir sans enfants ? Misère… je suis en train de me métamorphoser en Simon. Crotte, l'homme était en train de me dire quelque chose.

— Ellen Green ! Je pensais bien que c'était toi. J'aurais reconnu ton regard n'importe où ! Tu sais, ton fameux regard « tire-toi, crétin, fous-moi la paix ! ».

— Charlie ? Oh, ça alors ! Charlie ! Mais qu'est-ce que tu fais ici ?

Charlie Carhill. Vingt ans que je n'avais pas pensé à lui. Correction : vingt ans que je refuse de penser à lui. Je l'ai traité de façon affreuse, il y a vingt ans, et la honte ne m'a jamais quittée. Alors j'ai rangé tous mes souvenirs de Charlie dans une petite boîte que j'ai remisée dans un recoin sombre de ma mémoire. J'ai décidé de l'oublier, parce que sinon, j'avais chaud, j'avais froid et je me sentais très mal à l'aise. Et voilà qu'il était là, planté devant moi ! Il était plutôt bel homme et bizarrement – vu le passif entre nous –, très content de me voir.

Avant que j'aie eu le temps de dire ouf, il m'a enveloppée dans une étreinte de grizzly. Lorsqu'il m'a lâchée, il s'est exclamé :

— Ça, alors, je n'en reviens pas ! Qu'est-ce que ça me fait plaisir de te revoir, Ellen !

Et tout à coup, je me suis souvenue de la gentillesse de Charlie, de sa sincérité et de son incapacité à la rancune.

— Moi aussi, je suis très contente de te revoir, Charlie. Mais qu'est-ce que tu fais ici ?

— Je travaille à l'hôpital, au bout de la rue. Le St. Catherine.

— Mais oui, bien sûr, tu es devenu médecin ! Et à St. Catherine, en plus, c'est merveilleux ! ai-je répliqué, d'une voix mal assurée, tout en songeant : *Évidemment* qu'il est devenu médecin, pauvre andouille ! Qu'est-ce que tu croyais ?

Que vingt ans après, Charlie était toujours un étudiant gauche et timide ? Tout ça parce que tu l'avais enfermé dans une petite boîte et remisé dans un recoin sombre de ta mémoire ? Parce que tu voulais l'existence de Charlie Carhill ?

— Oui, oui, je suis médecin là-bas… Oh, ça ne fait pas très longtemps que j'y travaille, mais… *Ellen Green !* Ça alors, c'est bien toi ! s'est-il exclamé, radieux.

Ce à quoi j'ai répliqué d'un ton un peu trop sec :

— Oui, je peux t'assurer que c'est bien moi, mais je m'appelle Ellen Russell, maintenant.

Ça ne l'a pas démonté.

— Tu as quelque chose à faire, là ? On t'attend quelque part ou tu as cinq minutes pour aller boire un verre ?

Comme j'étais vraiment ravie de le retrouver, que je m'en voulais de m'être montrée cassante à peine trente secondes après l'avoir revu et aussi parce qu'après tout, c'était un vendredi PRAF, j'ai répondu :

— Un verre ? Mais oui, avec plaisir !

Je suis donc allée boire un verre avec lui, puis un autre et je suis rentrée à la maison un peu bourrée et nettement plus tard que prévu. À mon arrivée, Simon lisait un magazine dans la cuisine devant un verre de vin. Je l'avais prévenu par texto que j'allais boire un pot après le travail, mais je ne m'étais pas étendue davantage.

— Alors, tu t'es bien amusée ? s'est-il enquis.

Je m'apprêtais à m'exclamer : « BON SANG, Simon, tu ne devineras jamais avec qui j'ai pris un verre ! », mais pour une raison mystérieuse, je me suis contentée de répondre :

— Ouais, c'était sympa… Bah, tu sais…

Et j'ai haussé les épaules, sous-entendant par là que c'était un classique pot du vendredi soir entre collègues. Au départ, je comptais dire à Simon que j'étais tombée sur Charlie par hasard. Tout au long du trajet de retour, j'avais réfléchi à ce que j'allais raconter – Quelle drôle de coïncidence ! Quel plaisir ça m'a fait de le revoir ! – et puis, à la dernière minute, je me suis tue. Peut-être parce que Simon n'a jamais vraiment connu Charlie. Mais surtout, le seul fait de lui expliquer qui c'était pour moi, quelle place il avait eue dans ma vie, m'aurait également rappelé ma conduite envers Charlie et ça, je ne voulais pas m'en souvenir – pas ce soir, alors que Charlie m'avait visiblement pardonné d'avoir été affreusement garce avec lui.

— Hé, a lancé Simon. C'est vendredi PRAF et on n'a pas les enfants. Tu veux aller boire un verre ? Tu as mangé ou on peut aller au resto ?

Ça ne ressemblait vraiment pas à Simon de s'aventurer de son plein gré dans le monde des gens. Mais il aurait été grossier de refuser, même si je crevais d'envie d'ôter mon soutien-gorge. Nous sommes donc allés manger des pâtes dans un italien où nous avons bu encore plus de vin. Nous nous sommes même tenu la main. En fin de compte, je n'ai jamais trouvé le moment de lui parler de Charlie.

Samedi 5 mars

Sam devait nous présenter Mark en bonne et due forme, ce soir. J'ai bien tenté de persuader Simon de venir avec moi (l'aînée des filles Baxter au numéro 34 nous aurait gardé les enfants), mais apparemment deux soirées d'affilée, c'est la limite pour un homme de son âge. Il a prétendu avoir un besoin urgent de s'allonger sur le canapé devant *Occasions à saisir* dans sa vieille polaire pourrie.

— Je te rappelle que je suis un vieillard tout décrépit, ma chérie, alors que tu es encore une femme dans la fleur de l'âge.

— N'importe quoi, chéri. Tu as un an de plus que moi. Et puis c'est quoi ces conneries de « femme dans la fleur de l'âge » ? J'ai l'impression d'être Maggie Smith dans *Les Belles Années de Miss Jean Brodie.*

— Mmm… a fait Simon en essayant de me retenir, une lueur dans le regard. Elle était chaude comme la braise, non ?

— Simon, lâche-moi si tu ne viens pas ! À force, je vais être en retard !

Hélas, le cher Mark était au fond de son lit, victime d'une gastro foudroyante.

— Je lui ai bien proposé de rester pour m'occuper de lui, s'est défendu noblement Sam. Par chance, il a refusé, parce que je n'assure pas trop question vomi. Il a une tête de déterré, le pauvre !

— C'est peut-être la perspective de nous rencontrer qui lui a filé la gerbe, a suggéré Hannah.

— C'est ça ! ai-je pouffé, aux anges. Notre réputation nous précède !

(En vrai, ça m'étonnerait : je suis presque sûre de ne jamais m'être livrée à une quelconque inconvenance en présence d'Alison, la sœur de Mark. À moins que ses enfants n'aient ramené chez eux d'horribles anecdotes sur mes adorables loupiots. Cela dit, Oscar, son aîné, est le héros de Peter : il aurait produit une crotte tellement énorme qu'à lui seul il aurait bouché tous les sanitaires de l'école.)

— J'espère tout de même qu'il va vite se rétablir, ai-je ajouté consciencieusement.

Sans transition, j'ai enchaîné sur les potins de la soirée et, tout excitée, j'ai demandé à Hannah de deviner qui j'avais croisé aujourd'hui.

— Non, pas lui. Mais non, pas elle ! Pourquoi serais-je contente de la voir, celle-là ? Allez, Hannah, fais un effort ! Rhooo, tu ne devineras jamais !

— Bah, si je ne peux pas deviner qui c'est, pourquoi est-ce que tu me fais deviner ?

— Oh, tu es trop nulle à ce jeu ! Allez, c'est bon, je vais te le dire. Charlie ! Charlie Carhill ! C'est trop bizarre, non ?

Hannah a fait une drôle de tête.

— Qu'est-ce qui t'a pris de revoir Charlie Carhill ?

— Mais je ne l'ai pas fait exprès ! J'étais dans la galerie de High Street, il se trouve que lui aussi, il m'a reconnue, il m'a dit bonjour et on est allés boire un verre.

— Boire un verre ? Charlie et toi ? Pour l'amour du ciel, Ellen, qu'est-ce qui t'a pris ? Tu ne peux pas lui foutre la paix ?

C'est quoi l'idée, tu veux recommencer à jouer avec lui ? Tu ne crois pas que tu as déjà fait assez de dégâts comme ça ?

Hannah avait lâché cette dernière phrase avec un tel venin que j'ai eu un mouvement de recul.

— Enfin, Hannah, ça faisait presque vingt ans que je n'avais pas revu Charlie ! Je peux bien aller boire un pot avec lui si j'en ai envie, ça ne te regarde pas ! Je me suis dit que ça t'intéresserait peut-être, que tu aimerais savoir ce qu'il est devenu depuis la fac. *Franchement !*

Au fil de notre échange, l'incompréhension de Sam n'avait cessé de croître. Il ouvrait des yeux comme des soucoupes. Incapable de se contenir plus longtemps, il s'est mis à sauter sur son siège en couinant :

— Maisc'estquiCharlieCarhilletc'estquoicettehistoireetEllenelleluiafait QUOAAAAA ?

— Elle lui a brisé le cœur ! a soufflé Hannah.

— C'est faux ! me suis-je insurgée. Je n'ai rien fait de tel ! Ce n'est tout de même pas ma faute si Charlie avait des sentiments pour moi et ce n'est pas ma faute non plus si ça n'était pas réciproque !

— Ben, voyons… évidemment que ce n'était pas ta faute, hein ? Tu n'as *strictement rien* à te reprocher dans toute cette histoire, pas vrai, Ellen ? Non, non, non, non, non ! Tu ne l'as pas fait mariner pendant deux ans, tu ne lui as pas fait miroiter l'espoir, le tout petit espoir, de conclure avec toi ? Et quand tu as couché avec lui – pour quelle raison, je n'ai jamais bien compris – le lendemain, alors que ce pauvre Charlie croyait qu'il allait enfin sortir avec toi, tu lui as posé un lapin. Il t'a vue, tu sais, quand tu es partie du Pear Tree avec Simon, ce soir-là. Et comme si ça ne suffisait pas, tu l'as encore fait mariner toute année ! Chaque fois que tu te disputais avec Simon, tu lui téléphonais, tu confiais tes peines de cœur à ce bon vieux Charlie. Du coup, il espérait que Simon et toi alliez rompre et qu'il aurait enfin sa chance avec toi. Tu as été ignoble avec lui, Ellen ! Et c'est moi qui ai ramassé les morceaux.

— Rhooo, Ellen, espèce de *traînée*… a glissé Sam. Deux

hommes en deux soirs ! Et tu te gardais ce gars-là sous le coude, alors que tu sortais avec Simon, rhooo, la *vilaine, la grosse vilaine !*

— Ta gueule, Sam ! avons-nous répliqué en chœur.

Sam a marmonné, penaud :

— Je voulais juste vous aider, moi !

— Et qu'est-ce que tu racontes, Hannah ? ai-je dit, stupéfaite face à sa fureur inattendue. Comment ça, tu as dû « ramasser les morceaux » ? Tu connaissais à peine Charlie !

— Je le connaissais très bien, au contraire ! J'étais même là, le soir où tu l'as rencontré, pendant la semaine d'accueil des premières années. Je mangeais au resto U tous les soirs avec toi, en première année, et Charlie aussi. Et quand tu nous laissais tomber parce que tu avais une meilleure proposition, on mangeait tous les deux, Charlie et moi. Quand tu as décidé de foutre sa vie en l'air sur un coup de tête, c'est à moi qu'il s'est confié. Charlie, je le connaissais sûrement bien mieux que toi ! Tu ne l'as jamais écouté, tu ne parlais que de toi quand vous étiez tous les deux. Tu le traitais comme un chien ! Ou plutôt non : je t'ai vue faire avec ton chien. Tu es plus gentille avec lui que tu ne l'étais avec Charlie.

Sa remarque m'a quelque peu blessée. En effet, il y avait un côté canin dans l'inaltérable dévotion de Charlie que j'appréciais beaucoup à l'époque. À tel point que parfois, j'avais du mal à ne pas le gratter derrière les oreilles, lui frictionner le ventre ou lui dire que c'était un bon toutou. Cela dit, je n'en étais pas fière.

— Je n'ai pas foutu en l'air la vie de Charlie sur un coup de tête ! ai-je riposté avec colère, piquée au vif par les accusations d'Hannah qui exacerbaient mon indélébile sentiment de honte. Et puis c'était il y a dix-huit ans ! Qu'est-ce qui te prend maintenant de te mettre dans une telle rage parce que Charlie et moi avons bu un verre ? Tu ne m'as jamais raconté tout ça, à l'époque, et je ne vois pas en quoi ça te regarde aujourd'hui, merde !

— Je ne te voyais pas tellement, à l'époque, a répliqué Hannah, maussade. Quand tu as commencé à sortir avec Simon, tu n'en as plus eu que pour lui, les autres n'existaient plus, sauf si tu avais besoin d'eux. Comme quand tu t'engueulais avec Simon, par exemple, et que tu voulais te sentir vénérée par Charlie.

— Mais, non… je te parle du reste. Que vous étiez bons amis, Charlie et toi. Que tu me trouvais horrible avec lui. Tu ne m'as jamais raconté ça à l'époque. Et je ne lui ai pas donné de faux espoirs, vraiment pas : je l'aimais bien, moi, Charlie. Pas de la même façon que lui, c'est tout.

— Pourquoi tu as couché avec lui, alors ? Si tu n'avais pas l'intention d'aller plus loin, si tu ne le faisais pas marcher ? Et ce n'était pas juste un coup d'un soir. Tu as été la première pour Charlie. Tu devais bien savoir ce que ça représentait pour lui ! Et ensuite, tu t'en es *moquée* devant moi. Tu t'es moquée de ce pauvre puceau de Charlie qui n'arrivait pas à dégrafer ton soutien-gorge avec ses mains moites. « Charlie baise pas », c'est ça que tu as dit, je crois.

— Rhooooo, ELLEN, tu l'as *défloré*, espèce de dévergondée sans cœur ! a soufflé Sam.

— Ta gueule, Sam ! avons-nous répliqué à l'unisson.

— Je ne sais pas pourquoi j'ai couché avec lui alors que je savais très bien que ça n'irait nulle part, ai-je dit. J'ai couché avec des tas de garçons sans que ce soit le grand amour. Et j'étais loin de me douter que j'étais sa première fois, je l'ai compris quand on a été au lit. Qu'est-ce que j'aurais dû lui dire ? « Ah, désolée, mon pote, repasse quand tu n'auras plus le A au cul ? » Tu aurais préféré ça ? Que je lui dise que je ne voulais pas baiser avec lui parce qu'il allait être nul ? PUTAIN, Hannah, j'étais BOURRÉE ! Je croyais faire ma B.A. Chais pas moi, je me suis peut-être dit que si je couchais avec lui, il arrêterait de m'avoir dans la peau. Qu'il passerait à autre chose, qu'il se trouverait une gentille fille. Et il n'y a qu'à toi que je l'ai dit, parce que j'avais la fausse impression qu'on se disait tout. Je ne m'étais pas rendu compte que ma grossièreté t'offusquait à ce point. Tu te marrais comme une bossue quand je te racontais mes coups catastrophiques, comme l'ingénieur, celui qui cachait ses capotes dans son étui à calculette. Je ne savais pas que Charlie était un cas à part et que notre union était SACRÉE ! Alors, la salope te fait toutes ses excuses de ne pas être comme toi !

— Pas comme moi, la grosse-conne-frigide ? a demandé Hannah d'une voix qui chevrotait horriblement. Pas comme moi, la pauvre fille qui n'arrivait même pas à monter un cheval à bascule ?

J'ai soupiré.

— Mais non… Quand je dis « pas comme toi », je veux dire « pas comme moi qui ne suis qu'une sale pute ». Pas comme moi, le genre de fille qui couchait avec n'importe qui pour ne pas être impolie. Pas comme moi qui suis une horrible fille sans un gramme d'amour-propre et de confiance en soi.

— *Parce que moi, j'avais confiance en moi ?* CONFIANCE EN MOI ? Mais c'est TOI qui avais confiance en toi, Ellen, et ça n'a pas changé ! C'est à toi que tout le monde voulait parler, avec toi que tout le monde voulait être ami, avec toi que tout le monde voulait sortir. Moi, je n'étais que ton faire-valoir. SI SEULEMENT j'avais eu une once de ta confiance en toi ! C'est de toi que Simon Russell est tombé amoureux, bordel, alors que la moitié des filles d'Édimbourg rampaient devant lui. C'est TOI que vénérait Charlie jusque dans le sol que tu foulais. TOI ! Ce n'était pas par excès de confiance en moi et d'amour-propre que je n'avais pas de copain, c'était parce que j'étais timide et angoissée, putain ! Si je ne t'avais pas fréquentée, je serais une vieille fille complètement perchée aujourd'hui, je vivrais seule dans un sous-sol avec dix-sept chats et je n'aurais pas un seul ami. J'étais entraînée dans ton sillage : les gens ne m'aimaient que parce que j'étais ton amie.

— Je n'avais pas confiance en moi ! J'étais morte de trouille ! Je me détestais ! J'avais horreur d'entrer dans une pièce pleine de monde et toi, tu me faisais toujours passer la première, tu m'obligeais toujours à entamer la conversation. Alors, tu sais ce que je faisais ? Je m'imaginais que j'étais Jessica. Ma grande sœur Jessica, si intelligente, si sûre d'elle, si géniale ! Si seulement j'avais pu être comme toi, Hannah, discrète et indépendante, si seulement j'avais eu le courage d'être moi-même au lieu d'être une mauvaise imitation de ma putain de sœur, un copié-collé too much et tapageur !

Hannah et moi nous sommes dévisagées en chiens de faïence. Sam a fait mine de vouloir dire quelque chose et il s'est ravisé.

Hannah a soupiré.

— Apparemment, on ne se voit pas du tout comme les autres nous voient.

— C'est vrai. Et tu as raison, je me suis très mal conduite avec Charlie. Mais je ne comprends toujours pas pourquoi ça te met dans un tel état aujourd'hui, alors qu'à l'époque ça ne t'avait fait ni chaud ni froid.

— Je ne veux pas que tu le refasses souffrir, c'est tout. Tu as déjà failli le détruire il y a vingt ans.

— Mais pourquoi tu t'intéresses autant à ce Charlie Carhill, putain ? Pourquoi tu as pété un plomb quand je t'ai dit que j'avais pris un verre avec lui ? Enfin, Hannah ! Ça faisait des années qu'on ne s'était pas disputées et on vient de s'engueuler à propos de *lui*. NON ! (Je venais d'avoir une illumination.) Toi aussi, tu fricotais avec lui ? C'est pour ça que tu m'en veux autant de l'avoir revu ?

Hannah, qui rougit toujours pour un rien, est devenue écarlate. On voyait presque la couleur se propager au rythme des veines qui battaient à ses tempes.

— NON ! Il n'y a jamais rien eu entre Charlie et moi !

— Alors, pourquoi tu es rouge comme une tomate ? AAAAAH, je sais ! Tu avais un faible pour lui. Tu voulais que Charlie soit ton chéri à toi. Je sais que j'ai été nulle sur ce coup, mais je n'aurais jamais couché avec Charlie, je ne l'aurais jamais plus approché si j'avais su que tu craquais pour lui.

— C'était un peu plus que ça, a dit Hannah tristement. Et de toute façon, Charlie était fou de toi. Je ne voulais pas ramasser tes miettes, me dire qu'il n'était avec moi que parce qu'il ne pouvait pas t'avoir, toi. Je ne voulais pas être un pis-aller pour lui. Un choix par défaut. Je voulais qu'il m'aime pour moi. J'espérais qu'à force d'être son amie, il finirait par se tourner vers moi. Et puis tu as couché avec lui. Le lendemain soir, tu lui as donné rendez-vous au pub et pour une fois dans ta vie de glandeuse, tu étais en avance. Tu as commencé à parler avec Simon et quand Charlie est entré par une porte tu es sortie par l'autre, avec Simon qui te tenait par la taille. Charlie a été bouleversé. Ensuite, quand j'ai compris qu'entre Simon et toi c'était sérieux, je me suis dit que Charlie allait finir par t'oublier. Mais c'est toi qui ne le laissais pas tranquille ! Un petit verre par-ci, un petit ciné par-là, un petit tour dans Holyrood Park – chaque fois que tu avais besoin d'un coup de pouce à l'ego, tu sifflais ce bon vieux Charlie. Comment aurait-il pu tourner la page ? Alors, je lui ai dit qu'il méritait mieux que ça, qu'il devait couper les ponts avec toi. Et quand il t'a revue, c'est ce qu'il t'a dit, tu te souviens ?

Je me souvenais très bien. Très très bien, même. Charlie, assis en face de moi et me tenant la main : « Je ne peux plus continuer comme ça, Ellen. Je t'aime trop. Je ne peux pas supporter de te fréquenter tout en sachant que tu es avec quelqu'un d'autre. Je ne crois pas qu'on se reverra, je ne peux pas être ton ami et rien de plus. » Là-dessus, il s'était levé et m'avait embrassée, avec une infinie douceur, sur la bouche. « Au revoir, Ellen. » Et il avait tourné les talons sans un regard en arrière. Sam a reniflé de façon théâtrale et il a fait mine de s'essuyer les yeux. Hannah a poursuivi :

— Comme il avait rompu avec toi, j'ai cru qu'enfin il me verrait autrement que comme une amie, mais non. Rien n'avait changé. À ses yeux, je n'étais qu'une extension de toi. Résultat, il n'a plus voulu me voir non plus parce que je lui rappelais trop la fille qu'il voulait oublier : toi. J'ai dû me faire à l'idée qu'entre Charlie et moi, il ne se passerait jamais rien. Je me suis mise à sortir avec Eddie et de son côté, Charlie s'est mis à sortir avec cette horrible étudiante en droit qui lui courait après depuis trois ans…

Je l'ai coupée :

— Rachel-la-raclure ! Il a épousé cette salope ! Ils sont divorcés maintenant, me suis-je hâtée de préciser en voyant les traits d'Hannah se déformer d'inquiétude. Charlie a dû se rendre compte que c'était une vraie garce, mais ça, on le savait déjà. N'empêche, que tu ne m'aies pas parlé de tout ça, à l'époque, ça me sidère.

— Moi, ce qui me sidère, c'est que tu ne m'aies jamais dit que tu faisais semblant d'être Jessica pour oser aborder les gens !

— Je pensais que tu le savais.

— Pas du tout, j'ai toujours cru que c'était dans ton caractère. D'ailleurs, je m'imagine parfois que je suis toi quand je dois parler à des tas de gens que je ne connais pas. Pour le premier jour d'école d'Emily, lorsque j'ai dû affronter toutes les mamans dans la cour, je me suis dit : « Que ferait Ellen dans cette situation ? » et je suis allée leur parler, au culot !

Sam a ricané.

— Ah ah ah ! C'est là que tu te trompes, Hannah ! Ellen ne leur parle quasiment pas, elle ne peut pas les voir.

— TA GUEULE, SAM !

— Bref, a conclu Hannah. Tu as raison, j'ai réagi trop violemment tout à l'heure, excuse-moi. Mais quand tu m'as dit que tu avais revu Charlie, ça m'a fait un choc.

— Moi aussi, je suis désolée. Et c'est toi qui as raison, Hannah, je me suis très mal conduite envers Charlie. Du reste, je me suis toujours sentie coupable. En revanche, j'ignorais qu'il m'avait vue partir avec Simon, ce soir-là, il ne me l'avait pas dit.

— Bah, j'imagine que c'est de l'histoire ancienne, maintenant.

La curiosité d'Hannah eut raison de ses derniers regrets.

— Et comment va-t-il, alors ? Et il a épousé Rachel-la-raclure, j'hallucine ! Je suis sûre que c'est elle qui a dû le tarabuster pour se faire passer la bague au doigt, tu ne crois pas ?

— JE PEUX PARLER MAINTENANT ? a râlé Sam. Ou vous allez encore me dire de la fermer ? J'aurais pu vous servir de médiateur si vous m'aviez laissé en placer une. On aurait pu se la jouer talk-show pour classe moyenne. On peut recommencer si vous voulez, mais dans les règles, cette fois. Je vous donnerai la parole à tour de rôle.

— Mais ta gueule, Sam ! nous sommes-nous récriées en rigolant.

— Oh, la la… Si je ne peux même pas jouer les animateurs de talk-show, je vais vous mettre d'accord toutes les deux, et une bonne fois pour toutes ! En résumé : Ellen a été un peu salope sur les bords, Charlie Machinchouette était un saint homme nul au lit et Hannah est en manque de bite. Inscris-toi sur Facebook, mon chou, et envoie une invite à ce Charlie, tu verras bien où ça te mène. Ça fait dix-huit ans ! Il doit avoir oublié Ellen depuis le temps. En plus, j'ai l'impression que sa femme n'avait rien d'extraordinaire : ton Charlie n'a pas dû beaucoup s'entraîner à dégrafer des soutifs avec ses grosses pattes moites. Allez, saute le pas, Hannah ! Au sens propre du terme, ouerf, ouerf… Et tu sais ce qu'il te faut, maintenant ? Une TEQUILA !

Après plusieurs tequilas, Hannah m'a demandé d'une voix pâteuse :

— Et Jechica, alors…

— Eh ?

— Et Jechica, alors ? Tu-tu crois qu'elle fait semblant d'être qui ?

— Jechica ? L'a pas b'soin de faire semblant, c'est la gé-géniale Jechica !

— Meuh noooon… Si moi, je m'imagine que je suis t-toi… Et si t-toi tu t'imagines que tu es Jechica, alors Jechica elle s'imagine qu'elle est qui ? J'parie qu'elle fait s-semblant d'être quelqu'un d'autre.

J'ai médité là-dessus avant de déclarer :

— Jechica s'imagine qu'elle est la reine d'Angleterre !

Sam a tellement ri qu'il est tombé de sa chaise.

— Moi aussi, je fais semblant d'être la reine ! a-t-il hoqueté. Mais p-pas ce soir, c'est clair… La reine, elle tomberait pas de sa chaise. N-ni de son trône !

Ça ne me dérangerait pas qu'Hannah se mette avec Charlie. Ce sont tous les deux des gens bien qui méritent d'être heureux. Mais j'étais tellement torchée que j'ai oublié de lui dire que Charlie m'avait donné son numéro. Je vais faire acte de bonté et réparer mes erreurs du passé. Je vais donner le numéro d'Hannah à Charlie et, l'air de rien, je lui suggérerai de l'appeler, histoire de reprendre contact avec elle. Oui, c'est ça que je vais faire. Mais pas tout de suite. Là, j'ai pas le temps, je suis ronde comme une queue de pelle.

Samedi 6 mars – Fête des mères

La Fête des mères avec la gueule de bois n'est pas une chose à conseiller. Les enfants m'ont réveillée de très bonne heure pour m'offrir leur carte et leur cadeau. Les cartes étaient tartinées de paillettes. Les cadeaux étaient des masses indéfinissables, enduites de paillettes. J'ai le lit rempli de paillettes.

— Le mien, c'est une crotte ! m'a annoncé Peter.

J'ai souri faiblement.

— C'est ravissant, mon chéri.

Était-ce la maîtresse qui lui avait fait confectionner une crotte en argile (ce qui en soi était déjà grave) ou avait-il fait sécher l'un de ses étrons avant de le saupoudrer de paillettes ? Avec Peter, on ne sait jamais.

— Et le tien aussi est très beau, ai-je dit à Jane. C'est un, euh… une, c'est un… ?

Jane a haussé les épaules.

— C'est un truc avec des paillettes collées dessus. On devait tous en faire un, c'était la consigne. On te prépare le petit déjeuner, maintenant ?

— Oooh, miam ! Oui, s'il vous plaît, mes chéris ! Vous voulez que je vienne vous aider ?

— NON ! C'est la fête des mères, on va t'apporter le petit déjeuner au lit !

— C'est merveilleux, mes amours, vous me traitez comme une reine !

Tandis que les enfants dévalaient l'escalier, j'ai filé un coup de pied à Simon.

— Va les surveiller !

— Hein ? Pourquoi ?

— Parce que c'est Peter et Jane, mon amour. Tu ne connais donc pas tes enfants ? Ils sont lâchés dans une pièce remplie de couteaux tranchants et d'objets inflammables. J'ai une très légère gueule de bois…

— Que tu t'es toi-même infligée, je refuse de te plaindre.

— … et aucune envie de passer la journée à expliquer aux

urgences, puis aux services sociaux, dans quelles circonstances exactes mes enfants chéris en sont venus à se poignarder et/ou à s'immoler par le feu. Alors, s'il te plaît, mon cœur, fais ça pour moi : descends les surveiller.

— Mais ils vont mettre un temps fouuuu, a gémi Simon. Moi, je pensais qu'on pourrait justement en profiter pour… ?

— NON ! NON ! Pas de sexe, ce matin. Comment veux-tu que je me concentre quand j'imagine la chair de ma chair en train de s'entre-tuer pour savoir qui va casser les œufs directement sur la plaque sous prétexte de faire des œufs brouillés ? JE T'EN SUPPLIE, Simon, va voir ce qu'ils font. Je te le revaudrai, je te le promets… Que dirais-tu d'une petite parenthèse sexy ? ai-je sussuré d'un ton enjôleur.

— Pour l'amour du ciel, Ellen, une bonne fois pour toutes, cesse d'appeler ça une « parenthèse sexy » ! C'est particulièrement rebutant, a soufflé Simon en se levant. Dis, tu n'aurais pas vu mes pantoufles ?

Je me suis dressée sur mon séant, horrifiée.

— TES PANTOUFLES ? Oh, malheur ! Depuis quand tu mets des pantoufles ? Et c'est moi qui te rebute en parlant de « parenthèse sexy » ? Bientôt, tu porteras un gilet avec des pièces aux coudes et tu rôderas dans le quartier en distribuant des Werther's Original à de pauvres enfants innocents. DES PANTOUFLES !

— J'ai froid aux pieds, a-t-il répliqué, boudeur.

Je me suis rallongée. Pantoufles à la con !

Je savais que le petit déjeuner serait une épreuve, dans le meilleur des cas. Mais arriver à avaler des œufs brouillés à moitié cuits, généreusement parsemés de coquille, servis sur des toasts brûlés avec une tasse de lait au thé tiédasse, le tout avec une gueule de bois à la tequila, c'est la preuve s'il en est que l'amour maternel ne connaît pas de limites.

Le reste de la journée s'est déroulé sans incident. Ayant mis la cuisine sens dessus dessous, Peter et Jane se sont désintéressés du concept de la fête des mères. Du coup, j'ai consciencieusement appelé ma propre mère. Elle s'est demandé d'un ton plaintif pourquoi elle ne recevait jamais de carte de mes enfants ni même de moi en ce jour si spécial. Je me suis mordu la langue pour ne pas hurler : « Parce que tu n'es pas leur mère, bordel ! », puis j'ai enduré vingt minutes d'exploits-de-Jessica-et-de-ses-merveilleux-enfants. J'ai passé la fin de la journée à houspiller Simon pour qu'il téléphone à sa mère.

Je n'ai pas trouvé le temps d'envoyer le numéro de téléphone d'Hannah à Charlie, mais je vais m'en occuper, sans faute. Il m'a quand même envoyé une invitation sur Facebook. J'ai dû accepter, sous peine d'être impolie.

Samedi 12 mars

Chaque putain de week-end, je décide que les choses vont changer. Nous allons être une famille heureuse, unie et équilibrée qui va passer un merveilleux moment, digne d'être documenté sur Instagram avec des hashtags bien mièvres, comme il se doit. Oui, chaque semaine, je me dis que le week-end va se dérouler à peu près comme suit :

Samedi

8 heures : Je saute du lit, fraîche et dispose, gonflée à bloc ! Je vais réveiller mes enfants chéris qui bâillent, s'étirent et dégringolent du lit, adorables dans leurs pyjamas Petit Bateau.

8 heures 30 : Nous prenons le petit déjeuner tous les quatre, en bavardant gaiement de ce que nous allons faire dans la journée. Simon a les cheveux en bataille, une barbe de la veille, et il est très sexy. Mais tout va bien, car nous avons déjà fait l'amour ce matin, avant de nous lever. Nous nous régalons de croissants, de jus d'orange et de café tout en lisant les journaux et en discutant de l'actualité avec les enfants qui se passionnent pour certains sujets.

10 heures : J'émerge d'un bain relaxant. Simon s'est rasé, il porte un jersey de très bon goût. Les enfants aussi sont habillés. Nous ressemblons à la famille d'un catalogue de vêtements BCBG.

12 heures : Les enfants m'aident à préparer un délicieux déjeuner : soupe de bons légumes et pain fait maison. Ils mangent avec enthousiasme et s'exclament sur ces saveurs incomparables.

14 heures : Nous allons faire une agréable promenade dans les bois. Nous achevons la balade dans un pub campagnard où les enfants charment le tenancier quelque peu irascible. Leur joie simple parvient à toucher son cœur de pierre et il réapprend à aimer. Le chien est tranquillement couché à nos pieds.

17 heures : Simon se propose pour faire le dîner et je sirote un verre de vin en lisant un roman à la fois palpitant, érudit et édifiant.

20 heures : Ensemble, nous regardons un vieux classique du cinéma. Les enfants émettent des remarques pertinentes et originales sur le film, avant d'aller au lit.

22 heures : Simon et moi savourons un dernier verre de vin en discutant art et politique. Puis, nous allons nous coucher et nous refaisons l'amour.

Dimanche : à peu près le même programme, sauf que les enfants vont se coucher plus tôt, car ils veulent être en forme le lendemain pour aller à l'école.

Sauf qu'en réalité, le week-end se passe comme suit :

Samedi

9 heures : Je tombe du lit, plombée par des relents de cuite. J'ai encore sommeil, mais je me lève pour échapper aux avances de plus en plus précises de Simon. Je trouve Peter dans le salon, en train de jouer à un jeu vidéo tout à fait inadapté à son âge. Pour une raison que je préfère ignorer, il est en slip. Je m'aperçois que Jane s'est levée, qu'elle a récupéré l'iPad et qu'elle est retournée au lit où elle regarde des vidéos de jolis petits chats sur YouTube. Pourvu qu'elle ne tape pas « jolies petites chattes » sur Google.

10 heures : Je hurle à tout le monde d'arrêter de se disputer et de venir prendre le petit déjeuner, merde ! Simon se gratte les couilles à table. Peter l'imite. Jane glapit qu'ils sont dégoûtants et jette sa cuillère sur Peter. Peter jette son bol de céréales à la

tête de Jane, la rate et recouvre le chien de corn-flakes détrempés. Je renvoie les deux enfants dans leur chambre. Ils partent en pleurnichant que ce n'est pas juste parce qu'ils ont encore faim. Je nettoie le désastre. Je donne un bain au chien.

12 heures : Je me rends dans la cuisine pour préparer un délicieux repas, sain et équilibré. Je découvre Peter en train d'engloutir des minifriands à la saucisse. Je lui crie d'arrêter. Il sursaute de peur et s'étouffe. Je pratique la manœuvre d'Heimlich, tandis que Jane me demande en boucle si elle pourra avoir la chambre de son frère dans l'éventualité de sa mort.

14 heures : Je menace, je tempête et je hurle jusqu'à ce que tout le monde accepte d'aller se promener. J'insiste pour que ce soit Simon qui nous emmène à la campagne, dans un endroit propice aux jolies balades. Personnellement, je ne le conduirai nulle part. En voiture, Simon est un gros beauf qui n'arrête pas de me donner des « conseils » à la con. La dernière fois que j'ai pris le volant avec lui, j'ai pilé en catastrophe et je l'ai largué en pleine rue tellement j'en avais marre de ses remarques « pour m'aider » et de son pied qui écrasait une pédale de frein imaginaire. Les enfants continuent de se disputer pendant tout le trajet ; Jane n'arrête pas de provoquer Peter en lui racontant ce qu'elle fera de ses affaires quand il sera mort.

Les enfants se chamaillent, le chien s'échappe et Simon porte sa polaire la plus pourrie, rien que pour me contrarier. Jane pousse Peter dans la rivière, toujours dans l'intention de causer sa mort. Nous dénichons un pub, afin que les enfants puissent boire un bon chocolat chaud. Le barman nous annonce que « Les chiens sont interdits dans l'établissement », du coup nous sommes forcés de nous installer dehors. Peter affirme qu'il va mourir d'hypothermie. Jane le regarde d'un œil plein d'espoir. Simon se répand en jérémiades parce que je me tape un verre de vin sous son nez alors qu'il conduit.

17 heures : Je refuse de préparer le dîner, je fais grève. Je déclare que nous allons manger traiteur. J'arbitre la Troisième Guerre mondiale : qu'allons-nous commander ? Je refuse de commander des pizzas, du curry ET du chinois. Je décrète

que tout le monde va manger du curry. Je me ressers un verre de vin.

20 heures : Nous sommes tous les quatre écroulés sur le canapé, scotchés devant divers écrans, l'œil vitreux, la mâchoire pendante. Je propose qu'on regarde un film. On me réplique que je choisis toujours des films chiants et stupides. Je déclare forfait. Je bois du vin.

22 heures : Je me souviens que les enfants ne sont pas couchés. Je leur crie d'aller au lit. Je leur arrache leurs écrans des mains, je leur dis que je les leur confisque pour toujours et qu'ils ne les récupéreront jamais, jamais, JAMAIS ! Pendant ce temps, Simon ronfle comme un sonneur sur le canapé. Je borde les enfants et je zappe en quête d'un programme qui ne soit pas cette connerie d'*Occasions à saisir*. Simon, qui ronfle en continu depuis deux heures, se réveille aussitôt et dit : « Non, laisse, ça m'intéresse ! »

1 heure : Je titube jusqu'au lit, un peu plus torchée que prévu. Simon tente un autre tripotage, je lui dis d'aller se faire foutre.

Dimanche : très semblable au samedi, mais sans la sortie à la campagne, vu que personne ne se sent d'attaque pour un deuxième round. Du coup, Simon va se planquer dans sa remise et je me tape dix mille lessives tout en criant après les enfants. L'engueulade du coucher a lieu un peu plus tôt, car le lendemain il y a école. Mes chers loupiots vocifèrent que c'est trop injuste d'être obligé d'aller au lit à 20 heures, alors que TOUS LES ENFANTS DE LEUR CLASSE ont le droit de jouer à *Grand Theft Auto* jusqu'à minuit.

Jeudi 17 mars

Simon est enfin arrivé à mentionner un tout petit détail : j'ai fait preuve d'une grande intelligence en remboursant cette connerie de crédit renouvelable. Pourtant, il a manifesté moins de contentement qu'escompté. En fait, comme prévu, il m'a tout d'abord soupçonnée d'avoir commis les pires choses pour me retrouver à la tête d'une telle somme, ce qui n'est guère flatteur pour moi. Ensuite, il m'a accusée de lui avoir caché l'existence de la riche grand-tante dont j'avais hérité. Mais quand je lui ai révélé que j'avais gagné cet argent toute seule, comme une grande – car, en effet, je suis une fille très intelligente –, il est resté étrangement silencieux.

Néanmoins, il m'a fallu un moment avant de m'en rendre compte. Je discourais allègrement sur ma remarquable intelligence et sur le nombre d'applis que j'avais vendues depuis ce premier versement daté de fin janvier. En février, 40 000 personnes avaient acheté mon appli et encore autant ce mois-ci ! Autrement dit, on allait palper 60 000 livres supplémentaires, minimum ! Qu'est-ce qu'on allait faire avec ? On pourrait s'offrir des vacances de rêve, acheter une ou plusieurs voitures, voire les deux. C'était génial, non ?

Simon a grommelé dans sa barbe, puis il a dit ;

— Et les impôts, Ellen ? Cet argent, tu vas devoir le déclarer et, à l'arrivée, payer 40 % d'impôt dessus.

— Non, mais sérieux ? C'est tout ce que tu as à me dire : « Et les impôts ? » De toute façon, même en payant 40 % dessus, il nous restera plus de 30 000 livres, largement ! Qu'il aille se faire foutre, le mec des impôts ! Ses 40 %, il peut se les mettre au cul ! Enfin, pas littéralement bien sûr, ça m'ennuierait… N'empêche que ça fait suffisamment d'argent pour nous changer la vie.

— Ce que je veux dire, Ellen, c'est que si tu t'étais constituée en société à responsabilité limitée, tu serais moins taxée…

— VA TE FAIRE FOUTRE avec ta putain de société à responsabilité limitée ! Tu ne vois donc pas ce que j'ai fait ? Pour NOUS ? Avec toi qui jouais les rabat-joie en me serinant que c'était une idée à la con et que ça n'aboutirait jamais à rien !

— Qu'est-ce que tu veux que je te dise ? « Bien joué, tu as été géniale sur ce coup-là ? »

— Oui, c'est exactement ce que je voulais que tu me dises, au lieu d'être aussi négatif et de me parler d'impôts et de société à responsabilité limitée en sous-entendant une fois de plus que je ne suis qu'une gamine incapable de gérer son argent de poche ! Une écervelée qui claque tout son fric en chaussures !

— Évidemment que je suis content, Ellen ! Évidemment que c'est incroyable ! Et tu es tout sauf une écervelée, même si en matière d'argent, tu es une vraie bille, tu le sais bien. Tu le reconnais ouvertement, d'ailleurs : pour toi, les cartes de crédit sont de l'argent gratuit. Et c'est vrai que tu t'achètes beaucoup de chaussures…

— Simon, je croyais que tu voulais me faire un compliment !

— Mais c'en est un ! Simplement… comment dire…

Il s'est tu et a baissé les yeux, fuyant mon regard.

— Eh bien, tu ne vas plus avoir besoin de moi, si ?

— Besoin de toi ? Besoin de toi pour quoi ? Qu'est-ce que tu racontes, Simon ?

J'étais abasourdie.

— Pour tout. Tu n'as jamais vraiment eu besoin de moi, Ellen, et j'ai toujours eu une peur bleue que tu me quittes. Tu aurais pu avoir tous les mecs que tu voulais, pourtant c'est moi que tu as choisi. Tu sais, j'ai toujours pensé qu'un jour tu te réveillerais en te disant : « Mais qu'est-ce que je fais avec ce mec ? » et que je n'aurais plus qu'à dégager.

— Non, mais quel con… Simon, tu es un con d'un égocentrisme ahurissant. Ça n'a rien à avoir avec toi ! Enfin, putain, c'est quoi ton problème ? Hier soir encore, Hannah me disait que la moitié des filles d'Édimbourg étaient amoureuses de toi !

Simon s'est un peu ragaillardi.

— Noooon…, c'est vraaiiii ? Comme qui ? Comme qui ? Ah, la blonde, là… celle avec les gros lolos, comment elle s'appelait déjà ? Sadie ? J'ai toujours pensé qu'elle me faisait de l'œil. Je lui plaisais ?

— TA GUEULE, Simon ! Pourquoi tu t'imagines que je vais te quitter ? Pourquoi tu n'es pas heureux de TOUT CE FRIC QUE J'AI GAGNÉ POUR NOUS ? Parce que si tu n'en veux pas, moi, je te garantis que je vais entièrement le dépenser en chaussures, tu vas voir ce que tu vas voir !

— Je suis heureux, Ellen. Et je suis fier de toi. Simplement, ces dernières années, quand on avait des fins de mois difficiles, je me disais parfois : « Bah, au moins Ellen n'a pas les moyens de me quitter, on est trop fauchés. » C'est stupide, je sais.

À nouveau, il fuyait mon regard, dans l'attente de ma réaction. Espérant sans doute que j'allais me radoucir, le rassurer, lui dire que non, il n'était pas le connard du siècle.

Au lieu de quoi, j'ai répliqué :

— Oui, stupide. D'une stupidité abyssale, sans déconner.

Avant de lui demander, incrédule :

— Enfin, Simon… qu'est-ce que j'ai bien pu faire pour t'amener à penser que je pourrais te quitter ?

— Sais pas. J'ai toujours pensé que tu trouverais mieux, je crois. Comme cet étudiant en médecine qui te tournait autour quand on a commencé à sortir ensemble… Tu sais, cet empoté de carabin qui bavait devant toi. On aurait dit un labrador devant un plat de saucisses.

— « Un labrador devant un plat de saucisses. » Merci beaucoup, Simon, ça me fait très plaisir d'apprendre que je produis cet effet-là sur les hommes. Et il ne t'est jamais venu à l'esprit que si j'avais voulu épouser Charlie le Labrador à ta place, je l'aurais fait ?

— Ah, tu te souviens de son nom…

— Tu te souviens bien de Sadie Grololo !

— C'est pas pareil. Et puis, tu es amie avec ce Charlie sur Facebook. Je ne suis pas ami avec les lolos de Sadie sur Facebook, moi, a-t-il marmonné d'un air boudeur.

— J'ai des tas d'amis sur Facebook, et tu n'es pas l'ami de Sadie et de ses gros lolos parce que tu n'as que six amis sur Facebook, Simon. Tout ça parce que tu t'en sers principalement pour m'espionner et, selon ta propre formule, jauger mon humeur avant de rentrer. Un jour, j'ai reçu un tweeto retweeté par un DJ de Radio 2. Eh bien, ça ne veut pas dire pour autant que je vais m'enfuir avec *Les Après-Midi de Steve Wright* !

— Oui, mais…

— Simon, tu n'es pas le seul à faire de la parano. Tu crois peut-être que ça ne m'angoisse pas, quand tu embauches une nouvelle secrétaire hyper-sexy ? Que je n'ai pas peur que tu tombes amoureux des compétences en archivage d'une bombasse ou qu'une señorita aux yeux de biche te tourne la tête quand tu pars à l'étranger ? Mais en dépit de tout, des crédits renouvelables et des deux infâmes démons que nous avons engendrés – ne parlons même pas des périodes difficiles –, tu n'as pas été voir ailleurs, que je sache ? Nous sommes toujours là, toujours ensemble. Alors, je ne comprends pas comment cet argent pourrait faire notre malheur et pas notre bonheur. Et puis, tu me fais vraiment chier à force d'être aussi négatif, bordel ! Je ne vais pas te quitter, Simon ! Tu sais pourquoi ? Parce que quand tu ne fais pas ta tête de nœud constipée, quand tu ne portes pas ton ignoble polaire et tes pantoufles de pépé, bref quand je n'ai pas envie de te poignarder, je t'aime vraiment énormément. Et puis, il faudra aussi que tu me règles cette histoire d'impôts, parce que je n'ai toujours pas compris le principe de la TVA. Tu vois que j'ai besoin de toi ! Alors, tu vas me faire le plaisir de te réjouir, bordel de bitacouilles ! Et de discuter avec moi de toutes les choses géniales qu'on pourrait faire avec ce PUTAIN DE FRIC ! Parce que JE T'AIME et que tu ne vas pas te débarrasser de moi si facilement !

Simon s'est aussitôt mis à me parler de plan d'épargne défiscalisé, de remboursement d'emprunt immobilier et de pensions de retraite.

— Conneries ! ai-je répliqué. Je vais me payer au moins une paire de Louboutin et m'offrir des vacances à tout péter. Ensuite, tu pourras être raisonnable avec le reste.

C'est peut-être pour ça que c'est lui qui gère nos finances.

N'empêche… J'aurais dû profiter de l'occasion, quand le nom de Charlie a surgi dans la conversation, et dire à Simon que je l'avais croisé par hasard à la galerie, non ? Et peut-être ajouter mine de rien que j'allais boire un verre avec lui demain, après le boulot – en tout bien tout honneur ! Mais comme on s'est envoyé quelques textos et qu'on s'est un peu raconté notre vie, Charlie m'a proposé d'aller boire un pot, un soir, histoire qu'on puisse se parler vraiment – avec ton mari, bien sûr, a-t-il précisé. Du coup, ça n'a rien d'inconvenant. Mais déjà que Simon a le plus grand mal à sortir de la maison en temps normal, le décider à aller boire un verre avec un type qu'il connaissait à peine il y a des lustres, pff… Voilà pourquoi je ne suis pas *tout à fait* parvenue à proposer le truc à Simon.

De toute façon, mes motivations sont pures. J'ai réfléchi qu'il me serait beaucoup plus facile de parler d'Hannah à Charlie en face-à-face. Je pourrais glisser négligemment dans la conversation qu'elle est devenue une fille géniale, qu'elle aussi est un tout petit peu célibataire en ce moment, et patati et patata, plutôt que de la lui décrire dans un texto où elle apparaîtra comme une femme aux abois. Parce que je suis quelqu'un de bien, moi ! Et le mariage-du-siècle pourrait être d'actualité avant que vous ayez eu le temps de vous retourner. Bon, et maintenant, je vais passer le reste de la soirée à chercher sur Google des escarpins improbables et des villas de luxe dans les pays chauds, pendant que Simon, lui, comparera fiévreusement des plans d'épargne.

Vendredi 25 mars : vendredi saint

Les parents de Simon, Michael et Sylvia, ont quitté la retraite dorée de leur petit château en France pour venir passer Pâques chez nous. Comme à leur habitude, ils nous ont prévenus trois jours avant qu'ils avaient dégoté « un ferry pas cher du tout à la dernière minute » et ils ont débarqué ce matin. Peter et Jane sont fous de joie d'accueillir leurs « Granny et Grandpa français » ou plutôt « Papy et Mamie », puisque c'est ainsi que Sylvia veut qu'on les appelle. « Mamie » me trouble beaucoup. Soit on dirait qu'ils crient « Mummy » et je me retourne en beuglant « QUOI ENCORE ? », soit ils essaient de prendre l'accent français, comme Sylvia les y encourage, et on dirait qu'ils imitent Al Jolson chantant « Mammy » dans *Le Chanteur de jazz,* ce qui n'est pas une chose à faire en public.

Au moins, Sylvia et Michael sont venus le coffre rempli de vins de table français. Ils ne vont pas nous vider le bar comme leur charmante fille, eux, ce qui atténue quelque peu le désagrément de leur visite. Ma belle-mère m'a toujours paru assez insaisissable, difficile à cerner. Elle aime les étoles en soie, ça, c'est clair. Hormis peut-être Télé-Alicia, je ne connais personne qui s'enveloppe d'autant d'étoles. Il m'arrive de me demander si elle porte des vêtements dessous ou si elle est nue sous son impressionnante superposition de foulards. Un jour, j'en ai fait part à Simon. Il est devenu tout pâle et m'a dit : « Arrête de me mettre ce genre d'idées dans la tête ! Misère, imagine qu'elle boive trop et décide de se lancer dans la danse des sept voiles ! Oh, mon Dieu, rien que d'y penser, j'en ai la chair de poule ! »

En dehors des étoles et de son carlin « Napoléon Bonaportée », je ne connais pas bien les goûts de Sylvia. Les coussins. Elle aime les coussins. Moi aussi, j'aime les coussins. Néanmoins, c'est sans doute la seule chose que nous ayons en commun : je ne suis pas trop fan des étoles en soie et pour moi, Napoléon Bonaportée n'est qu'un sale petit enfoiré. Je vois bien comment il me regarde. Mon chien est du même avis que moi et il a un excellent jugement. Il aimerait bien bouffer Napoléon Bonaportée (il faut toujours l'appeler par son nom entier, en toute occasion), mais Sylvia ne pose jamais son cabot assez longtemps. Pour en revenir à ma belle-mère, nous ne pouvons pas non plus disserter des heures sur notre passion commune pour les coussins. Du coup, je finis toujours par babiller à tort et à travers. Je lance la première connerie qui me traverse l'esprit et je brode dessus. J'ai sans doute battu mon record de logorrhée avec un long soliloque sur les loutres et leurs pouces opposables (vous voyez ? Cette visite ruineuse à l'aquarium n'a pas été totalement inutile en définitive, même si Jane a tenté de noyer Peter dans le « bassin pédagogique »). Sylvia m'écoute avec un air d'ennui profond, puis elle m'interroge sur les dernières expos que j'ai vues. Je me retiens de hurler que je ne suis allée nulle part, parce que je n'ai pas trop le temps de courir les galeries en solo et que quand j'y traîne ses petits-enfants afin de leur inculquer l'amour de la culture, ils se déchaînent comme des bêtes sauvages, puis exigent que je les conduise à la boutique de souvenirs.

Sylvia se considère comme une sorte d'artiste, tout ça parce qu'il y a très longtemps, avant qu'elle n'épouse Michael, elle a effectué une brève mission d'intérim à la BBC. Du coup, elle aime bien caser dans la conversation « quand je travaillais à la télé », le plus souvent possible. Elle a aussi fait partie d'un club de peinture, à l'époque où elle vivait dans le Surrey. Elle a même passé une audition pour l'émission *À vos pinceaux*. À ce titre, elle s'attribue tout le mérite des dispositions artistiques de ses enfants et secoue la tête avec tristesse en songeant à ce pauvre Simon qui a épousé la dernière des béotiennes.

Mon beau-père, en revanche, est un formidable bon vivant. Charmant, adorable, et « bougrement » facile à vivre, Michael aime le vin rouge, le golf et ses petits-enfants, peut-être dans cet ordre-là. Côté vestimentaire, il tend vers le tweed et le robuste, et sa principale mission dans la vie semble être de veiller à ce que tout le monde finisse bourré, ce qui, de mon point de vue, part d'une excellente intention. C'est un fervent adepte des verres remplis à ras bord, et de fait, il est terriblement facile de se retrouver ivre morte avec lui, au point de ne plus savoir ce qui s'est passé la veille, ainsi que j'en ai fait l'expérience le jour où Simon m'a présenté à ses parents.

Michael et Sylvia vivaient dans le Surrey, à l'époque, dans une demeure très chic. Mes parents à moi étaient loin d'être pauvres, sur le papier du moins, mais ils ne vivaient pas dans des maisons particulièrement imposantes, ils préféraient dépenser leur argent en divorces houleux, en récriminations amères et en études pour leurs filles. Plus de vingt ans après, ils continuent de nous rappeler le coût exorbitant de notre éducation (quoiqu'en théorie, on puisse également classer nos études dans la catégorie des « amères récriminations »).

Dès le début, Sylvia m'a bien fait comprendre qu'elle ne me trouvait pas assez bien pour son seul héritier mâle, le pire de tous mes défauts étant ma vaste famille recomposée des deux côtés qui fait de moi une personne à la moralité douteuse. Plus tard, j'en suis arrivée à la conclusion que a) Sylvia méprise tout le monde, à moins que vous ayez un titre de noblesse ou que vous soyez passé à la télé (vous a-t-elle dit qu'elle a longtemps travaillé à la télé ?) et que b) aucune fille n'aurait jamais été assez bien pour son fils chéri, aucune ! sauf peut-être une princesse de sang. Encore aurait-il fallu qu'elle soit issue de la famille royale britannique, la noblesse étrangère étant trop tapageuse à son goût. En même temps, ça ne lui laisse que les princesses Béatrice et Eugénie, or celles-ci ne trouvent pas non plus grâce à ses yeux – leur mère est trop commune, comme toutes les rousses. La liste des choses qu'elle trouve « communes » est longue comme le bras et comprend, de façon non exhaustive : acheter ses culottes ailleurs que chez Marks & Spencer, les dahlias, la chaîne ITV, les créoles (« Vous tenez donc tant à ressembler à une Gitane, ma chérie ? »), la Grèce et la Finlande (pourquoi ? mystère), le café instantané (malheureusement, elle a transmis ce snobisme à son fils qui a frissonné d'horreur la première fois qu'il a vu mon pot de Nescafé), les ordinateurs, tous les plats à emporter, les confitures du commerce, les sèche-linge, les magazines et, c'est sans doute le plus bizarre, le Women's Institute (à mon avis, ces dames l'ont blackboulée).

Lors de ma première visite chez les parents de Simon, la maison était si imposante, Sylvia si glaciale et Michael si chaleureux qu'au bout d'un certain nombre de verres pleins à ras bord, je me suis appuyée sur l'épaule de mon futur beau-père et me suis mise à le féliciter pour sa charmante demeure où, détail qui m'avait beaucoup impressionnée, même si toute la famille se rendait aux toilettes en même temps, il restait encore deux lieux d'aisance pour les invités.

— Hem, ma foi, c'est vrai… avait répondu Michael, en parfait gentleman qu'il est. En effet, c'est tout à fait possible. J'avoue que nous n'y avions jamais réfléchi sous cet angle-là. Nous devrions peut-être tenter le coup un de ces quatre, hein ? Un peu plus de vin, ma chère ?

Selon ses termes, Michael a touché le « pactole » à la City, dans les années 1980. À ce sujet, il possède un vaste répertoire d'anecdotes hystériques, la plupart se terminant par : « Et vous ne devinerez jamais *d'où* la stripteaseuse a sorti ce truc-là ! »

ou : « Franchement, il fallait s'y attendre, avec toute la neige colombienne qu'il avait dans le pif ! » À chaque fois, Sylvia tente désespérément de le faire taire, ces petites histoires faisant tache sur son image de grande dame. Hélas, j'ai dû à mon tour y mettre le holà, vu que mon beau-père a le chic pour raconter ce genre de chose en présence des enfants, ce qui donne lieu à de passionnantes explications lorsqu'ils lui demandent : « Mais papy, pourquoi la dame elle jouait au ping-pong toute nue ? »

Michael s'affiche comme un capitaliste sans complexes (il traite son gendre hippie de « foutriquet crasseux » et a provoqué les foudres de Louisa en enseignant les rudiments du poker à Coventina – « Il faut jouer de l'argent, sinon ça n'a aucun intérêt »). Par conséquent, il a été enchanté d'apprendre le succès de mon appli. Une partie de son enthousiasme doit être du soulagement. J'ai en effet remarqué que Sylvia et Michael avaient discrètement réduit leur train de vie, ces dernières années, ce qui me laisse à penser que le fameux « pactole » s'est quelque peu amenuisé au fil des nombreuses récessions, des dépenses somptuaires de Sylvia et des bêtises de Louisa – ne parlons même pas de toutes les fois où elle a besoin qu'on lui renfloue ses comptes, qu'on « investisse dans l'ashram », comme elle dit.

Les caisses de champagne et de saint-émilion qui arrivaient avec mes beaux-parents ont cédé la place à des cartons d'un « petit vin du coin très amusant que nous avons découvert ». Les étoles de Sylvia sont toujours en soie, mais ce ne sont plus des carrés de chez Hermès, elle se les procure plutôt sur les marchés. Quant à Michael, il n'achète plus de voitures sur un coup de tête pour les revendre quelques mois après. Aujourd'hui, il vante la fiabilité de sa Saab – une « valeur sûre » – et affirme qu'il n'a que faire d'un modèle plus récent. En dépit de sa bonhomie et de sa générosité, Michael est un homme prudent. Je suis sûre qu'il a mis suffisamment d'argent de côté pour vivre confortablement jusqu'à la fin de ses jours. En revanche, nos finances quelque peu précaires doivent lui avoir causé bien du tracas, surtout s'il n'est plus en mesure de nous aider autant qu'il a pu le faire avec Louisa. Du coup, il a été aux anges d'apprendre que nous avions eu une grosse rentrée d'argent, bien qu'il n'ait pas résisté à l'envie de me taquiner en me demandant, la mine totalement impassible :

— Et qu'allez-vous faire de tout cet argent, Ellen ? Réaliser votre rêve de toujours : installer deux toilettes de plus afin que vous puissiez tous y aller en même temps ?

Dimanche 27 mars : dimanche de Pâques

— Et si on organisait une super-chasse-aux-œufs ? ai-je proposé. Ce serait amusant, non ? ai-je insisté. Hannah, Sam, amenez donc aussi vos enfants ! ai-je conclu.

Pour sa part, Simon a suggéré qu'on invite également son ancien copain d'école Tristan qu'il a retrouvé à Noël, sa femme Télé-Alicia et leurs enfants.

Et comme si ça ne suffisait pas, j'ai aussi convié la charmante famille qui a emménagé dans l'ex-maison des Jenkins, la semaine dernière. Les tribulations de Louisa, de son camping-car et de sa tribu nomade n'étant, hélas ! pas parvenues jusqu'à leurs oreilles, je crains qu'en dépit de tous nos efforts pour déclasser le quartier, il ne soit toujours pas dans les moyens d'Hannah.

J'ai rencontré la maman quelques jours après leur emménagement. Elle m'a paru très sympathique, même si je n'ai pas réussi à lui faire dire combien ils avaient payé la maison. C'était pourtant dans ce seul but que je l'avais joyeusement accostée dans la rue. J'avais ensuite exigé qu'elle vienne boire un café sous prétexte de « faire connaissance entre voisins », mais aussi parce que, pour une fois, la maison était relativement propre et rangée. Ne sachant si un tel phénomène se reproduirait un jour, j'ai sauté sur l'occasion.

Elle s'appelle Katie et son mari, Tim. Ils ont deux filles en bas âge, Lily et Ruby. Ce sont les gens les plus charmants du monde, peut-être aussi les plus falots. Ils pouffaient nerveusement à tout ce que je disais et semblaient terrifiés par Michael qui, comme à son habitude, circulait une bouteille dans chaque main en claironnant :

— Allez, allez, videz vos verres ! Rien ne vous oblige à supporter notre famille à jeun, vous savez ! Humectez-vous donc le gosier ! À ce propos, je vous ai raconté la fois où ce vieux Eddie Harrington-Hughes… quoi, Sylvia ? Je racontais juste à ces gens charmants la fois où on a échangé la coco d'Eddie Harrington-Hughes contre de la poudre pétillante Frizzy Pazzy, juste avant qu'il aille fêter Pâques chez ses beaux-parents. Quand il s'est éclipsé en plein repas pour aller se faire un petit rail, histoire de rendre le gigot d'agneau plus digeste, il s'est retrouvé avec la moitié d'un sachet de Frizzy dans la narine gauche ! Il a éternué la bouche pleine sur son dragon de belle-mère et en la voyant recouverte de velouté aux champignons, il a cru que c'était son cerveau qui avait explosé ! MAIS QUOI, Sylvia ? Comment ça, pas convenable ? Que diable veux-tu dire par là ? Ah… les enfants ? Ah, c'est vrai… pardon, pardon. Non, Jane chérie, Mamie dit que je ne dois plus raconter l'histoire de la championne de ping-pong que j'avais rencontrée à Bangkok. Oui, je sais, elle est bougrement marrante, cette histoire-là, hein ? Quoi, Sylvia ?

Ma belle-mère a vogué vers moi dans un nuage de foulards et d'étoles et a agité la main en direction de nos invités :

— *Chérie*[1], mais qui sont donc tous ces *gens* ? Pourquoi leur avez-vous dit de venir ?

— Ces gens sont nos amis et nos voisins, Sylvia, ai-je répondu gentiment.

— Celui-là est comptable ! s'est-elle indignée en désignant le malheureux Tim. Pauvre Simon… Vous l'obligez à vivre dans un désert culturel, Ellen. Pourquoi ne cultivez-vous pas des relations plus intéressantes que tous ces gratte-papier ?

— Euh…

— Et cette femme enveloppée dans toutes ces étoles, qui est-ce ? Regardez comme elle est fagotée ! Qu'est-ce qu'elle s'imagine ?

1. En français dans le texte.

Sylvia désignait Télé-Alicia avec qui elle semblait livrer une sorte d'étole battle. Ma main à couper qu'elle avait filé s'en remettre une couche à l'étage, rien que pour ne pas être « surétolisée » par Télé-Alicia.

— Elle, c'est Alicia – elle travaille à la télévision. C'est l'épouse de Tristan, un ancien camarade d'école de Simon.

— Tristan ? Comment, vous voulez dire Tristan Barnaby-Soames ? Oh, quel adorable garçon c'était ! Son père possédait une bonne partie du Warwickshire. Un homme délicieux... Et cette Alicia travaille à la télé, vous dites ? Oui, j'ai tout de suite vu qu'elle avait la fibre artistique. Il faut que j'aille la saluer, je suis sûre que nous avons des tas de connaissances communes de l'époque où je travaillais à la télévision. Oh, et il faut que je dise à Tristan de transmettre mes amitiés à son père, nous nous entendions fantastiquement bien, tous les deux ! Un homme charmant... Il possédait presque tout le Warwickshire.

Sur ce, Sylvia a remis les voiles, gloussant avec coquetterie, et j'ai pu me focaliser sur ma mission : faire passer dix adultes bien tassés et dix enfants surexcités dans le jardin afin qu'ils se lancent dans la chasse-aux-œufs-de-Pâques, sans que personne ne se rompe le cou en trébuchant sur notre chien qui ne comprenait pas ce qui se passait, mais qui était bien décidé à participer.

La chasse-aux-œufs-de-Pâques s'est mieux déroulée qu'on aurait pu le craindre. Seuls cinquante pour cent des enfants ont pleuré face à une récolte injustement insuffisante et ils ne sont que deux à avoir marché dans une crotte de chien que j'avais oublié de ramasser. Le chien, de son côté, a eu le tact de ne voler qu'une flopée de chocolats blancs, qui se sont transformés en spectaculaires projectiles lorsqu'il les a vomis, m'épargnant ainsi les frais d'une visite en urgence chez le véto de garde. C'est déjà ça.

En fait, tout se passait comme sur des roulettes jusqu'à ce que des cris glaçants nous fassent rentrer précipitamment dans la maison. Lily, la fillette de Tim et Katy, avait apporté son doudou-lapin adoré « Lapinou » (pas très imaginatif comme nom, mais qui suis-je pour critiquer, moi dont la fille a tout un placard rempli de nounours baptisés « Câlin », « Toudoux », « Câlin

Toudoux », « Doudou Câlin », etc., résultat d'une série d'ateliers d'anniversaire « fabrique ton ours » ?). Dans son enthousiasme de chasseuse d'œufs, Lily a froidement largué Lapinou pour aller collecter sa dose de sucre et d'additifs alimentaires. Sylvia, avec une prévoyance rare chez elle, avait posé Napoléon Bonaportée le temps de demander très sérieusement à Télé-Alicia si elle connaissait Binky Warrington-Jones ou Emerald Tuftson-Smith, bref toute personne ayant travaillé à la BBC il y a plus de quarante ans. Alicia, elle, tentait de lui expliquer qu'en réalité, elle travaillait pour une société de production indépendante. Sylvia a ricané et l'a informée d'un air hautain que la télé, c'est une grande famille : *tout le monde* se connaît.

Pendant ce temps, Napoléon Bonaportée, jouissant d'un rare moment de liberté, s'était dandiné jusqu'à l'endroit où Lapinou gisait par terre, abandonné, et il avait entrepris de le monter avec fougue. Lily, découvrant Napoléon Bonaportée haletant d'extase, la respiration sifflante, en train de faire frotti-frotta avec son doudou, s'est bruyamment indignée :

— Le méssant cien, il tue Lapinou !

Sylvia, au lieu d'interrompre Napoléon Bonaportée, minaudait :

— Oh, qu'il est intelligent le chien-chien à sa maman ! Tu t'es trouvé un nouvel ami, Napoléon Bonaportée ? ignorant les pleurs de Lily et les mines horrifiées de tout le monde.

J'ai tenté, d'un rapide dégagement du pied droit, de mettre un terme aux ébats passionnés de Napoléon Bonaportée, mais la bestiole, au comble de la félicité, a poursuivi comme si de rien n'était. Au contraire, ma pauvre tentative n'a eu comme effet que d'ajouter les hurlements de Sylvia à ceux de Lily :

— Ne donnez pas de coups de pied à mon chien, espèce de brute !

À cet instant, mon propre chien, remis de son festival de vomissements, est venu voir la cause de tout ce raffut. S'est-il promu champion de la vertu de Lapinou, a-il pris ombrage du fait que le carlin s'envoyait en l'air et pas lui, a-t-il enfin vu là l'occasion de zigouiller son ennemi juré ? Toujours est-il qu'il a sauté à la gorge de Napoléon Bonaportée.

Les hurlements ont redoublé : Sylvia et moi nous époumonions après les chiens, Lily ululait comme une chouette hystérique. Lapinou, lui, restait perdu sous la mêlée tandis que les invités se lançaient dans leur petit numéro, sautillant autour des animaux et criant des suggestions inutiles. Cependant, un carlin, même assoiffé de sexe, ne fait pas le poids face à un terrier furieux. J'étais tout sauf fan de Napoléon Bonaportée, mais je craignais que notre chien ne l'assassine de sang-froid sous les yeux de Sylvia. L'incident aurait plombé l'ambiance de nos futures réunions de famille. De plus, depuis le feu d'artifice, nous passons pour de dangereux pyromanes auprès de tous nos voisins. Nul besoin que s'y rajoutent des « Vous savez, ce sont ceux qui ont le chien tueur ! ».

J'essayais de desserrer les mâchoires de mon chien, au risque d'y laisser des doigts, quand Sam a eu la présence d'esprit de verser une grosse carafe de Pimm's on the rocks sur les chiens qui se sont enfin séparés. Sylvia s'est emparée de son Napoléon Bonaportée avec force sanglots mélodramatiques et Lapinou a été restitué à Lily – avec un paquet de bourre en moins et une expression choquée que, je le jure, il n'avait pas avant. Je me suis alors rendu compte qu'une bonne partie du Pimm's avait atterri sur moi et que mon T-shirt trempé était parfaitement transparent, sans parler du malencontreux effet des glaçons sur mes seins. J'ai serré notre chien contre ma poitrine avec toute la dignité possible, principalement pour protéger ma pudeur et, ignorant bravement les fraises et les feuilles de menthe nichées dans mon décolleté, j'ai lancé d'un ton enjoué :

— Qui veut une part de ce délicieux gâteau de Pâques ?

Après l'incident, les invités ne se sont pas attardés outre mesure. Je doute à présent que Tim et Katie deviennent nos grands amis… Dommage, ç'aurait été des plus pratique. Au lieu de quoi, j'ai le sentiment qu'ils vont plutôt nous éviter, à l'avenir.

AVRIL

Vendredi 1er avril

Michael et Sylvia s'en vont demain. C'est un soulagement, car en dehors de toute autre considération, ma belle-mère désapprouve le sacro-saint principe du vendredi PRAF. Or la semaine a été longue, émaillée d'utiles contributions de Sylvia. Comme le soir où je tentais de persuader Peter que, si, il avait vraiment besoin d'un bain, malgré toutes les vidéos YouTube du monde qui montrent que la peau et les cheveux « s'autonettoient » si on reste assez longtemps sans se laver. S'il voulait être un sauvageon crasseux, il pouvait toujours aller vivre dans la forêt avec sa tante Louisa, mais là-bas, il n'y aurait pas de jeux vidéo. À cet instant, Sylvia, qui est pourtant tout à fait valide, a gémi en bas de l'escalier :

— Dites, Ellen ! Je me demandais… Serait-il enfin possible de boire un verre, ce soir ?

J'ai réprimé mon agacement.

— Allez-y, servez-vous !

— Jamais ! Je ne me permettrais pas ! Bon, j'attendrai donc le retour de Michael et Simon pour prendre un verre, puisque vous êtes si occupée… Je ne peux pas laisser Napoléon Bonaportée.

Eh oui… Nous avons dû subir les rapports quotidiens sur l'état de stress post-traumatique de Napoléon Bonaportée après son « expérience de mort imminente » ainsi que l'appelle Sylvia. Apparemment, le cabot a tellement été choqué qu'il ne peut plus garder que du poulet rôti que Sylvia lui donne à la cuillère. Étrangement, il arrive aussi à garder tous les biscuits qu'il pique dans la gamelle de mon chien chaque fois qu'il parvient à fausser compagnie à sa maîtresse.

Et puis il y avait les constantes allusions de Sylvia aux filles avec lesquelles Simon était sorti avant moi : « Au fait, mon chéri, tu n'as plus de nouvelles de Catherine MacKenzie ? Une fille adorable, n'est-ce pas ? Je l'aimais beaucoup. Et Togy Wilkes-Cholmondeley ? Ses parents n'avaient-ils pas un ravissant manoir ? Tout à fait délicieuse, cette petite… »

Simon avait beau lui faire remarquer qu'il n'avait pas revu Catherine MacKenzie depuis qu'elle l'avait forcé à l'escorter au bal du lycée, à seize ans, et qu'aux dernières nouvelles, Toggy Wilkes-Cholmondeley nageait dans le bonheur avec sa femme Elizabeth, Sylvia persévérait avec le tact et la diplomatie d'un char Panzer.

Dans ces cas-là, Simon me conseille de « faire la sourde oreille ». Néanmoins, il lui arrive d'admettre qu'il ne sait pas comment fait son père pour ne pas lui tordre le cou. Ces deux semaines avec Sylvia sont en général compensées par des vacances en France pas chères, quand nous allons chez eux aux vacances de printemps et en été, mais d'ordinaire, elles ne suivent pas immédiatement un séjour de mes beaux-parents chez nous. La perspective de revoir Sylvia dans quinze jours m'épouvantait tellement que j'ai invité Charlie à déjeuner, rien que pour me plaindre de ma belle-mère, sans aucune retenue.

Charlie ne m'a pas dit de « faire la sourde oreille », lui. Il m'a longuement écoutée lui dérouler la liste des nombreuses bassesses de Sylvia. Par exemple, lorsqu'elle a dit en tenant pour la première fois Jane qui venait de naître : « Oh là là, elle a sans doute pris de votre côté, Ellen. En tout cas, elle ne tient pas du *nôtre* ! » Charlie m'a offert toute sa sympathie et a insisté pour que je prenne le gâteau chocolat-caramel avec supplément de crème glacée, afin de consoler mon âme blessée.

Charlie n'a pas soupiré, il n'a pas levé les yeux au ciel ni protesté : « Mais c'est ma MÈRE, chérie ! Tu ne peux pas essayer de t'entendre avec elle ? » quand j'ai abattu ma cuillère sur la table en marmonnant : « C'est une sorcière ! », la bouche pleine de chocolat. Charlie, cependant, m'a étreinte un tout petit peu trop fort et trop longtemps en me disant au revoir. Il faut absolument que je lui donne le numéro d'Hannah.

Ce soir, au dîner, Sylvia a abordé le sujet des vacances.

— Quand partez-vous, mon chéri ? a-t-elle demandé à Simon. Quelle SOTTISE qu'ils aient supprimé les vraies vacances de Pâques pour les remplacer par ces ridicules « vacances de printemps » ! Enfin, au moins, vous aurez un temps agréable quand vous viendrez nous voir, les températures seront remontées.

— Ah, au fait, a dit Simon. Je voulais justement t'en parler. On s'est dit qu'on allait peut-être aller ailleurs, cette année.

À bon ? On s'est dit ça, nous ?

— Oh, magnifique ! s'est exclamée Sylvia. Et où allons-nous ?

— Eh bien, *nous* allons à Corfou.

J'ai hoqueté de surprise.

— Corfou ! Merveilleux ! J'adore Corfou ! Et où allons-nous séjourner, mon petit canard qui a de si bonnes idées ? a minaudé Sylvia.

Mon cœur s'est serré à l'idée qu'elle allait nous accompagner.

— En fait, maman… (Simon a inspiré un grand coup.) J'ai pensé que vous préféreriez vous retrouver tranquillement tous les deux chez vous après nous avoir supportés pendant deux semaines. Du coup, j'ai réservé une toute petite villa pour Ellen, les enfants et moi.

Mon moral est remonté en flèche !

Autour de la table, le silence n'était pas glacial, mais carrément sibérien. Enfin, Sylvia a émis un petit rire qui contenait autant de joie qu'une stalactite de glace se fichant dans le cœur de quelqu'un. (En fait, l'hiver, quand je vois des rangées de stalactites pointues, ça m'angoisse toujours : et si l'une d'elles m'embrochait en se détachant ? Autre chose m'inquiète : si on pète dehors par grand froid, est-ce qu'on a des bouffées de condensation qui sortent du derrière comme quand on voit son haleine blanchir l'air, si bien que tout le monde sait qu'on vient de lâcher une caisse ? C'est pour ces deux raisons que les vacances à la neige ne m'ont jamais tentée.)

— Très drôle, Simon, a répliqué Sylvia d'un ton cassant. Hilarant ! Mais je ne suis pas née de la dernière pluie, tu sais. Il en faut plus pour m'avoir ! Je n'ignore pas qu'on est le premier avril, figure-toi. Alors, quand venez-vous ?

— Maman… On n'a jamais dit qu'on viendrait. C'est toi qui as supposé qu'on passerait les vacances chez vous.

— Tu veux dire, de la même manière que tu « supposes » chaque année que tu peux venir ! Jamais tu ne demandes si cela nous convient que tu passes tes vacances chez nous ! Tu m'annonces tranquillement la date de ton arrivée, et c'est tout. Cela t'a peut-être échappé, mais nous ne faisons pas *maison d'hôtes*, jeune homme !

Pour le coup, Sylvia marque un point. J'ai très souvent dit à Simon qu'on devrait s'assurer que ses parents sont d'accord pour nous recevoir avant de réserver les billets d'avion, mais chaque fois il se contente d'affirmer avec désinvolture : « Mais non, ils sont ravis qu'on vienne ! »

Dans l'œil de Sylvia brillait quelque chose qui ressemblait dangereusement à une larme. Ça m'a un peu étonnée, je l'avoue. Je ne la pensais pas capable d'émotions susceptibles d'altérer son maquillage.

Elle s'est tournée vers moi.

— Et je suppose que tout cela, c'est votre œuvre ! Vous et votre stupide jeu vidéo ! Comme s'il ne suffisait pas que je doive admettre devant mes amies que vous travaillez sur des *ordinateurs* au lieu de faire un métier intéressant, comme la belle-fille de Sukey Poste qui est décoratrice d'intérieur, je dois maintenant leur dire que vous avez inventé une espèce de jeu vulgaire qui ne parle que de mères alcooliques, comme vous !

Michael est intervenu :

— Allons, allons… du calme, ma grande. Ellen a un métier tout ce qu'il y a de bien. Ne disons pas des choses que nous regretterons plus tard, d'accord ? Corfou, ce sera bougrement agréable à cette période de l'année, même si la mer risque d'être frisquette. J'espère que tu as pris une villa avec piscine, hein, fiston ?

— Ellen n'était au courant de rien, maman, a dit Simon.

— Mais moi, si ! a claironné Michael. Simon m'en a parlé, il y a deux ou trois jours. Il m'avait demandé de ne pas vendre la mèche, il voulait faire la surprise à Ellen. Je te l'aurais dit en temps voulu, Sylvs.

J'ai ressenti une bouffée de gratitude envers ce cher Michael si… bougrement beau joueur, pour employer une de ses expressions favorites, et surtout pour avoir détourné l'ire de Sylvia sur lui, afin que la surprise de Simon ne soit pas gâchée par des paroles haineuses à mon encontre.

Sylvia s'est levée d'une démarche vacillante et a serré si fort Napoléon Bonaportée contre sa poitrine qu'il s'est étouffé sur le morceau de poulet qu'elle venait de lui donner.

— Je vois, a-t-elle dit bravement, la voix chevrotante et le menton tremblant. Eh bien, je vous prie de m'excuser, mais puisque je suis la cinquième roue du carrosse et qu'on ne me tient au courant de rien, je vais aller me coucher. Je sens une de mes migraines approcher. Je demanderai peut-être à Louisa de venir aux vacances avec ses enfants…

Les migraines de Sylvia sont légendaires dans la famille. Elles la frappent chaque fois qu'elle ne parvient pas à ses fins, ce qui lui fournit une sortie honorable avec chantage aux sentiments en prime.

Bien qu'elle nous rappelle sans cesse la liste des nombreux aliments susceptibles de lui déclencher une migraine (le café, le chocolat et le fromage, pour ne citer que ceux-là), elle s'en goinfre allègrement sans aucun effet notable, prétendant, si jamais quelqu'un lui en fait la remarque, que c'est une « autre variété » de l'aliment interdit qui affecte sa santé. C'est aussi la seule personne de ma connaissance qui souffre à la fois de claustrophobie et d'agoraphobie. Je dis ça, je dis rien…

Après la théâtrale sortie « côté jardin » de Sylvia dans un bruissement d'étoles, Michael, qui avait blêmi à l'idée que Louise et sa horde de Huns débarquent chez lui, s'est levé à son tour en murmurant avec tact qu'il allait peut-être « regarder un peu la téloche avec les petits » et s'est dirigé à grands pas vers le salon où Peter et Jane étaient affalés devant des dessins animés. Je me suis tournée vers Simon.

— Corfou ? Sérieux ?

— Ellen, as-tu une petite idée de ce que tu as gagné ce mois-ci ?

« Pas vraiment, non », telle a été ma déplorable réponse. Après le sermon de Simon sur les impôts et les sociétés à responsabilité limitée, j'avais quasiment abdiqué toute responsabilité financière en sa faveur. Du coup, il avait monté une société à mon nom avec les revenus de l'appli et je venais d'ouvrir un compte professionnel pour que cet argent ne me soit plus versé sur mon compte perso.

Régulièrement, j'allais voir combien d'applis s'étaient vendues et j'essayais de calculer la somme que ça représentait, mais les propos de Simon sur la TVA et tout le bazar m'avaient laissée dans l'ignorance de ce qu'il nous resterait après les nombreuses ponctions du fisc. Ça ne m'avait pas empêchée d'aller faire un tour chez Harvey Nicks où je m'étais acheté une paire de Louboutin. Elles étaient d'une beauté hallucinante, absolue, mais tellement hautes que quand j'essayais de marcher avec, je ressemblais à une mauvaise imitation de Bambi on Ice.

— Eh bien, il y avait déjà les 60 000 livres correspondant aux ventes de février, que tu as touchées aujourd'hui, et ce mois-ci, tu as vendu plus de 140 000 applis. On peut donc compter sur à peu près 100 000 livres à venir. Avant impôts ! a-t-il précisé prudemment. Tu as gagné ton pari, ma chérie, tu as apuré nos finances et c'est moi qui ai joué le rôle du bouffon en doutant de toi, puis en me conduisant comme le roi des cons, tout ça parce que je voulais être le chasseur-cueilleur de notre famille, celui qui ramène le mammouth laineux qui va nous enrichir. Alors, je pense que tu as bien mérité de partir en vacances sans mes parents, tu ne crois pas ? Surtout après avoir réussi à ne pas étrangler ma mère avec une de ses étoles. Avec tout ce qu'elle t'a fait cette semaine, ça tient de l'exploit !

— Waouh, cent mille… C'est vrai ? Tant que ça ? Mais pourquoi Corfou ?

Simon a pris une mine soucieuse.

— Tu ne veux pas aller à Corfou ? Je me suis trompé dans la réservation ? Tu aurais préféré La Barbade ou ailleurs ?

— Non, non… Corfou, c'est parfait ! Je me demandais juste pourquoi tu avais choisi cette destination-là.

— Eh bien, j'ai dégoté une villa vraiment très très sympa. En fait, elle n'est pas petite du tout, elle est immense, au contraire. Mais si ma mère se doute qu'il y a de la place pour elle, elle va pleurnicher jusqu'à ce que je l'invite. Alors, tenons-nous-en à la version de la maison de poupée. Tu m'avais dit que *Jours tranquilles à Corfou* était un de tes livres préférés et que tu avais toujours voulu aller là-bas. Je me suis dit que ça te ferait plaisir de voir Corfou.

J'ai dit ça, c'est vrai. Mais ça fait bien longtemps sans doute, car je ne me souviens même pas de la dernière fois que Simon et moi avons parlé livres ou voyages. Ces jours-ci, nos conversations se limitent à déterminer qui passera acheter les yaourts des enfants chez Sainsbury's, à comprendre pourquoi je serais la seule personne capable de changer un rouleau de papier toilette, et à trouver qui s'est servi du « bon » tournevis de Simon pour ouvrir un pot de peinture. Et pourtant, il s'en est souvenu. Et nous allons à Corfou.

Avec un tact et une retenue extraordinaires, je n'ai pas gâché l'instant en exigeant de connaître la couleur de la villa, pour ensuite râler parce que, n'ayant pas lu le livre, il ne saisissait pas l'allusion. Parce qu'il s'en est souvenu, parce que nous allons à Corfou et parce que je suis au comble de la félicité.

Jeudi 14 avril

Nous sommes à Corfou. Bonheur indicible. Arriver à Corfou, en revanche, n'a pas été une partie de plaisir, Simon nous ayant gratifié de son numéro de claquettes préféré, à savoir se transformer en con fini juste avant le départ. Ce petit jeu plein de peps et de fantaisie a commencé, comme d'habitude, deux jours avant qu'on s'envole. Il s'est mis à errer dans la maison, dans les pattes de tout le monde, me demandant d'un ton plaintif si j'avais vu son bob (non, d'ailleurs il me semble l'avoir jeté à la poubelle lors d'une opération rangement, tellement il était laid) et si j'avais pensé à lui acheter sa crème solaire spéciale, « Tu sais que je ne peux pas me mettre de l'écran ordinaire, ça me donne des éruptions » (oui, j'y avais pensé : je ne pouvais supporter l'idée qu'il nous refasse sa pantomime du « grattage » dans une pharmacie étrangère, il en fait des tonnes, on dirait un singe bourré de puces).

Moralité : à l'arrivée à l'aéroport, j'étais, comme c'est devenu l'habitude à chaque départ en vacances, dans un état de stress extrême. Qu'est-ce qui m'avait pris d'épouser un tel emmerdeur ? Simon aussi était très stressé : il lui incombait d'accomplir la-tâche-très-importante-de-l'enregistrement. Simon et lui seul peut s'occuper de l'enregistrement, car Simon est l'Homme. Moi, je suis la-simple-femme dont la mission est d'empêcher Peter et Jane de faire la course dans le terminal, à califourchon sur leurs petites valises à roulettes – quand on les a achetées, ça nous avait paru une super-idée. Aujourd'hui, on sait que ce sont des armes mortelles entre leurs mains, mais c'est trop tard. Si, passé l'enregistrement, il n'y a qu'une douzaine de passagers estropiés dans notre sillage, on pourra s'estimer heureux.

Tandis que Simon s'occupait de l'enregistrement, je devais lui garder son bagage à main. Simon, lui, tenait les passeports et devrait bientôt manipuler les cartes d'embarquement. Dans ces conditions, on ne pouvait décemment pas attendre de lui qu'il porte l'affreux sac à dos en nylon qu'il insiste toujours pour prendre en vacances.

De mon côté, j'avais mon propre bagage à main qui pesait un tout petit peu plus que mon bagage en soute, vu qu'il participait activement à l'opération « emmener-toutes-ses-chaussures-en-vacances-sans-prendre-de-supplément-pour-excédent-de-bagages ».

Après l'enregistrement est venu le contrôle de sécurité, autre défi personnel pour Simon qui change frénétiquement de file toutes les trente secondes afin de passer plus vite. Je lui avais pourtant suggéré, maintenant qu'on était un peu plus à l'aise niveau budget, de payer le supplément pour figurer dans la file d'embarquement prioritaire. Il avait tressailli d'horreur. Apparemment, le « principe » est justement de damer le pion au système. Payer pour être dans la file rapide, ce ne serait pas du jeu.

Du coup, on a changé de file au moins sept fois, sous l'insistance de Simon qui prétendait que les autres avançaient plus vite. Au final, on a franchi le portique de sécurité un quart d'heure après les gens qui étaient derrière nous dans la première file et qui, eux, n'avaient pas bougé. Simon s'est ensuite lancé dans l'étape suivante de sa quête épique : trouver la porte d'embarquement. Peu importait qu'il y ait encore deux heures et demie d'attente avant notre vol (il insiste toujours pour qu'on arrive ridiculement en avance à l'aéroport, au cas où la sécurité serait débordée et sa tactique de changement de file, inefficace), il lui fallait trouver *la* porte *maintenant* ! Peu importait que cette putain de porte n'ait pas encore été annoncée, Simon est l'Homme et, à ce titre, il peut deviner quelle porte ce sera.

Il est donc parti à sa recherche, chargé de son seul sac à dos, les précieux passeports et cartes d'embarquement glissés dans l'une des poches-spéciales-du-pantalon-spécial-voyage. Moi, j'avais passé les valises des enfants autour de mon cou – confisquées après leur tentative de meurtre avec délit de fuite commise sur une vieille dame. J'avançais donc tant bien que mal, flanquée de Peter et de Jane que je tenais par la main de peur qu'ils n'aillent déquiller les tours de Toblerone dans la zone duty-free (où, bien entendu, nous n'avons pas pu nous arrêter, puisque Simon cherchait *la* porte).

Régulièrement, il marquait une pause pour regarder en arrière, émettant des murmures réprobateurs tandis que je crapahutais pour le rattraper, traînant littéralement Peter et Jane dont je ne lâchais pas la main – ils tentent toujours de me fausser compagnie à un moment ou à un autre, dans un aéroport.

— Allez ! lançait-il d'un ton autoritaire. Qu'est-ce que tu as à lambiner comme ça ?

Quand j'ai sifflé que j'allais le poignarder dans son sommeil, il m'a dévisagé sans comprendre : ne cherchait-il pas *la* porte pour moi ?

Et à Dieu ne plaise que je retarde sa quête sacrée ! Par exemple, en m'arrêtant pour acheter de l'eau aux enfants qui prétendaient souffrir de déshydratation intense au point de ne pouvoir faire un pas de plus. Ç'aurait été un obstacle majeur à son plan.

Une fois arrivé devant *la* porte, une heure au moins avant que le personnel au sol ait ne serait-ce qu'envisagé de procéder à l'embarquement, Simon arborait l'air conquérant de celui qui a rallié le pôle Nord à pied et en solitaire. Il s'est assis le plus près possible de la porte, afin de gêner le maximum de gens au moment de l'appel des passagers (par numéro de siège, rappelons-le), ceci après notre traditionnel débat : pourrions-nous faire passer Peter pour un enfant de moins de cinq ans et prétendre de ce fait à un embarquement prioritaire ?

Quand je suis arrivée cinq minutes après, écarlate, furibarde, en nage et hors d'haleine, croulant sous l'accumulation de bagages et d'enfants, il a paru étonné de me voir.

— Ah, te voilà ! a-t-il dit. Je pensais que tu me suivais, qu'est-ce qui t'est arrivé ?

L'embarquement a enfin commencé, avec trajet en navette jusqu'à l'avion, le nez fourré dans l'aisselle d'un inconnu, pendant que les enfants s'efforçaient de se casser la figure en tombant en avant – leur père, raide comme la justice à l'autre bout du minibus, faisait semblant de ne pas nous connaître. Une fois assis à nos places, j'ai craché :

— Je vais demander le divorce !

— Mais qu'est-ce qui te prend ? m'a demandé Simon avec surprise.

— Il me prend que je te hais, triple tête de nœud, je te hais !

J'ai ensuite demandé un grand nombre de minuscules gin-tonics à l'hôtesse qui passait avec son chariot, afin d'apaiser mes nerfs à vif. Enfin, mon calme est revenu, dix minutes environ avant l'atterrissage. À partir de là, les scènes se sont succédé. Simon a voulu descendre de l'avion le premier, il s'est mis à lancer des ordres à la cantonade et a transformé la récupération des bagages en performance artistique, avant de péter les plombs en faisant la queue au comptoir de location de voitures.

Je ne sais pas pourquoi je m'en étonne encore, chaque fois que je voyage avec Simon, c'est la même chose. Cette année, petite variante en prime : il n'a pas vu que le frein à main n'était pas tiré. Dès qu'il a démarré, la voiture s'est mise à reculer. Résultat, il a failli me tuer alors que j'essayais de sangler Peter dans le siège auto. Diverses imprécations et accusations de tentative d'homicide ont volé. Ensuite, j'ai sauté une page de l'itinéraire fort compliqué menant à la villa, ce qui nous a valu de tourner en rond durant un bon moment dans la ville. Tout en conduisant, Simon n'a pas cessé de me hurler dessus pendant que je marmonnais :

— Va mourir, connard.

On est enfin arrivés à la villa : le rêve absolu. En haut des collines, surplombant la baie, totalement isolée, perdue au milieu des oliviers. Il y avait des hamacs accrochés aux arbres et une piscine d'un bleu étincelant.

On s'affairait à sortir les bagages du coffre, y compris les nombreuses caisses de vin que nous avions achetées à la sortie de l'aéroport (énième dispute, tandis que je fonçais comme une folle avec mon chariot dans les allées du supermarché grec), quand Peter et Jane ont découvert la piscine. Aussitôt, ils ont réclamé d'aller à l'eau.

J'allais répliquer « NON ! Pas maintenant ! », puis j'ai pensé : après tout, c'est les vacances, pourquoi ne pas les laisser piquer une tête tout de suite, s'ils en ont envie ? Du coup, j'ai demandé à Simon d'aller les surveiller. Vacances ou pas vacances, ils trouveraient bien le moyen de se noyer l'un l'autre ou « d'oublier » comment on nage, malgré la petite fortune que j'ai dépensée en cours de natation.

Lundi 18 avril

C'est le bonheur, ici. Libérés des contraintes de la maison – où, à force de toujours courir après le temps et d'être toujours à la bourre pour accomplir les dix mille choses qu'il y a à faire au quotidien, on est toujours stressés et à cran –, on se révèle des individus bien plus sympathiques.

Les enfants passent leurs journées dans la piscine, c'est à peine s'ils se chamaillent. Est-ce le soleil, l'exercice physique ou le fait que je ne leur crie pas sans cesse dessus, je n'en sais rien. Simon a rajeuni de dix ans et, pour la première fois depuis longtemps, je n'ai plus l'impression d'avoir les épaules bloquées au niveau des oreilles.

Le matin, on se lève et on fait le café. Les enfants ont consenti à manger des fruits et des yaourts au petit déjeuner. Le scorbut devrait cesser d'être une menace, le temps de quelques mois. Ensuite, on va se baigner et on prépare un barbecue vite fait. Peter, qui avait refusé tout net de manger des sardines grillées, a finalement accepté d'en goûter une. Il a déclaré qu'il adorait ça et en a avalé dix d'affilée. Agaçant. C'est le nombre de sardines que j'avais prévu de manger moi aussi.

Le reste du temps, on vaque au ralenti et on lit. Enfin, *je* lis. Simon écoute son iPod, Peter classe et reclasse la sélection des cartes Pokémon sans lesquelles il n'aurait jamais pu partir et Jane cherche des bestioles mortes, ayant dès le premier jour découvert avec ravissement le cadavre d'une mante religieuse en train de se faire démembrer par une colonne de fourmis.

On a sans cesse le projet d'aller faire un peu de tourisme dans les environs, mais l'ambiance est tellement relaxante à la villa que notre maximum, c'est crapahuter jusqu'à la petite taverne au bout de la route pour boire un verre et manger des glaces. La réserve de vin se tarit régulièrement, de manière inexplicable, et je dois expédier Simon dans le monde afin qu'il fasse le plein. Je ne conduis pas à l'étranger.

Simon a même réussi à ne pas s'éclipser avec son ordinateur portable, au motif de « finir un travail » ou de « répondre à quelques mails », ce qui confirme mes soupçons : quand nous sommes chez Sylvia et Michael, le « travail » de Simon n'est en réalité qu'un prétexte pour avoir la paix cinq minutes. Il faut dire que les enfants ont tendance à vouloir s'entre-tuer en mode hyperactif : Sylvia les gave de sucreries en affirmant que les bonbons français ne sont pas comme les bonbons anglais et que l'excès de sucre n'explique en rien l'agressivité de mes enfants. Il se peut également que Simon parte s'isoler en douce pour ne plus entendre sa femme se plaindre de sa mère.

Il y a le wi-fi à la villa, mais j'ai (provisoirement) renoncé à mon addiction à Facebook, je n'ai publié que quelques photos chicos à notre arrivée, histoire de frimer, et je l'ai vite regretté. En effet, dès qu'il a su que j'étais joignable, Charlie s'est mis à m'inonder de messages. Non pas que leur contenu soit déplacé – ce sont juste des commentaires rigolos ou même débiles, mais il y en a beaucoup. Une flopée. Bref, je ne veux pas y penser. Charlie est un problème dans ma vraie vie, je le réglerai quand nous rentrerons. *Si jamais* nous rentrons…

Car j'élabore des plans qui nous permettront de rester ici et de devenir une version moderne de la famille Durrell, comme dans *Ma famille et autres animaux*. À vrai dire, je n'ai pas tout à fait lâché Internet. En cachette, j'ai cherché des sites d'agences immobilières grecques et depuis, je passe en revue tout un tas de villas magnifiquement délabrées dans lesquelles je m'imagine déambulant, pieds nus sur le dallage, éclusant un petit vin du cru dans un mazagran en terre cuite (je ne sais pas si c'est très agréable de boire dans un mazagran en terre cuite, mais cette idée s'intègre divinement à ma Vision), lançant quelques olives aux enfants – devenus de jeunes bohémiens tannés par le soleil – avant de partir dans les bosquets, munie de mon chevalet, pour réaliser un énième chef-d'œuvre pictural.

Dans ma vision, le bulletin scolaire qui déclarait : « Même si, au vu de son absence de talent particulier, l'on comprend que les arts plastiques restent une matière difficile pour Ellen, il serait bon qu'elle se concentre dessus de temps à autre, voire qu'elle fasse au moins semblant de travailler » n'est plus un obstacle à mes aquarelles de génie. Je me souviens très bien d'avoir pas mal barbouillé en cours d'arts plastiques et de m'être en règle générale fort mal comportée. Mais peu importe ! Quand je serai installée dans ma splendide villa corfiote, mes talents artistiques éclateront au grand jour.

Jeudi 21 avril

Le soir, une fois les enfants couchés, Simon et moi nous installons sur la terrasse et on continue à boire du vin en contemplant les lumières sur la baie en contrebas. Des chiens se lancent des aboiements dans le village au pied des collines et les cigales chantent dans le jardin et les oliviers alentour. Sinon, il n'y a rien que le silence, très rarement troublé par le moteur poussif d'une moto gravissant la route escarpée.

Chaque nuit, l'ambiance est merveilleusement paisible et romantique jusqu'à ce que des hordes de grillons à la con, attirés par la lumière, se laissent tomber en grand nombre sur la terrasse où ils se déplacent maladroitement et tentent de sauter dans nos verres de vin. Je cours me réfugier à l'intérieur en hurlant, tandis que Simon s'énerve : « Reste là, ils ne vont pas te tuer, bordel de merde ! » Gerald Durrell n'avait pas ce problème dans le livre…

Ce soir, pourtant, avant que le fléau nocturne ne s'abatte sur nous, j'ai fait part à Simon de ma vision paradisiaque et de mon projet d'installation à Corfou. Il m'a écoutée sans conviction dérouler notre changement de vie avec lyrisme.

— Personne ne veut jamais rentrer de vacances, Ellen, a-t-il simplement constaté.

— Mais ça ne serait pas merveilleux ? Une vieille villa tout en pierres, nichée au milieu des oliviers, avec une treille au-dessus des terrasses, pour qu'on fasse notre propre vin. Il y aurait un vieux domestique qui arpenterait les oliveraies, il s'appellerait… (j'ai marqué une pause, le temps de réfléchir)… Nico ! Il aurait un âne et ne se serait jamais remis d'un amour perdu. Il ne parlerait jamais de son rôle pendant la guerre, jusqu'au jour où, nous estimant enfin dignes de confiance, il nous raconterait ses exploits dans la Résistance grecque. C'est durant cette période que Maria, la femme de sa vie, a été abattue par les nazis. Elle est morte dans ses bras et depuis, son seul ami est un âne, jusqu'au jour où une charmante famille de gringos excentriques…

— Je crois bien que « gringo » est un terme mexicain, ma chérie.

— TA GUEULE, SIMON ! Je te parle de ma vision de rêve, là, de notre nouvelle vie ! Ne dresse pas d'obstacles sur ma route ! Où j'en étais ? Ah, oui, Alexis…

— C'est qui, Alexis ? Ce n'était pas un personnage de *Dynasty* ?

— Le vieux domestique !

— Je croyais qu'il s'appelait Nico ?

— ON S'EN FOUT ! Nico, le mystérieux vieux domestique, arpentant les bois avec son âne, réapprend à aimer et à vibrer grâce à la compagnie toute simple de deux petits Britanniques et de leurs infortunés parents qui vivront des mésaventures amusantes et des quiproquos hilarants avec les gens du coin. Nico les aidera à devenir partie intégrante du village et la famille donnera une merveilleuse soirée au milieu des oliviers. Le vin de leur vigne coulera à flots, et tout le monde vivra heureux jusqu'à la fin des temps !

— Bonté divine, chérie, tu as lu combien de bouquins reliés de rose avec des verres de vin en couverture ?

— Quelques-uns, ai-je reconnu, l'air boudeur.

Il y en avait tout un stock dans la villa, abandonné par de précédents occupants. L'un des objectifs des vacances n'est-il pas d'emporter dans ses bagages de nombreux ouvrages édifiants (le genre de littérature intelligente qu'on veut lire depuis des lustres sans jamais en avoir le temps) et de se jeter dès l'arrivée sur le premier bouquin érotique venu ?

— Et de quoi vivrait-on ? s'est enquis Simon.

— Bah, on n'aurait pas besoin de grand-chose ! On boirait

le vin de notre vigne, *comme je me tue à te le dire*, mais encore faudrait-il que tu *m'écoutes*. Il nous faudrait juste du pain et du fromage. On pourrait fabriquer notre propre fromage au lait d'ânesse…

— Ça se trait, les ânesses ?

— Comment veux-tu que je le sache ? Je suppose, oui…

— Je n'ai jamais entendu parler de fromage d'ânesse.

— Eh bien, on prendra une putain de chèvre, OK ? Ne m'apporte pas de problèmes, Simon, apporte-moi des solutions ! Bref, du pain, du fromage de CHÈVRE, du miel d'olivier sauvage, notre propre huile d'olive et puis la villa sera entourée d'arbres fruitiers : des pêchers, des plaqueminiers…

— Des plaqueminiers ? Qu'est-ce que c'est que ça ?

— Je sais pas trop. Tu veux bien cesser de m'interrompre ? Ce que je veux dire par là, c'est qu'on n'aurait pas de gros besoins d'argent.

— Je viens de chercher « plaqueminier » sur Google, c'est l'arbre qui donne les kakis, une sorte de grosse prune orange. Tout de même, ma chérie, on aura besoin d'argent, sinon comment paiera-t-on l'électricité, le téléphone, l'eau et le chauffage ? Et les enfants, où seraient-ils scolarisés ?

— À la charmante petite école du coin, comme celle du village d'en bas.

— Mais les enfants ne parlent pas le grec ! Nous ne parlons pas le grec !

— J'ai fait option latin au collège.

— Chérie, le latin n'a strictement rien à voir avec le grec moderne. Ni avec le grec ancien, d'ailleurs. Toi qui ne connais toujours pas un seul mot de français après avoir passé je ne sais combien d'étés chez mes parents, comment veux-tu te mettre au grec ? On serait comme ces gens qui témoignent dans les émissions de l'après-midi, ces horribles British qui décident de tout plaquer pour vivre à l'étranger et qui rentrent au bercail au bout de quinze jours parce que le supermarché du coin ne propose pas leur marque de jus d'orange. En plus, je te signale que l'économie grecque est plus que mal en point : ce serait de la folie d'investir l'argent que tu as gagné dans ce pays.

— Aaaaah, mais justement ! ai-je répliqué d'un air futé. Puisque la Grèce est en plein marasme, le taux de change sera sûrement à notre avantage, avec nos bonnes livres sterling ?

— Non, ma chérie…

Là-dessus, Simon s'est mis à pontifier sur l'inflation et les mécanismes de l'économie. Très vite, j'ai décroché et je me suis remise à rêver à mes oliveraies, à mes aquarelles et au ravissant chapeau de paille sous lequel je m'abriterais pour peindre.

Quand je me suis reconnectée à la réalité, Simon continuait de piétiner mon rêve, exigeant une fois de plus de savoir comment j'allais payer les charges de la maison. Je m'apprêtais à rétorquer qu'on s'éclairerait à la lampe à pétrole et qu'on tirerait l'eau d'un vieux puits en pierres, quand je me suis rendu compte que je virais dangereusement à la Louisa. Et puis, en vrai, je suis incapable de vivre dans de telles conditions.

Heureusement, c'est le moment qu'ont choisi les grillons pour s'abattre sur nous, ce qui m'a permis de battre en retraite avec dignité face aux questions bassement pratiques de Simon. Enfin, avec autant de dignité que le permet une retraite bruyante et précipitée.

— ARRRGH ! J'en ai dans les cheveux ? Simon ! Je veux pas en avoir dans les cheveux !

J'ai néanmoins refusé de déposer les armes et j'ai passé la fin de la soirée à chercher la maison idéale. J'ai une semaine pour réaliser mon rêve. C'est tout à fait à ma portée !

MAI

Dimanche 1er mai

Je n'ai pas réussi à réaliser mon rêve. Simon s'est obstiné à le piétiner, se braquant sur le concret, les aspects pratiques, la nécessité de nourrir et de chausser nos enfants, sans oublier les inquiétants soubresauts de l'économie grecque. Il a balayé tout net mes affirmations à l'emporte-pièce, comme le fait que payer des impôts soit en option en Grèce (ce dont je suis pourtant certaine) ainsi que la théorie selon laquelle on vivrait de notre terre en toute simplicité et que tout s'arrangerait dès qu'on aurait trouvé la villa idéale. Du coup, nous avons retrouvé notre maison de banlieue.

C'est peut-être ce qui a conduit Louisa à se retrouver dans un « ashram » ? A-t-elle eu comme moi la vision d'une existence plus simple ? À cette différence près que, libérée des contraintes d'un mari piétineur de rêves, elle a su faire de son rêve une réalité. En même temps, la réalité de Louisa, j'ai eu l'occasion de la voir de près : elle est carrément boueuse, humide et elle ne sent pas le muguet. Et puis la vision de Louisa s'enracine dans une sombre forêt d'Écosse, pas en Grèce, sur un versant de colline inondé de soleil. En conclusion, il est fort probable que Louisa soit juste complètement barrée. Je préfère cette option qui me permet d'esquiver tout indice suggérant que Louisa et moi puissions avoir quelque chose en commun.

Depuis notre retour, la machine à laver n'arrête pas de tourner. Je ne comprends pas. Je pensais avoir fait toute la lessive en vacances, et pourtant j'ai des tonnes de linge à laver, alors qu'on a passé quinze jours en short et en T-shirt. Finalement, je n'ai eu besoin que de mes tongs. Je n'ai pas mis une seule paire des chaussures qui seront allées à Corfou et retour sans quitter leur sac de voyage. N'empêche, je me suis bousillé le dos en prétendant que mon bagage à main pesait moins qu'une plume.

Les enfants ont retrouvé leur agressivité de chats sauvages dès qu'ils ont atterri sur leur sol natal : à bout de fatigue et la gorge irritée, ils se sont disputés de l'aéroport jusqu'à la maison. Ici, le ciel est trop bas, les campanules sont en train de faner, la circulation est trop importante et je ne veux pas retourner au bureau demain. Simon met ça sur le coup d'un énorme blues postvacances, mais moi, je veux m'asseoir sur ma *terracio* (c'est peut-être de l'italien. Ou alors un mot que j'ai inventé), un verre de vin local à la main, regarder mes adorables bambins s'ébattre dans la piscine et, plus tard, voir les lumières s'allumer une à une dans la vallée. En résumé, la réalité me gonfle, je déteste ma vie, tout est vraiment trop injuste et je vais hurler jusqu'à m'en rendre malade. Ou bien râler tout bas. Un peu.

L'avantage du retour, c'est qu'il est bien agréable de retrouver les sanitaires britanniques et de pouvoir vraiment évacuer le papier en tirant la chasse. Je n'étais pas trop fan de ces poubelles remplies de PQ merdeux, je dois bien l'avouer. Je suis aussi très contente de pouvoir à nouveau me brosser les dents sans que Simon rugisse : « Sers-toi de l'eau minérale ! Pas de l'eau du robinet ! » Et bien sûr, je suis très heureuse d'avoir retrouvé mon chien. Il m'a terriblement manqué, cet animal, d'ailleurs j'ai un peu trop souvent demandé de ses nouvelles à la pension. Je lui ai même envoyé une carte postale.

Mercredi 4 mai

Bah, merde alors ! Aujourd'hui, j'étais en avance pour aller chercher les enfants. Du coup, j'ai effectué une rare incursion dans la cour de l'école. Ça faisait un petit moment que j'évitais de le faire, arrivant pile à l'heure de la sonnerie, puis allant très lentement au-devant de mes enfants, juste au moment où ils franchissaient le portail, tout ça pour ne pas parler au Gang et aux autres mamans. Je sais, c'est très vilain et très asocial de ma part, mais ces jours-ci, je n'ai pas la force de jouer la comédie et de me plier à leurs grimaces. Ma seule consolation, c'est que Sam m'a avoué qu'il faisait pareil, les jours où il vient chercher Sophie et Toby. Au moins, je ne suis pas un cas unique de sociopathie aiguë.

Aujourd'hui, cependant, j'ai décidé d'être courageuse. Si la maman-parfaite de la Parfaite-Lucy Atkinson et ses copines ont envie de se la péter en me demandant si j'ai passé de « bonnes vacances », la tête inclinée sur le côté, je pourrai répliquer : « Oui, merci, on a passé deux petites semaines à Corfou. Oui, c'était magique. Ça change vraiment *tout* de partir », au lieu de faire semblant de m'être éclatée chez Michael et Sylvia, sous le regard effaré du Gang. Elles se font des torticolis à force de feindre la compassion devant cette miséreuse, si démunie qu'elle en est réduite à passer les vacances chez ses beaux-parents.

À mon entrée dans la cour, la bande habituelle campait à sa place, mais les mamans pianotaient frénétiquement sur leur téléphone et échangeaient entre elles des murmures pressants. *Et merde !* ai-je pensé. Qu'est-ce que j'avais encore oublié ? Un événement d'une gravité planétaire s'était-il produit à mon insu ? Non, elles semblaient toutes très guillerettes. C'était peut-être un événement d'envergure internationale, mais très joyeux, alors ? Si l'une d'elles me lançait : « C'est *merveilleux*, non ? » en parlant de ce qui s'était passé, je pourrais peut-être m'en tirer avec un sourire et un hochement de tête. À cet instant, comme sur un signal, la parfaite-maman de la Parfaite-Lucy Atkinson a foncé droit sur moi, suivie par le reste du Gang.

— Ellen, c'est VRAI ? a-t-elle couiné d'une voix suraiguë.

Qu'est-ce qui est VRAI ? me suis-je demandé. Que sait-elle ? Hein, quoi ? Que je suis une femme mariée qui a flirté plus que de raison avec Charlie Carhill parce que j'étais flattée de son intérêt ? Oui, d'accord, je suis une femme de mauvaise vie, mais il ne s'est rien passé, en fait, on a juste bu quelques verres ensemble, déjeuné quelques fois… Oui, il continue de m'envoyer des textos tous les jours. Non, je ne peux plus continuer à les ignorer, mais je vais régler cette histoire une bonne fois pour toutes, incessamment sous peu. Puis, je me suis dit : mais la mère-parfaite ne peut pas être au courant, comment aurait-elle fait pour l'apprendre ? Alors, quoi ? Rhoooo, zut ! je parie que quelqu'un a vu le chien faire sa crotte dans le petit bois derrière le parc, que je ne l'ai pas ramassée parce que je n'avais plus de sacs à crottes ce jour-là, que sur le moment je comptais vraiment retourner là-bas, mais que j'ai complètement oublié de le faire. Dans ce quartier, ne pas ramasser une crotte de chien est un crime passible de la lapidation. J'ai continué à les regarder comme un lapin pris dans les phares d'une voiture. Je pourrais peut-être donner le change, nier tout en bloc, faire l'innocente ? J'ai souri bêtement, les yeux écarquillés.

— Oh là là ! Mais oui, c'est bien VRAI ! s'est exclamée la parfaite-maman de la Parfaite-Lucy Atkinson. Regarde, c'est son visage sur la photo ! Tu vois, Fiona, je te l'avais BIEN DIT, mais tu ne m'as pas crue ! C'est Machine, tu sais, la fille au pair (pfff… je suis incapable de prononcer son prénom et pourtant, je fais des efforts) qui m'a montré un article dessus ! J'ai tout de suite su que ça ne pouvait être que toi, Ellen !

— Un article ?

Oh, merde ! Je suis dans la feuille de chou locale à cause d'une crotte de chien. Désignée à la vindicte populaire, certainement.

— Oui, un article dans un de ces magazines de geek ennuyeux à mourir. Il paraît qu'elle a décroché un diplôme de je ne sais pas quoi en informatique dans une université ukrainienne. C'est pour ça qu'elle aime bien ce genre de trucs. Bref, l'article parlait des dernières « applis » à succès et de leurs concepteurs. C'est là que je l'ai vue : « Pourquoi maman picole », conçue par Ellen Russell Games Ltd. Ça ne pouvait être que toi, je le savais ! Fiona m'a juré que tu n'étais pas assez futée pour ça, mais moi, je lui ai répondu que si !

Merci, Fiona, sympa ! Je vois que notre choré sur *Patricia the Stripper* nous a drôlement rapprochées, toutes les deux… Je ne te ferai plus monter sur un piano avec moi – la prochaine fois, c'est la maman de Lucy Atkinson que j'inviterai à me rejoindre.

— Éhéhééé, oui… ai-je marmonné. C'est moi. Pourquoi, tu l'as testée ?

— Testée ? Mais Ellen, on *l'adore* ! Nous sommes toutes complètement *accros* à cette appli !

Une petite foule s'était massée autour de moi, émettant des murmures étrangement approbateurs sur « Pourquoi maman picole ». Mais c'était la maman de Lucy Atkinson qui faisait office, comme à son habitude, de porte-parole de la cour de l'école.

— Elle est trop drôle, ton appli, Ellen ! Et tout est tellement bien vu ! C'est le reflet exact de notre quotidien, sauf que tu as réussi à le transformer en jeu tout à fait brillant.

Ce n'est pas le reflet de ton quotidien, ai-je pensé, troublée. C'est le quotidien des mamans ordinaires, comme Hannah et moi. Pas comme toi avec ta chevelure soyeuse, ta blondeur parfaite, « Machine » ta fille au pair et tes enfants modèles. Mais elle continuait sur sa lancée, à fond les ballons…

— Même le moment où tu dois éviter les super-mamans à la grille de l'école, c'est juste génial !

MAIS C'EST TOI, MEUF, LA PLUS SUPER DES SUPER-MAMANS ! C'EST QUOI, CE DÉLIRE, ESPÈCE DE GRANDE MALADE ?

— C'est vrai, j'ai toujours l'impression de devoir cavaler après les mamans qui travaillent et qui me regardent de haut parce que je n'ai pas leur indépendance financière. Et je t'envie, tu sais, de partir tous les matins au bureau, d'avoir ta vie à toi, en dehors de ta famille. Surtout, je m'inquiète de l'exemple que je donne à Lucy…

Télé-Alicia s'en est mêlée :

— Au contraire, c'est moi qui ai toujours l'impression que je devrais m'écraser devant vous, les mamans au foyer ! Je pensais que vous me jugiez parce que je délaissais mes enfants au profit de ma carrière, parce que je ne me consacrais pas entièrement à eux. C'est moi qui me demande quelle sorte d'exemple je leur donne en étant tout le temps débordée par mon job et en ne faisant jamais de gâteaux ni de loisirs créatifs avec eux.

— Oh, putain, je *déteste* faire des gâteaux ! a lancé Fiona Montague à la cantonade. Si seulement je pouvais ne plus voir un seul de ces gâteaux à la con, mon bonheur serait complet. Saloperies !

Franchement, la cour de l'école ne m'a jamais semblé aussi agréable et sympathique qu'aujourd'hui. Toutes les mamans plaisantaient entre elles de leurs doutes et de leurs angoisses. Aucune ne se sentait jamais à la hauteur. Toutes, qu'elles travaillent ou non, s'inquiétaient d'être une mauvaise mère. Et de toute façon, on a beau adorer ses enfants, être parent, c'est parfois abrutissant d'ennui et de fatigue : on a vraiment l'impression de pousser des wagonnets au fond de la mine.

Mais qui aurait cru que c'était le sentiment général ? Que même la parfaite-maman de la Parfaite-Lucy Atkinson est parfois tentée de dire à sa petite sainte Lucie d'aller se faire foutre tellement elle en a marre de l'entendre jacasser ! Que Fiona Montague s'enferme parfois à clé dans la salle de bains pour pleurer, brisée par un énième épisode de *Peppa Pig* ! Et que la toute-puissante Télé-Alicia s'est surprise à chanter une chanson de *Dora l'Exploratrice* pendant une réunion très importante ?

J'étais abasourdie. Cette appli, dont la conception avait été une sorte de sas de décompression pour moi, contenait toutes mes sources d'énervement au quotidien transposées en défis à négocier jour après jour. Bien sûr, je chérissais chaque sou de la somme rondelette qu'elle me rapportait, mais sa popularité me laissait perplexe. En toute honnêteté, je pensais que les mamans nulles, les mamans-qui-rament-au-quotidien, les mamans-tout-juste-passables-et-encore-à-condition-qu'elles-soient-dans-un-bon-jour, étaient une minorité. Alors qu'en fait, non. Elles forment le gros de la troupe, bien qu'elles donnent aux autres l'illusion d'assurer en toutes circonstances, d'être des supermamans et de vivre la perfection au quotidien. Au moment où nous sommes sorties de la cour, la parfaite-maman de la Parfaite-Lucy Atkinson m'a serrée dans ses bras. C'était terrifiant.

Mardi 10 mai

Aujourd'hui, j'ai reçu un appel de l'école me priant de venir aussi vite que possible : il s'était produit un « incident » impliquant Jane. Petra, la secrétaire, d'habitude chaleureuse et enjouée, avait le ton grave, l'émotion contenue et elle m'a appelée madame Russell, pas Ellen. Elle a refusé d'entrer dans les détails, se bornant à me dire que Jane n'était pas blessée et que la directrice voulait s'entretenir de toute urgence avec moi.

Ma réaction évidente à un tel coup de téléphone est de me mettre en mode panique noire. J'ai appelé Simon sur son portable et, bien entendu, je suis tombée sur sa boîte vocale. J'ai donc appelé son cabinet d'architecte où sa secrétaire m'a indiqué qu'il était en réunion à l'extérieur. Essayez de le joindre sur son portable, m'a-t-elle conseillé. Très utile, alors qu'un péril inconnu menaçait l'aînée de ses enfants ! Il se peut que j'aie sangloté au téléphone.

J'ai roulé jusqu'à l'école, folle d'inquiétude, tentant d'imaginer ce qui était arrivé à Jane et qui exigeait de me convoquer séance tenante, sans toutefois nécessiter son hospitalisation. J'ai laissé la voiture dans le parking réservé-au-personnel-et-strictement-interdit-aux-parents (c'était un cas de force majeure) et je me suis précipitée à l'intérieur de l'école.

Jane, très pâle, était assise dans le bureau de Petra. Elle affichait la mine butée et bravache qu'elle a lorsqu'elle est au bord des larmes, mais qu'elle préférerait crever plutôt que d'en verser une en public. Petra a juste eu le temps de m'adresser un sourire compatissant et de lever les yeux au ciel avant que madame Johnson, la directrice n'entre dans le bureau, l'air très affairée.

Madame Johnson est une vieille peau de vache, toute gonflée de sa propre importance. Elle n'a pas la vocation, contrairement à la plupart des enseignants. De toute évidence, c'est une de ces personnes qui a choisi l'enseignement afin d'exercer un pouvoir sur des individus plus vulnérables que soi, pas pour inculquer l'amour de la connaissance à ces jeunes cervelles. Hélas, elle ne me rappelle que trop ma propre directrice d'école. Du coup, chaque fois que je la vois, je dois réprimer l'envie de m'avachir en marmonnant « Non, j'mâche pas de CHEWING-GUM ! » puis de filer m'allumer une clope et rouler une pelle à un garçon peu recommandable, derrière la remise à vélos.

Madame Johnson, donc, m'a gratifiée de son sourire reptilien qui ne se reflète jamais dans ses yeux.

— Ah, madame Russell ! Entrez, je vous en prie !

Au même moment, Jane s'est écriée :

— Mam', il faut que je te parle !

Je me suis figée.

— Qu'est-ce qui s'est passé ? Jane est blessée ? Personne ne m'a dit pourquoi je devais venir si vite !

— Si vous voulez bien entrer, madame Russell, je vais vous expliquer ce qu'a fait Jane et qui justifie qu'on vous ait convoquée de toute urgence.

Jane a insisté :

— Mam', *s'il te plaît* !

Sa voix frémissait d'un désespoir qui m'a bouleversée. Il était clair qu'elle n'allait plus pouvoir retenir ses larmes très longtemps. Or Jane déteste pleurer devant quelqu'un, même devant moi, alors, devant Petra la secrétaire et gros-thon-Johnson, n'en parlons pas !

J'ai pris une profonde inspiration, invoqué intérieurement Jessica et, de ma voix la plus glaciale, j'ai dit :

— Je pense, madame Johnson, qu'il serait plus adéquat que je m'entretienne d'abord avec ma fille, avant d'entendre *vos* explications.

Le sourire froid de madame Johnson s'est envolé, remplacé par une moue en cul-de-poule.

— Je ne pense pas que ce soit adéquat, madame Russell. Alors, si vous voulez bien entrer, *maintenant*...

Jane m'a jeté un regard désespéré.

— Je ne suis pas d'accord, madame Johnson, ai-je répliqué, toujours en mode Jessica, comme la fois où le mec de chez Waitrose lui avait livré du saumon fumé périmé et qu'elle avait dû les appeler pour se plaindre. Je crois vraiment qu'il faut que je parle à *ma fille* avant de m'entretenir avec vous. Et donc ?

Madame Johnson avait de la fumée qui lui sortait par les naseaux, mais Jessica-la-furieuse-avec-sa-voix-de-saumon-fumé-avarié ne souffre aucun argument.

— Ma foi, nous pouvons toujours aller toutes les trois dans mon bureau…

Ce à quoi Jessica-à-qui-on-a-offert-une-pomme-même-pas-bio a riposté :

— *Non*, pas maintenant. Je vais d'abord parler à Jane. *Ensuite*, je serai on ne peut plus ravie d'entendre votre version des faits. Mais je vous remercie infiniment de nous prêter votre bureau, c'est très gentil à vous. Allons, viens, Jane !

Et sans attendre de réponse, je suis passée, altière, Jane à ma traîne, laissant le gros-thon fulminer et Petra, hilare, m'approuver des deux pouces levés. (« Entrer de façon altière dans le bureau de la directrice », façon Jessica, lors de sa seule et unique incursion chez Nando, quand elle s'est aperçue qu'elle devait aller commander au bar.)

Une fois dans le bureau, à l'abri des regards du thon et de Petra, Jane s'est effondrée et a éclaté en sanglots. Ce n'était plus du tout ma vaillante petite guerrière, celle qui, depuis sa naissance, suit son bonhomme de chemin en évitant les larmes, ce truc pour les faibles et les idiots. Elle a sangloté un bon moment dans mes bras. Les seules paroles que je pouvais distinguer étaient « INJUSTE » et « JE LES DÉTESTE ! » et aussi quelque chose sur Oscar et Tilly. J'ai réussi à la calmer, soulagée de voir qu'elle semblait autant pleurer de rage que de détresse. Enfin, entre deux hoquets, elle m'a raconté ce qui s'était passé.

Apparemment, Oscar Fitzpatrick harcèle depuis un moment l'amie de Jane, Tilly, de façon tout à fait cruelle. Dès que les adultes ont le dos tourné, il la frappe, la pince, lui pique son déjeuner et l'insulte avec grossièreté. Bref, c'est un bel enfoiré. L'équipe pédagogique s'est montrée en dessous de tout : elle a simplement obligé ce petit con à rester une fois en classe pendant le temps méridien. Voilà la pire punition qui lui ait été infligée, alors que de nombreux enfants ont déjà témoigné de ses agissements. Ayant choisi de rester dans le coin Lego, le petit merdeux a dû cruellement ressentir cette pénitence…

Aujourd'hui, Tilly a apporté sa nouvelle poupée à l'école, celle qu'elle a eue pour son anniversaire, le week-end dernier.

Elle était en train de la montrer à ses amies, parmi lesquelles Jane, quand Oscar lui a brusquement pris sa poupée. Il lui a arraché la tête et jeté le corps par-dessus la clôture de la cour. Enfin, il a balancé la tête à la poubelle, le tout sous les hurlements de Tilly et des autres filles qui avaient tenté de la lui reprendre.

Pour Jane, c'en était trop. Elle a décidé de prendre les choses en main. Mettant en pratique ses cours de jiu-jitsu, elle a expédié Oscar Fitzpatrick au tapis – un exploit ! C'est l'un de ces enfants mutants qui dominent leurs camarades de plusieurs têtes. Puis elle lui a shooté dans les valseuses car, comme elle a me l'a déclaré avec force :

— Il le méritait, mam' ! Normalement, on ne doit se servir du jiu-jitsu que pour se défendre, mais JUSTEMENT ! Je défendais Tilly !

Manque de chance, l'une des enseignantes, celle-là même qui n'est jamais là quand Oscar tourmente Tilly, a vu Jane se jeter sur ce petit con et lui flanquer une dérouillée. Ma fille a alors décidé d'aller voir madame Johnson afin de lui donner sa propre version. Faisant preuve d'une sagesse que j'aimerais lui voir appliquer à d'autres domaines – retrouver ses chaussures d'école, par exemple –, Jane a ensuite déclaré qu'elle ne parlerait plus qu'en présence de sa mère, puisque :

— J'ai le droit de garder le silence, n'est-ce pas ?

Je l'ai rassurée : elle avait fait ce qu'il fallait et j'allais régler toute cette affaire, fissa ! Je l'ai renvoyée à Petra, j'ai remis mon masque de Jessica et j'ai convoqué madame Johnson dans son propre bureau. Tout gonflé d'une vertueuse indignation, le thon semblait avoir doublé de volume – on aurait dit un poisson-globe outragé. Il s'est précipité dans son bureau en lançant sèchement :

— Ah ! Madame Russell ! J'imagine que *maintenant*, vous prenez la mesure de la gravité de la situation !

— Parfaitement. Je suis tout à fait d'accord avec vous, il s'agit d'une affaire extrêmement grave. Et votre inquiétude me semble en effet justifiée : ce qui se passe dans votre établissement n'est que le reflet de votre négligence coupable ! Que les élèves soient obligés d'intervenir eux-mêmes pour protéger leurs camarades victimes de harcèlement face à l'inertie de l'équipe enseignante, ça donne une très mauvaise image de l'école.

Et pan, dans les dents ! J'ai réussi à lui couper la chique, à cette vieille garce. Elle a bafouillé rageusement :

— Je fais allusion à l'agression gratuite d'un de nos élèves par votre fille !

— Un enfant qui harcèle une des amies de Jane depuis des semaines !

— Madame Russell, je ne peux pas discuter avec vous d'affaires concernant d'autres élèves que votre fille. Nous sommes ici pour parler de la violente agression de Jane envers Oscar. Je crains qu'au vu du déroulement des faits, nous n'ayons d'autre choix que de voir Jane dans le rôle de l'agresseur, et donc du harceleur, ce qui nous oblige à gérer la situation en conséquence.

— Et que vous proposez-vous de faire, exactement ?

— Jane va devoir présenter des excuses publiques à Oscar et elle sera privée de Vendredi en fête.

— Et que fera-t-elle, à la place du Vendredi en fête ?

— Elle sera consignée dans mon bureau, afin de réfléchir aux actes qu'elle a commis.

La tigresse en moi, celle qui grondait tout bas depuis que j'avais vu Jane dans le bureau de la directrice, s'est réveillée dans un rugissement. Je n'avais plus besoin de me mettre dans la peau de ma surdouée de sœur pour réduire à une arête ce gros-thon qui voulait punir injustement mon bébé. Madame Johnson avait intérêt à s'écraser vite fait et à laisser ma petite fille tranquille ! En fait, elle pourrait s'estimer heureuse si je repartais sans foutre le feu à son école à la con, en abandonnant son cadavre explosé à l'intérieur. Le fauve était lâché. La tigresse avait sorti ses griffes.

— Pourtant, quand cet Oscar a volé le déjeuner de Tilly, l'a jeté dans la boue et l'a piétiné, il a juste été consigné pendant le temps méridien et encore ! on l'a laissé choisir une activité. On n'a pas exigé de lui qu'il présente des excuses publiques, et il n'a pas non plus été privé de Vendredi en fête.

— Peut-être, madame Russell, mais Jane a commis un acte

de violence physique, acte dont a été témoin *un membre de l'équipe pédagogique* !

— Plusieurs enfants ont également été témoins du harcèlement qu'exerce Oscar sur Tilly, de l'incident d'aujourd'hui, mais aussi de ses nombreux autres rackets et actes de violence. Tous ont corroboré la version de Jane et de Tilly, pourtant vous préférez vous fier à celle d'*un membre de votre équipe pédagogique* qui n'a vu que la fin d'une altercation. À vos yeux, sa version des faits est donc plus crédible que le témoignage de plusieurs enfants ?

— Vraiment, madame Russell, je…

Je l'ai coupée.

— Prenez-vous Jane pour une idiote ?

— Pardon ?

— Je vous demande si vous prenez ma fille pour une idiote ? Croyez-vous qu'elle s'attaquerait sans raison à un garçon deux fois plus costaud qu'elle ? Jane est beaucoup de choses, madame Johnson, mais c'est tout sauf une écervelée. Elle a pris la défense de son amie et à ce titre, on devrait la féliciter ! Jane ne présentera aucune excuse et elle ne sera pas non plus privée de Vendredi en fête. Parce que… (j'ai pianoté furieusement sur mon téléphone, bénissant le ciel de ne pas avoir bouffé tout mon forfait en glandant sur Facebook)… je cite : « l'autorité éducative définit le harcèlement comme "un schéma de violence répété, continu et sur une longue période" ». Par conséquent, une seule agression, isolée, de la part de Jane peut difficilement être qualifiée de harcèlement. Et d'une ! Et de deux : le règlement intérieur de l'école stipule que l'équipe pédagogique doit promouvoir et encourager les comportements positifs, ce que vous ne faites pas en sanctionnant Jane de cette façon, et amener les enfants à assumer les responsabilités de leurs actes. Comment pouvez-vous enseigner cela à vos élèves si vous écartez les témoignages répétés de plusieurs enfants, jugés de moindre valeur que le témoignage d'un seul membre de l'équipe pédagogique qui n'a même pas assisté à toute la scène ? Jane n'a fait que défendre son amie. Quant à vous, vous avez manqué à votre obligation de moyens envers Tilly, Jane et même Oscar en ne leur procurant pas un environnement sûr et correctement surveillé.

— Madame Russell, permettez-moi de vous dire que…

— JE N'AI PAS FINI ! a rugi la mère-tigresse. Permettez-MOI de vous dire une bonne chose : je vous conseille d'abandonner *sur-le-champ* toutes ces allégations et menaces absurdes à l'endroit de ma fille, ou je me ferai un plaisir de confier cette affaire à la police afin qu'on enquête sur vos manquements envers TOUS les enfants impliqués dans ce scandaleux épisode. Est-ce clair ?

— Madame Russell, je ne pense pas qu'il soit nécessaire d'en arriver là… a bredouillé madame Johnson. Nous pourrions peut-être régler cela entre nous. J'ai peut-être eu la main un peu lourde avec Jane…

— Et vous souhaitez lui présenter des excuses ?

— Bien sûr, si j'ai, par inadvertance, fait de la peine à Jane, j'en suis tout à fait navrée.

C'était une façon de se défiler, mais en toute franchise, je n'en revenais pas d'avoir pu lui arracher ce simulacre de repentance. Mais puisqu'elle était dos au mur, je me suis dit que j'allais en profiter.

— Et, bien entendu, il n'est pas question que Jane présente des excuses à quiconque et qu'elle soit privée de Vendredi en fête ?

— Non, non, je ne pense pas ! a hoqueté la Johnson dont la figure avait viré au bordeaux foncé.

Il ne manquait plus qu'elle me fasse une crise cardiaque ! Il faut dire que je l'avais mise plus bas que terre. J'ai décidé d'en rester là, tant que j'avais l'avantage. Je me suis levée et aussi poliment que possible, j'ai dit :

— Eh bien, je suis très contente que nous ayons pu régler cet absurde malentendu, madame Johnson. J'ai été ravie de vous rencontrer. Surtout, n'hésitez pas à me téléphoner si d'aventure vous souhaitez discuter d'un autre sujet avec moi. Bien entendu, je ramène Jane à la maison, toute cette histoire l'a secouée. Au revoir !

Et je me suis hâtée de sortir du bureau à la manière altière de Jessica chez Nando, de peur de me faire taper sur les doigts.

J'ai traversé le parking d'un pas décidé, remorquant Jane dans mon sillage incendiaire.

— Maman ?

Jane ne m'appelle plus maman depuis qu'elle a trois ans.

— Tu es en colère contre moi, maman ? m'a-t-elle demandé d'une toute petite voix.

— Bien sûr que non, ma chérie ! Je suis en colère contre madame Johnson, contre Oscar et contre ton école, mais certainement pas contre *toi* ! Tu as très bien agi en t'opposant à ce garçon comme ça, surtout qu'il est bien plus grand que toi. Je suis très fière, au contraire : tu as défendu ton amie, alors que tu aurais pu prendre un mauvais coup. Tu n'as pas eu peur, tu y es allée toute seule. Et tu peux toi aussi être fière, parce que tu t'es conduite de façon très courageuse.

— Ah, tant mieux. On pourrait aller manger une glace avant de rentrer, alors ?

J'ai poussé un soupir de soulagement. La réapparition du pragmatisme de ma fille, qui retournait déjà la situation à son avantage, semblait indiquer que pour elle, tout était rentré dans l'ordre.

— Et peut-être acheter un magazine de BD ? a-t-elle ajouté.

Dans la soirée, la maman de Tilly m'a téléphoné. Sa fille lui ayant raconté par le menu ce que l'on présentait désormais comme le combat de David contre Goliath, elle m'a demandé de remercier Jane d'être intervenue comme elle l'avait fait. J'ai failli en pleurer de fierté, bien que Jane m'ait éhontément dépouillée de 15 livres chez le marchand de glaces.

Comme toujours après ce genre de confrontation, j'ai passé le reste de la soirée à arpenter furieusement la maison en grommelant : « ET CE N'EST PAS TOUT ! », tandis que des répliques de plus en plus cinglantes me venaient à l'esprit, des reparties qui auraient écrasé madame Johnson comme une punaise.

Vendredi 20 mai

C'est vendredi PRAF ! Ah, si seulement je pouvais dire « déjà », mais l'abîme entre lundi et vendredi semble se creuser de semaine en semaine. J'ai donné une pizza surgelée en pâture à mes chères têtes blondes et j'ai filé me préparer. Au programme de ce soir : un petit saut au pub avec Hannah et Sam.

Plutôt contente d'avoir réussi à rentrer dans mon jean blanc, pantalon très estival de mon point de vue, je me faisais les cils quand Jane est entrée dans la chambre.

— Tu ne vas pas mettre *ça*, maman ? m'a-t-elle demandé d'un ton horrifié.

— Mais si ! Pourquoi, tu n'aimes pas ?

— Non c'est pas ça… Je m'étais jamais rendu compte que tu avais un si gros derrière, c'est tout.

Ayez des gosses. C'est porteur d'avenir, épanouissant… Face à ce jugement sur la taille de mon cul, je me suis efforcée de ne pas hurler. J'hésitais entre me changer et répliquer « Rien à foutre ! » quand Peter est entré à son tour dans la chambre, réclamant un câlin avant que je parte. Son câlin à lui a surtout consisté à essuyer ses mains et sa bouille pleines de chocolat sur mon jean blanc, ce qui a au moins eu le mérite de résoudre mon dilemme. Quand il a eu fini, on aurait dit que je m'étais souillée. Oh, oui ! Avoir des enfants, quel bonheur ! Comment ne pas se réjouir de servir de serviette humaine à un petit être poisseux ? De le laisser vous piétiner le cœur ?

Je suis enfin arrivée au pub, légèrement à la bourre à cause de mon changement de tenue, effectué tout en hurlant à Simon de venir créer un moment de complicité avec ses p'tits loups, merciii ! Et une fois au pub, surprise : Sam n'est plus amoureux ! Il a décidé que Mark n'était pas fait pour lui, en fin de compte, que c'était juste une petite roulade dans le foin qui lui a permis de se remettre en selle, pour ainsi dire. Et puis, Mark lui aurait dit que j'étais homophobe.

— C'est vrai quoi, qu'est-ce qui lui a pris de sortir un truc pareil ? s'est indigné Sam.

J'ai viré à l'écarlate, ou presque.

— Ah… euh, je crois que je sais… Il s'est produit un quiproquo très fâcheux entre sa sœur et moi, mais je pensais que le malentendu était dissipé.

Sam m'a dévisagée avec incrédulité.

— Ellen... Qu'est-ce que tu as bien pu dire ou faire pour que la sœur de Mark te taxe d'homophobie galopante ?

— Eh bien, euhhhhhh... J'étais dans une soirée, assez bruyante, j'avais bu deux verres de vin et je ne connaissais pas trop Alison. On a bavardé poliment, tu sais, le genre de conversation où on se pose des questions ineptes parce qu'on n'a rien à se dire. Je lui ai demandé si elle avait des frères et sœurs, elle m'a répondu qu'elle avait un frère, je lui ai demandé s'il était marié et J'AI CRU qu'elle m'avait répondu : « NON, il est décédé. » Parce qu'il y avait un *boucan d'enfer* ! Elle avait dit ça d'un ton très terre à terre, mais je me suis dit que je devais tout de même lui montrer de la compassion et donc, je lui ai fait tout le numéro « Oh, je suis vraiment navrée pour toi, quel malheur ! » et comme elle me regardait sans rien dire, je lui ai demandé : « Ça s'est produit subitement ? » et elle m'a dit non, qu'elle avait toujours plus ou moins su que ça finirait comme ça. J'en ai conclu qu'il était mort au terme d'une longue maladie. Alors, j'ai dit : « Pfff, mais ça ne rend pas les choses plus faciles pour autant, n'est-ce pas ? » et de nouveau, elle m'a regardée sans rien dire. Du coup, je me suis dit que je ne lui témoignais pas *assez* de compassion et je lui ai demandé : « Et tes parents, comment le vivent-ils ? J'imagine qu'on ne se remet jamais vraiment de ce genre de chose quand ça arrive à son enfant, n'est-ce pas ? » Là, elle a pris un air offusqué et elle m'a répondu que je la surprenais beaucoup, qu'elle me pensait plus large d'esprit et qu'à m'entendre on pourrait croire que son frère était *décédé*, pas gay ! Moi, j'avais compris qu'il était mort et enterré, et qu'elle, c'était juste une tarée au cœur de pierre qui faisait sa blasée sur son frangin disparu. À partir de là, je lui ai expliqué mon erreur en long et en large, que je lui avais dit tout ça parce que j'avais cru que son frère était mort. Je pensais que ça avait suffi à dissiper le malentendu, mais visiblement, je me suis trompée. Sinon, pourquoi est-ce qu'elle dirait ça sur moi ? Elle vient à ma soirée avec son frère gay et non décédé et maintenant, elle raconte à tout le monde que je suis une bigote !

Sam pleurait de rire.

— Mais qu'est-ce que t'es con ! a-t-il articulé. Tu lui as dit : « Comment vos parents le vivent-ils ? » Ah, je le crois pas ! Quelle quiche ! Bah, à ta place, je m'inquiéterais pas trop. Alison doit avoir raconté la scène à Mark et il aura compris de travers. Il n'est pas très futé, tu sais. Mais il est mignon. Enfin… tu m'as remonté le moral, j'étais triste de l'avoir largué.

De son côté, Hannah avait la mine sombre. Le site de rencontres « Baise ma cops, s'il te plaît » sur lequel elle s'était inscrite ne lui avait toujours pas amené un seul rencard, et encore moins la rencontre avec l'âme sœur, l'homme qui allait passer toute sa vie avec elle. Elle en avait conclu qu'elle allait rester seule à jamais. Sam a tenté de la faire rire en lui faisant remarquer qu'au moins, elle n'avait pas reçu d'autres photos de bite, mais elle s'est enfoncée dans son désespoir en gémissant :

— Personne n'a envie d'envoyer de photos de pénis à une sorcière de mon âge, toute fanée… Je suis une vieille bique. Les enfants vont grandir, quitter la maison et partir vivre en Australie, le plus loin possible de leur mère. Même les chats m'abandonneront ; je n'aurais plus qu'une plante verte à qui parler. Et elle finira par faner, elle aussi, parce qu'elle voudra mourir, pour ne plus avoir à m'écouter. JE SERAI TOUTE SEULE !

— Tu nous auras, nous, ai-je glissé, dans l'espoir de lui remonter le moral.

— Mais nooooooooon ! a-t-elle bramé. Non, toi, tu feras des croisières sur le Nil avec Simon, Sam alignera des kilomètres de bites et moi, je serai ABANDONNÉE !

— Euh, tu devrais ralentir sur le gin, mon chou, a suggéré Sam. Tu as l'alcool triste, ce soir…

Des croisières sur le Nil ? C'est quoi cet avenir de croulante qu'Hannah me mijote déjà ?

Jeudi 26 mai

Journée du sport. Je hais la Journée du sport. Peter et Jane ont tous les deux hérité de mes dons dans ce domaine : ils ont la grâce et la coordination de Bambi sur une patinoire, la vélocité et l'élégance d'un bébé hippopotame. Ils manquent aussi résolument d'esprit d'équipe et de fair-play. Ils boudent s'ils perdent, mais aussi s'ils n'obtiennent pas l'autocollant « C'est-bien-d'avoir-participé-même-si-tu-es-nul-sur-les-bords ». Jane, en particulier, déteste les récompenses « Tout-le-monde-a-gagné ». Elle maugrée sombrement pendant que, debout pendant des heures, on regarde chaque élève de l'école aller chercher sa médaille. L'an dernier, elle a même menacé de boycotter la cérémonie. J'ai dû lui promettre beaucoup de sachets Haribo pour éviter une scène.

En dehors de l'inaptitude de mes enfants, je me sens toujours vaguement bernée par la Journée du sport. Dans mon esprit, elle devrait se dérouler sous un soleil radieux. Les mamans porteraient des robes d'après-midi en soie vert Nil et des chapeaux couronnés de fleurs, tandis que les papas flâneraient en costume de lin crème et panama. On servirait des fraises à la crème dans le Quad, même si je ne sais pas très bien ce que c'est qu'un Quad, et des litres et des litres de Pimm's, voire de champagne. Les vainqueurs récolteraient quelques applaudissements polis, peut-être un ou deux « hourra ! », à l'occasion. Il y aurait des paniers à pique-nique remplis de sandwichs au poulet et à la mousse de saumon. Les enseignants seraient en pantalon de cricket blanc et tricot à torsades, et les enseignantes arboreraient une fraîche tenue de tennis.

Il se peut que je confonde la Journée du sport avec une production Merchant Ivory, genre *Chambre avec vue*.

Au lieu de quoi, nous avons droit à un morne terrain de sport où se massent des hordes d'enfants en maillots de nylon aux couleurs si agressives qu'en courant vite, ils doivent pouvoir les enflammer – quoique, dans ce domaine, je ne me fasse aucun souci pour mes propres enfants. Ces chasubles et dossards fluo indiquent le groupe auquel appartient l'élève, tous les sports étant pratiqués par équipe, de manière qu'il n'y ait pas de perdant.

Malgré cet édifiant exemple de politiquement correct, tous les enfants persistent à scander « Il A PERDU-EUH ! IL A PERDU-EUH ! » en montrant du doigt la malheureuse lanterne rouge. En effet, l'école et son politiquement correct n'ont pas encore compris que les enfants sont intrinsèquement cruels et qu'ils démontrent une mentalité de meute envers les plus faibles. Par chance, en raison d'une combinaison de basse fourberie et de tricherie éhontée, Peter et Jane s'arrangent en général pour éviter d'arriver bons derniers, astuce qui fait ma fierté, autant que s'ils étaient véritablement bons en sport.

Les enseignants crapahutent, sanglés dans des tenues « sportives ». Ça va du short en Lycra moulant pour les jeunes profs stagiaires aux fesses rebondies (les papas en ont les yeux qui sortent de la tête, de façon très inconvenante pour des hommes d'âge mûr) au solide survêtement de mademoiselle Briggs, la prof d'instruction religieuse, qu'elle ne sort qu'une fois par an, si l'on peut se fier aux relents de naphtaline qu'il dégage.

Mais la vision la plus terrifiante, c'est celle qu'offre madame Johnson, la directrice, qui, malgré sa robustesse et son âge, aime fourrer son ample poitrine et sa croupe à l'avenant dans des tenues aussi réduites et moulantes que celles des jeunes stagiaires. L'avantage, c'est que toutes les pensées lubriques que les mètres carrés de chair jeune et bondissante pourraient allumer dans l'esprit des papas sont aussitôt douchées par la vision de madame Johnson se dandinant à l'horizon, un haut-parleur dans sa patte courtaude et une corne de brume dans l'autre.

J'ai beau m'escrimer à l'éviter, madame Johnson réussit toujours à me coincer et à me donner l'impression que je suis une vilaine écolière. Mais après l'incident avec Jane, elle s'est contentée de me fusiller du regard de l'autre côté du terrain, ce que j'ai considéré comme un bonus inattendu.

Les autres mamans se divisent entre celles qui travaillent, rouges et suantes dans leur tenue de bureau, car elles sortent à peine du boulot, et les mamans du Gang et assimilées qui ont également investi dans le sportswear vu qu'elles vont dépoter dans la Course des mamans. L'année dernière, il s'est produit une scène épouvantable : la parfaite-maman de la Parfaite-Lucy Atkinson a été disqualifiée pour port de chaussures à crampons qui l'auraient injustement avantagée, ce qui a mis un coup d'arrêt à une série de victoires ininterrompues. Les papas se pavanent. Ils jouent à être le plus occupé et le plus important, en discutant très fort au téléphone de choses cruciales et urgentes ou en exhibant le plus gros appareil photo pour saisir les moments de triomphe de leurs chères têtes blondes. Cette année, j'ai décidé de me rebeller et de porter une robe vaporeuse, tel qu'il sied à la Journée du sport telle que je l'entends. J'ai bien tenté de faire porter un panama à Simon, mais il m'a informée d'un air hautain qu'il n'était pas le mec sur les boîtes d'ananas Del Monte. J'ai ensuite tenté de convaincre Sam qu'il serait d'une élégance folle coiffé d'un panama, et j'ai obtenu une réponse similaire. Qui aurait cru que les petits garçons du Royaume seraient traumatisés à vie par une pub pour les ananas au sirop ?

J'ai complété ma démarche révolutionnaire en planquant une grosse bouteille de Pimm's dans mon sac. Au départ, elle n'était destinée qu'à Sam, Simon et moi, mais le bruit s'est répandu très vite et plusieurs mamans se sont collées à moi en sifflant :

— Il paraît que tu as de l'alcool !

J'avais l'impression d'être un dealer distribuant sa came à quelques privilégiées. Même la parfaite-maman de la Parfaite-Lucy Atkinson boitillait après la Course des mamans, sa série de victoires n'ayant pas résisté à une accélération bien placée de Fiona Montague qui l'a reléguée à la deuxième place. S'étant vu refuser une enquête par les commissaires de la course, elle a préféré se consoler au Pimm's tiède. De fait, grâce à cette autre boisson typiquement britannique, l'infernale Journée du sport est passée beaucoup plus vite, et pourtant, il nous a fallu endurer une « cérémonie de clôture » dans le style jeux Olympiques, divers enfants totalement désorganisés brandissant des bouts de ruban sur fond de flûte de pan. Au lieu de marmonner « Achevez-moi par pitié », je me suis sentie toute chose devant ces petits amours qui agitaient leurs rubans de tout leur cœur. Si seulement j'avais pensé plus tôt à apporter de l'alcool !

JUIN

Mercredi 1er juin

Ces derniers temps, je suis un peu tristounette. Les merveilleux mails m'informant du nombre d'acheteurs de « Pourquoi maman picole » ne tombent plus avec la même régularité et les chiffres qu'ils contiennent ne sont plus aussi mirobolants. Sans doute l'appli est-elle en bout de course, c'est le début de la fin. Je sais. Elle m'a rapporté plus d'argent que tout ce que j'aurais pu imaginer et je ne devrais pas râler, mais j'adore la bouffée de bonheur qui m'envahit quand ces messages arrivent dans ma boîte de courrier entrant. Ils m'ont également permis de faire l'acquisition de plusieurs paires de bottes, d'un ou deux sacs, et je ne veux pas que cette manne s'interrompe. C'était divin d'entrer dans de belles boutiques et de lancer : « Je vais prendre celui-là ! » au lieu de caresser l'article avec convoitise en priant pour qu'il bénéficie d'une très grosse promo.

Simon et les enfants n'ont pas été très impressionnés par ma générosité à leur égard. Pourtant, j'avais cru leur témoigner mon amour de mère et d'épouse en leur achetant des robes, des chemises et des blousons de grands créateurs. Mais Jane a déclaré que ces tenues étaient « nulles » et elle a refusé de se départir de ses T-shirts dinosaures adorés. D'emblée, Simon a clamé que jamais il ne porterait ces fringues qui lui donnaient l'air d'un mac, puis il a frémi d'horreur en voyant le prix sur l'étiquette. Peter, lui, a bien voulu mettre les vêtements que je lui avais achetés, mais seulement parce que c'est un petit garçon qui se moque éperdument de ce qu'il a sur le dos. Il s'est tout de même débrouillé pour renverser du jus de fruits sur un T-shirt tout neuf, la première fois qu'il l'a porté. La tache n'a jamais voulu partir. Bien fait pour moi, ça m'apprendra à mettre 75 livres dans un T-shirt pour un bambin sale et mal élevé. Il m'a été habilement suggéré que, si je voulais à toute force offrir de coûteux cadeaux à ma famille, les dernières innovations high-tech auraient plus de succès que des fringues hors de prix. J'ai refusé tout net. Les enfants n'ont pas besoin qu'on encourage leur addiction aux écrans et Simon me complique déjà suffisamment l'existence avec tous ses gadgets à la con, censés au contraire me la simplifier.

Il a passé la soirée à glander sur son ordinateur portable, me laissant pour une fois le contrôle du grand écran. Après avoir appuyé sur les dix mille boutons des dix mille télécommandes actionnant les dix mille gadgets à la con qu'il a déjà connectés à la télé (ai-je déjà dit que Simon était un grand-malade-du-gadget ?), j'ai réussi à allumer la télé et, encore plus impressionnant, à mater les épisodes d'*EastEnders* que j'avais ratés en connectant l'iPlayer Machinchouette à l'une de ces putains de box. Un mercredi soir, on ne peut guère espérer d'événement plus excitant.

Forcément, je me suis un peu hérissée quand Simon a débarqué dans le salon et qu'il s'est mis à blablater à propos de mon fric. Sur l'écran, Sharon secouait sa crinière devant Ian Beale de façon particulièrement dramatique et je n'étais pas d'humeur à subir un énième sermon sur les comptes épargne ou les plans retraite. Hélas, Simon était résolu à avoir une petite conversation avec moi. Affirmant que ce qu'il avait à me dire était bien plus important que l'étal de fruits et légumes de Ian Beale, il a insisté pour que j'éteigne la télé et il s'est lancé. Voilà, il a passé en revue tous les chiffres de « Pourquoi maman picole » et même après impôts (cet homme est obsédé par les impôts, il a loupé sa vocation, j'en prends le ciel a témoin, il aurait dû être percepteur), l'appli nous a rapporté de quoi rembourser notre emprunt immobilier !

— Plus d'emprunt sur la maison, chérie ! C'est le rêve de tout propriétaire de la classe moyenne !

— Non, ai-je rectifié. Le véritable rêve de tout propriétaire de la classe moyenne, c'est de vivre sans emprunt immobilier dans une maison avec cuisine Smallbone et énorme cuisinière Aga bleu canard. Mais ça reste une nouvelle tout à fait géniale ! Oh, tu crois qu'on peut arrêter de travailler ?

— Non. Hélas, non. L'appli a rapporté BEAUCOUP d'argent, mais quand même pas à ce point. Et puis tu l'as dit toi-même : les ventes sont ent train de chuter. Il n'en demeure pas moins que tu as accompli quelque chose d'extraordinaire, Ellen. Et même après avoir remboursé l'emprunt, il nous restera un bon paquet d'argent.

— Assez pour s'offrir l'autre rêve de la classe moyenne ? ai-je demandé, pleine d'espoir.

— C'est-à-dire… ?

— Un adorable petit cottage pour les vacances. Dans le Norfolk, peut-être. C'est sympa, le Norfolk, non ? OU une adorable villa en ruine, à Corfou. Même si l'argent ne couvrait que l'apport initial, ça resterait un investissement, Simon : on pourrait la louer. Et ce serait un investissement bien plus sympa qu'un compte épargne…

Simon s'est mis à pontifier sur les avantages comparés des comptes épargne et des adorables cottages/villas en ruine, du point de vue fiscal, pendant que je pensais, mutine : « Oui, mais je ne pourrai pas frimer dans la cour de l'école en racontant que je vais passer quelques jours dans mon compte épargne, pas vrai ? »

Lasse d'entendre Simon pérorer, j'ai dit :

— Tu sais quoi ? On devrait fêter ça. Et comme il se doit !

— Bien sûr, ma chérie ! Tu as tout à fait raison. J'ai mis un champagne au frais, je vais le chercher tout de suite.

À son retour, il m'a tendu une flûte de champagne frappé, tout pétillant de petites bulles festives. Pleine de suffisance, j'en ai bu une grosse gorgée et je me suis étouffée sur ce qui, au goût, m'a paru être de l'acide pour batterie en ébullition.

— Simon, qu'est-ce que c'est que cette SALOPERIE que tu m'as donnée à boire ?

— Du champagne, chérie. Je l'ai trouvé dans le casier à bouteilles.

— Nous n'avons pas de champagne dans le casier à bouteilles – sinon, je l'aurai bu depuis longtemps.

— Mais si ! Comme la bouteille était un peu poussiéreuse, j'ai pensé que tu la gardais pour une grande occasion.

Une pensée effroyable m'a traversé l'esprit.

— Montre-moi cette bouteille.

Simon est revenu en brandissant *la* bouteille. L'indicible-bouteille, une espèce de vin pétillant allemand, breuvage douteux qui fait le tour de tous les lotos et de toutes les tombolas de toutes les écoles, de tous les groupes de scouts et de tous clubs de sport depuis environ 1973. On ne « gagne » jamais *la* bouteille à proprement parler, on en devient le gardien temporaire jusqu'à ce qu'on puisse la remettre en circulation avec soulagement, à l'occasion d'une nouvelle collecte d'argent. Simon a rompu le cercle. Sans *la* bouteille, véritable pilier de la fête de l'école, c'est toute la société qui risque de s'effondrer. Et puis quel radin, ce Simon ! Il aurait au moins pu acheter un bon champagne au lieu d'essayer de me refiler un vieux truc dégoté au fond du casier à bouteilles. Je lui ai exprimé mon ressentiment avec amertume jusqu'à ce qu'il aille me chercher un champagne digne de ce nom en magasin.

Quand il est revenu avec une bouteille de délicieux Bolly, j'avais trouvé plein d'autres façons de célébrer notre nouveau statut de propriétaires soulagés de tout emprunt immobilier.

— Et si on partait, ce week-end ?

Comme d'habitude, Simon a marmonné qu'il allait « y réfléchir » et « examiner cette éventualité ». Je l'ai coupé tout de suite.

— Arrête tes conneries, Simon ! On l'a bien *mérité*, bordel ! En tout cas, moi, je l'ai mérité ! et je vais partir quelque part ce week-end, que ça te plaise ou non. Si tu ne veux pas venir, c'est pas grave, j'irai avec Hannah. Tu pourras rester ici, tout seul, avec les enfants. Mais moi, je vais me prendre un week-end chic et glamour. Je vais aller à Londres, prendre une chambre au…

oooh, au Savoy ! Je boirai des cocktails hors de prix, perchée sur des talons impossibles, je ferai du shopping chez Harvey Nicks, j'irai voir une chouette rétrospective au V&A… bref, je m'amuserai comme une folle. Voilà !

Épouvanté à l'idée de rester seul ici avec Peter et Jane pendant que je ferai chauffer la carte bleue tout en éclusant des breuvages roses à Londres, Simon a soudain décidé qu'on pourrait peut-être partir en week-end sans passer des heures en recherches intensives et sérieuses. Hélas, on ne trouvera jamais quelqu'un pour garder les enfants, c'est l'inconvénient des départs sur un coup de tête. Pas de problème ! Ils viendront avec nous et on va tous bien s'amuser. On sera comme une famille sur papier glacé, de celles qu'on voit dans les pubs. Je les emmènerai à la tour de Londres, comme mon père le faisait avec moi, ce qui nous permettra de créer un merveilleux moment de complicité. De toute façon, Jane et Peter sont bien plus civilisés qu'avant, et l'hôtel propose un service de baby-sitting. Je pourrai donc boire des cocktails scandaleusement chers en toute tranquillité. Franchement, qu'est-ce qui pourrait m'arriver de pire ?

Vendredi 3 juin

« Qu'est-ce qui pourrait m'arriver de pire ? » C'est moi qui ai dit ça, putain. Qu'est-ce qui pourrait m'arriver de pire ? Existe-t-il une expression plus prompte à tenter le diable ?

Sur mon insistance à partir *ce week-end* pour célébrer ma prodigieuse intelligence et mon statut de nouveau riche, Simon et moi avons posé un jour, raconté un bobard à l'école pour excuser l'absence de Peter et de Jane, réservé des billets de train en première classe et une suite, pas moins, au Savoy. Simon, bien sûr, a tordu le nez devant les tarifs scandaleux, traumatisé d'avoir dû prendre un hôtel sans avoir passé six semaines minimum à parcourir les critiques sur TripAdvisor.

Nous sommes donc partis dans la joie et la bonne humeur, même si je regrettais de ne pas avoir un assortiment de bagages

Louis Vuitton au lieu de ma vieille valise en nylon noir toute pourrie et les dangereuses valises à roulettes des enfants sans lesquelles, disaient-ils, ils ne pouvaient pas voyager. Simon a bien tenté d'emporter son affreux sac à dos hors d'âge, mais j'y ai mis le holà à ma façon. J'ai trépigné de rage en hurlant :

— On va au *Savoy*, bordel ! Ils vont te prendre pour un clodo qui essaie d'utiliser leurs toilettes, si jamais tu te pointes avec cette vieillerie !

Simon a brandi un contre-argument : on le prendrait tout simplement pour un énième Anglais excentrique. Ça n'a pas suffi à m'amadouer. Un Anglais excentrique, ai-je rétorqué, voyagerait avec une valise en cuir vintage, couverte d'éraflures et d'autocollants exotiques, et il serait sûrement coiffé d'un panama. Or, Simon m'avait déjà exposé son opinion sur les panamas lors de la Journée du sport. En définitive, il a consenti à prendre la petite valise dont il se sert pour ses déplacements professionnels, pendant que je rêvais déjà à des vanity-cases que, hélas ! on ne pourrait me livrer à temps.

Le wagon de première était très agréable, mais au final, je suis toujours un peu déçue par les voyages en train. J'aimerais me déhancher dans un jet de vapeur, comme Marilyn Monroe au début de *Certains l'aiment chaud*, puis vivre une aventure intense comme dans *Brève rencontre*. Je rêve de compartiments capitonnés, de bas de soie, de ravissants chapeaux et de contrôleurs à belle casquette, voire d'un ou deux meurtres à élucider, violents, mais, curieusement, sans la moindre goutte de sang (cf. *Le Crime de l'Orient-Express*). L'éclairage dans le train, même en première, est toujours extrêmement soviétique et peu flatteur. Un peu d'atmosphère, un peu d'ambiance, serait-ce trop demander ? À la place des néons et des sièges en nylon (bizarrement pelucheux) à l'imprimé stressant, quelques boiseries ne seraient pas du luxe.

Hormis mes lamentations intérieures sur cette absence d'âme, le trajet s'est passé sans trop d'anicroches, grâce à Simon qui a déclaré qu'on passerait un bien meilleur moment si je laissais Peter et Jane se connecter au wi-fi du train. Ainsi, ils resteraient scotchés à leur iPod au lieu de vouloir à tout prix participer à la conversation ou nous harceler pour qu'on joue à Jacques a dit ou à l'Inventaire alphabétique (en fait, on ne peut plus jouer à l'Inventaire alphabétique depuis que Jane a eu la brillante idée de jouer aux Gros Mots alphabétiques. Certes, c'était plutôt drôle, mais une fillette en visite chez nous a été traumatisée par l'énumération gagnante : anus, bite, chiottes, ducon. Après ça, il y a eu un blanc dans la conversation).

À Londres, le comble du bonheur. L'hôtel a envoyé un petit bonhomme nous chercher à la gare. Pourquoi ma vie n'est-elle pas peuplée de voitures avec chauffeur ? À mon avis, c'est une douloureuse lacune. Bien sûr, étant une grosse prétentieuse de la classe moyenne qui fait semblant de lire le *Guardian*, je tenais à ce que ce chauffeur sache que je n'étais ni élitiste ni ultra-privilégiée. Je fais peut-être mes courses chez Waitrose, mais je les fais avec le « peuple », « les gens d'en bas ». J'ai donc tout fait pour engager la conversation avec lui, jusqu'à ce que Simon me donne un coup de pied dans la cheville en grimaçant « Tais-toi » alors que je demandais au type depuis combien de temps il conduisait les autres. Simon m'a affirmé que j'étais condescendante et que je me la jouais reine d'Angleterre. C'est tout à fait injuste, je cherchais simplement à être polie.

À notre arrivée à l'hôtel, je me suis appliquée à consommer tous les snacks et boissons qui étaient compris dans la suite, puis nous sommes partis pour la tour de Londres. Devant le prix de l'entrée, Simon a encore plus renâclé que pour la nuitée au Savoy, et ce n'est que sous extrême contrainte qu'on a réussi à lui faire payer le supplément pour des audioguides.

Une fois à l'intérieur de la Tour, Peter a commencé à s'ennuyer et a tenu à nous faire part de son envie d'aller aux toilettes, de son ennui et de son sentiment sur cet endroit ennuyeux où il s'ennuyait.

Jane, en revanche, était subjuguée. Passionnée par l'exposition consacrée à la torture et aux lieux d'exécution. Je ne l'avais jamais vue dans un tel état d'animation : ses yeux brillaient d'enthousiasme à l'idée de faire torturer ou exécuter tout individu la contrariant. J'ai bien tenté de lui expliquer que torture et exécutions étaient les instruments des despotes sanguinaires et qu'elles n'avaient pas leur place dans une démocratie moderne, mais, abîmée dans ses pensées, elle se demandait déjà qui elle allait faire décapiter en premier.

Tandis que Jane élaborait la révolution sanglante qui allait lui permettre d'asseoir sa domination sur le monde, Peter a réussi à démantibuler son audioguide dont il a fièrement présenté les différentes pièces à Simon, ce qui a entraîné d'autres récriminations furieuses sur l'argent jeté par les fenêtres.

J'ai fait la sourde oreille et, de retour à l'hôtel, j'ai fait la razzia sur le minibar – le minibar sacré ! Je n'avais jamais eu le droit de toucher à un minibar auparavant, mon père partageant les vues parcimonieuses de Simon sur le dossier « On-ne-dépense-pas-d'argent-en-vacances ». Dans un élan de générosité, j'ai même permis à Jane et à Peter de manger les minitubes de Pringles et la barre de Toblerone. Ensuite, j'ai vu les prix et j'ai décidé que Simon et mon père avaient raison, c'est du vol ! J'ai alors mis mon veto sur tout le minibar. Mais pas avant d'avoir débouché une bouteille de vin, tout de même…

Pour la soirée, il était prévu qu'on fasse dîner les enfants de bonne heure à l'hôtel ; ensuite une baby-sitter de l'hôtel prendrait le relais, nous laissant libres de sortir, Simon et moi. Au programme : repas pour grandes personnes et cocktails.

J'étais un peu pompette après les bouteilles du minibar que j'avais insisté pour finir, en raison de leur prix ruineux. Du coup, il se peut que mon esprit ait un peu vagabondé tandis que nous attendions l'ascenseur. Je me regardais en louchant dans le miroir du corridor, demandant à Simon si je devais accentuer ma nuance de blond, quand l'ascenseur s'est ouvert avec un petit tintement. C'est là qu'on s'est rendu compte que Peter et Jane avaient disparu. Le Savoy est un hôtel très silencieux, avec d'épaisses moquettes et des couloirs tortueux, et mes enfants chéris en avaient profité pour filer ni vu ni connu. Après les avoir cherchés durant vingt minutes sans succès, nous avons dû descendre et avouer à la réception que nous avions perdu nos rejetons. Le personnel pouvait-il ouvrir l'œil, au cas où ils décideraient de réapparaître en notre absence ?

Hélas, Simon et moi avons découvert que les hôtels prennent les disparitions d'enfants un tantinet plus au sérieux que nous. La direction a immédiatement réagi en décrétant la fermeture de toutes les issues. De nombreux touristes américains, furieux, se pressaient dans le hall, exigeant d'être libérés afin de pouvoir aller dîner. De mon côté, j'expliquais au directeur que je ne me faisais aucun souci pour mes enfants qui n'allaient pas tarder à réapparaître. Une telle mesure de confinement n'était sans doute pas nécessaire. Appeler la police ? Non, pas déjà, on allait les chercher encore un peu… Je parlais du bout des lèvres pour bloquer les relents d'alcool.

Mais le directeur ne partageait pas mon attitude blasée envers mes loupiots errants. Il a insisté sur l'absolue nécessité du confinement, ne serait-ce que pour empêcher que Peter et Jane se noient dans la Tamise. Il a dû fort mal me juger lorsque j'ai répliqué joyeusement que s'ils tombaient dans le fleuve, tout l'argent que j'avais dépensé en cours de natation servirait au moins à quelque chose ! Il a également affiché un certain scepticisme lorsque je lui ai affirmé à plusieurs reprises qu'aucune personne saine d'esprit n'aurait envie de kidnapper Peter et Jane. Les pets fétides de Peter décourageraient vite n'importe qui, au cas fort peu probable où Jane n'aurait pas déjà trucidé les ravisseurs.

Dans un tout petit coin de mon esprit se nichait l'infime éventualité que Jane ait pu ramener son frère à la tour de Londres, qu'elle l'ait fait entrer par quelque stratagème dans la salle de torture et qu'elle soit en train de procéder à quelques tests sur sa personne. Mais au moment où j'envisageais de demander à un gardien de la Tour d'aller vérifier qu'aucun petit garçon ne se faisait écarteler sur un chevalet par sa tendre sœurette, les enfants ont réapparus.

Apparemment, ils avaient dévalé l'escalier de secours et, de là, ils s'étaient frayé un chemin dans les entrailles de l'hôtel. Là, ils avaient découvert une véritable caverne d'Ali Baba remplie de minuscules flacons de shampooing, de gel douche et autres petits cadeaux, ceux-là mêmes que je pique dans les hôtels, à la grande contrariété de Simon. Les enfants en ont pris autant qu'ils pouvaient en emporter. Ils tentaient de regagner notre suite, trébuchant sous le poids de leur butin, quand une femme de chambre les avait aperçus et remis dans le droit chemin. À leur grande déception, leur trésor leur a été confisqué par le directeur de l'hôtel, au bord de l'apoplexie, et nous avons tous regagné notre suite, la queue basse.

Après la honte de cette soirée, et face à l'hostilité des clients de l'hôtel, nous avons annulé la baby-sitter. Sortir n'était plus envisageable – quelqu'un aurait pu nous prendre en photo et la vendre au *Daily Mail* qui aurait titré « La Grande-Bretagne à genoux ». Nous avons passé la première nuit de notre merveilleux week-end terrés dans notre suite, à manger des chips commandées au service d'étage, en croisant les doigts pour que le personnel n'ait rien fait de pire que de cracher dedans.

Samedi 4 juin

Mouhaha ! Décidément, je suis trop maligne… J'ai appris aux enfants que l'hôtel avait une piscine. Aussitôt, ils ont voulu aller se baigner. Hélas ! Quelle tragédie ! Maman avait oublié son maillot ! Heureusement, PAPA avait le sien, lui (placé dans sa valise par mes soins). Ainsi, il allait pouvoir les emmener nager pendant que maman, elle, irait faire un tout petit tour dans les magasins.

Étrangement, mes déambulations ne m'ont pas menée en direction de TK Maxx ou d'H&M, comme d'habitude, mais vers New Bond Street. Que de jolies boutiques, toutes remplies de ravissantes petites babioles ! Ça tombait bien, j'avais transféré tous les bénéfices de « Pourquoi maman picole » sur mon compte courant avant de partir ! Mais bien sûr, je n'allais faire que regarder, coller mon nez aux vitrines pleines de belles choses qui brillent…

J'avais justement le nez collé à la vitrine quand je les ai vues. ELLES. Les plus-belles-boucles-d'oreilles-du-monde. Elles m'ont parlé. « Qu'est-ce qu'on brille ! » m'ont-elles susurré. « Comme tu serais jolie si nous pendions à tes oreilles ! Il n'y a pas un seul compartiment de ta vie qui ne serait valorisé par notre achat. Tu sais que tu en meurs d'envie… Et tu mérites bien une petite récompense. Une récompense qui brille de mille feux. Or, nous sommes deux récompenses pour le prix d'une. Franchement, c'est une affaire. »

Je suis entrée dans la bijouterie avec l'intention de les examiner, voire de m'enquérir de leur prix, rien de plus. Vues de près, mes Princesses étaient encore plus belles et encore plus scintillantes. Leur prix, en revanche, loin de frôler l'indécence, était carrément du domaine de l'obscène. Malgré cela, j'ignore comment, mais je me suis surprise à tendre ma carte bleue, puis à ressortir rapidement de la boutique en serrant dans ma main un sac de luxe en carton glacé.

Je voulais en rester là, je vous assure, mais un peu plus loin, je suis tombée sur la plus merveilleuse boutique de maroquinerie de la terre. En vitrine trônait un vanity-case. Un splendide vanity-case, un vanity-case qui évoquait une locomotive à vapeur et des bas de soie. Un vanity-case qui parlait de farniente dans un grand hôtel du Sud de la France, d'un groom croulant sous votre assortiment de bagages, tandis qu'un homme louche surgissait pour vous donner du feu, vos doigts chargés de bagues tenant négligemment un élégant porte-cigarettes. Un vanity-case qui me murmurait : « Prends-moi à bord de l'Orient-Express et je t'aiderai à résoudre des meurtres mystérieux. Entre dans la boutique. Caresse-moi. Tu sais que nous sommes faits l'un pour l'autre. »

Mais je craignais que ce vanity-case s'ennuie, tout seul, aussi ai-je dû lui offrir une valise assortie. Lorsqu'il faudrait rentrer à la maison, j'aurais l'impression d'être la reine d'Angleterre. Je pourrais exiger d'avoir mon propre train, un train rien que pour moi et mes ravissants bagages. J'obligerais les enfants à revêtir une combinaison anticontamination avant qu'ils puissent s'en approcher à moins de deux mètres, j'aurais trop peur qu'ils les souillent avec leurs petites pattes poisseuses. Et Simon aussi, sans doute.

Ce soir, Peter et Jane ont à nouveau mangé dans la chambre, afin d'éviter tout risque de grand n'importe quoi. De plus, le service de baby-sitting de l'hôtel a mandaté un ex-agent de la police estonienne exprès pour les surveiller. Dans ces conditions, Simon et moi allons au restaurant, bien décidés à enfin profiter du petit gueuleton et des coûteux cocktails dont nous avons été privés la veille. Mes nouvelles boucles d'oreilles sont suffisamment tape-à-l'œil pour que même Simon les ait repérées et m'en fasse la remarque.

— Ah, ça ? ai-je répondu avec désinvolture. Bah, c'est une manière d'accessoiriser un peu ma tenue.

Quand j'aurai passé la soirée à me tripoter les oreilles de peur d'avoir perdu l'une de mes fifilles, il comprendra peut-être que je lui ai vendu un joli petit pipeau et quand il va découvrir la somme que j'ai dépensée aujourd'hui, il va carrément péter les plombs. Mais je m'en fous, ça en valait la peine, et largement. Et puis je l'amadouerai peut-être en lui offrant un autre costume de mac qu'il ne mettra pas.

Vendredi 10 juin

Ça y est. Aujourd'hui, j'ai décidé de me conduire en adulte responsable et de mettre les choses au clair avec Charlie. Ça fait deux mois que je ne l'ai pas revu, depuis ce déjeuner juste avant le départ de mes beaux-parents, mais ses messages continuent à affluer.

Pendant la semaine, j'arrive à rester distante et à l'ignorer, mais le week-end, je bois trop et je joue sur mon téléphone pendant que Simon lutte pour ne pas s'endormir devant *Occasions à saisir.* Du coup, je me retrouve toujours à chatter sur Messenger avec Charlie, car, en vrai, il me fait beaucoup rire. Il prétend aussi ne jamais avoir entendu parler d'*Occasions à saisir* (un homme qui ne regarde pas *Occasions à saisir* ? Cela existe-t-il donc ?). La semaine suivante, le scénario se répète et si je ne mets pas un terme à ce cercle vicieux, c'est que je suis une très-vilaine-personne.

Oui, il faut que j'étouffe toute cette histoire dans l'œuf. Le problème, c'est que je ne sais pas trop comment m'y prendre. La situation est devenue plus difficile à gérer maintenant que Charlie refuse de se conduire en bon Britannique, à savoir contourner les sujets épineux au lieu de les aborder de front. Il m'a envoyé un message qui allait droit au but, ce que je trouve franchement très mal élevé. Pourquoi n'est-il pas raide et inhibé dans ses relations sociales, comme tout Britannique qui se respecte ?

Si vous voulez mon avis, tout vient de cette nouvelle mode qui consiste à étreindre et embrasser des gens qu'on connaît à peine. Qu'est-ce que c'est que cette manie, maintenant ? Dans une soirée, je n'ai aucune envie de faire la bise à des inconnus ou à des personnes que j'ai peut-être croisées un jour. À ma grande époque, quand on embrassait un inconnu dans une soirée, on mettait la langue et on se réveillait le lendemain avec un sentiment de honte, vague mais lancinant. En tout cas, ça n'avait rien à voir avec cette histoire de bécot sur la joue. Et la bise, c'est combien ? Une ou deux ? Sans compter qu'il y a toujours un petit malin qui en fait trois. En plus, j'ai un « souçaï » avec les gens qui vous embrassent vraiment au lieu d'effleurer symboliquement votre joue de la leur. Dans ce cas, il y a de fortes chances pour que je me retrouve le visage humide d'une salive quasi inconnue, et là, combien de temps faut-il attendre avant de pouvoir s'essuyer discrètement ? D'ici là, la salive risque d'avoir séché et alors, ce sera le pompon ! Franchement, que trouve-t-on à redire à une brève poignée de main ?

Mais je m'égare… En même temps, ça illustre bien mon refus de gérer les émotions et toute sorte de confrontation directe. Pourquoi s'infliger ça, à quoi bon ? Murmurer discrètement, puis faire comme si rien ne s'était passé devrait suffire. Enfin, voilà ce que Charlie a à dire pour sa défense.

Coucou Ellen,
Je ne peux pas m'empêcher de penser que tu me fuis. Ai-je fait quelque chose qui t'a contrarié ? Si oui, on pourrait peut-être en parler autour d'un verre ?
Bises,
Charlie

Arrrrrrgh ! DE TOUTE ÉVIDENCE, je ne peux pas répondre : « Écoute, Charlie, le fait est que lorsqu'on s'est croisés à la galerie, j'en avais un peu marre de tout. Mon mari faisait un peu son enfoiré, je me sentais sous-estimée de manière générale et c'était super-agréable d'aller boire un pot avec toi. Ton intérêt me flattait, j'avais l'impression de retrouver ma jeunesse envolée. C'est vrai, je me suis dit que peut-être je te plaisais encore un peu, ce qui était aussi très valorisant pour mon amour-propre. Mais aujourd'hui, ça va beaucoup mieux avec Simon, j'ai gagné un max de thune et je vais faire l'acquisition d'une résidence secondaire dans le Norfolk ou d'un compte épargne. Plus probablement d'une résidence secondaire. Un cottage, à Wells-Next-the-Sea peut-être. Tu connais ? Apparemment, c'est charmant. Bref, du coup, je m'en veux terriblement de t'avoir encore fait marcher. Je m'en veux aussi de t'envoyer des textos toutes les fois que je suis bourrée. C'est très moche et irresponsable de ma part, mais il est hors de question que je couche avec toi, justement en raison du mari dont je t'ai parlé. Alors encore une fois : toutes mes confuses pour m'être conduite en Jézabel sans vergogne… lol ! »

Au lieu de quoi, je lui envoie ce qui suit. Il faut bien que l'un de nous deux se comporte en Britannique, puisqu'il persiste à aborder les sujets bille en tête, comme un grossier :

Ah ah ah ! Non, pas du tout, Charlie ! Tu ne m'as pas contrariée et je ne t'évite pas. Je suis juste un peu occupée en ce moment ! Bises, Ellen

Mais Charlie n'est pas du genre à lâcher l'affaire. Où veut-il en venir ? C'est quoi, son problème ?

Tant mieux, je suis bien content de ne pas avoir commis d'impair. Puisque tu ne m'évites pas, allons prendre un verre ! Qu'est-ce que tu fais, vendredi soir ?

JE ME LAVE LES CHEVEUX !

Oh, quel dommage ! Il se trouve que j'ai quelque chose de prévu, vendredi. Une autre fois ?

Samedi, alors ?

Ellen ? Est-ce que tu as eu mon message concernant samedi ? Pour quelqu'un qui ne cherche pas à m'éviter, tu m'évites super-bien, lol !

Et merde ! Je vais devoir aller boire un verre avec lui, maintenant, sinon il va penser que je l'évite, ce qui est la stricte vérité, sauf qu'il ne doit surtout pas savoir que je cherche à l'éviter, sinon ça anéantira ma volonté de le faire. Ah, si seulement j'étais française… Si j'étais française, je dirais en haussant les épaules : « Bah oui, je t'évite. » Je lancerais une bouffée de Gauloise dans les airs, goguenarde, je siroterais mon pastis avec un petit sourire en coin et on n'en parlerait plus. Parfois, ça craint d'être britannique. Je prends mes responsabilités comme une grande personne et je lui réponds :

OK pour samedi soir. Parfait pour un petit coup vite fait.

Argh, pourquoi ai-je employé l'expression « petit coup vite fait » ? Charlie va-t-il y voir une allusion ? Trop tard, c'est envoyé. Je peux pianoter autant que je veux sur les touches de mon téléphone – sketch version vingt et unième siècle de la main coincée dans la boîte à lettres pour tenter de récupérer un message posté par erreur –, je ne peux plus rien y changer.

Il y a aussi un léger problème. J'oublie tout le temps de dire à Simon que je revois Charlie, il croit que c'est juste mon ami sur Facebook. Il ignore que Charlie vit au coin de la rue et qu'il se tape des cocktails avec sa femme, le samedi soir. Note à moi-même : ne pas me taper de cocktails avec Charlie, samedi soir, je risque d'être paf, voire de lui avouer mes sentiments. Un seul verre de blanc suffira. Un grand.

Mardi 14 juin

Aujourd'hui, en revenant de l'école avec les enfants, j'ai trouvé la voiture de Simon dans l'allée, garée contre une épave qui ressemblait étrangement au camping-car pourri de Louisa et de Bardo. Que faisaient-ils ici, ces deux-là ? Pourquoi Simon n'était-il pas à son bureau ? Et pourquoi ne m'avait-il pas annoncé leur venue ?

En entrant, je me suis demandé s'il y avait quelqu'un. La maison était bien trop silencieuse pour contenir Louisa et sa horde de Huns. Mais quand j'ai passé la tête dans le salon, j'ai été accueillie par une marée de petites bouilles crasseuses. Curieusement, les enfants étaient scotchés à la télé et, à en juger par les déchets divers éparpillés autour d'eux, ils avaient mangé des sandwiches au jambon.

Était-ce vraiment la marmaille de Louisa ? Ses rejetons n'étaient-ils pas végans et sans gluten ? N'avaient-ils pas interdiction de se flinguer le cerveau avec la télé, ce monstre qui court-circuite leurs précieux réseaux neuronaux ? Louisa a un tel paquet d'enfants que j'avoue ne jamais les avoir vraiment bien regardés. Lors d'un « tapissage » comme on dit dans la police, je ne saurais sans doute pas les identifier parmi d'autres marmots crasseux. Du coup, j'ai craint l'espace d'une seconde qu'on ait été cambriolés, sauf qu'au lieu d'emporter la télé, les « voleurs » nous auraient laissé une flopée de gamins. Certes, ç'aurait été pour le moins saugrenu, mais c'est sûrement de ce genre de chose que le *Daily Mail* accuse les immigrés. Je demeurais perplexe, lorsque l'enfant le plus propre m'a fait coucou de la main :

— Bonjour, tatie Ellen. On est venus passer quelques jours chez vous.

J'ai reconnu Coventina qui continue d'être la seule à afficher un semblant d'éducation et de normalité. Peter et Jane, quelque peu crispés par cette invasion (n'ayant ni oublié ni pardonné la tentative de vol sur leurs chers iPods perpétrée par Cédric), ont vite cédé à l'éclat hypnotique de la télé, trop puissant pour eux après une journée de classe. Ils se sont glissés parmi leurs cousins et ont adopté leur posture catatonique, regard fixe et mâchoire pendante. Moi, je suis partie en quête de Simon, des parents de ces sauvageons et de réponses. Que faisaient-ils chez nous ?

Arrivée devant la cuisine, j'ai eu droit à un premier indice. Des bruits très mouillés me sont parvenus de l'autre côté de la porte fermée : clairement, il y avait quelqu'un à l'intérieur. J'ai hésité un moment avant d'entrer. Je ne pouvais m'empêcher d'être inquiète. Étant donné la nature humide des bruits, émaillés de couinements et de geignements divers, il y avait de fortes chances pour que Louisa et Bardo, avec leur mépris coutumier pour la décence et l'hygiène, soient en train de faire l'amour sur la table de la cuisine, pendant que Simon, planqué dans le garage, protégeait ses outils des tendances malhonnêtes de Bardo. Malgré tout, j'ai estimé que même Louisa et Bardo ne débarqueraient pas sans prévenir pour se mettre à baiser dans la cuisine. En tout cas, je l'espérais.

Il n'y avait pas trace de Bardo dans la pièce, juste une Louisa hoquetant et sanglotant de façon pitoyable dans les bras de Simon. À en juger par le nombre de mouchoirs sur la table, l'état de la chemise de Simon – trempée sur le devant par les larmes de sa sœur, sans doute, à moins qu'il n'ait participé à un concours de T-shirts mouillés – et le visage de Louisa qui semblait s'être métamorphosé en betterave difforme, maculée de morve et de larmes, elle pleurait depuis un bon moment. Ses yeux (déjà petits au naturel) étaient si bouffis qu'on ne les voyait presque plus.

Simon (toujours handicapé par sa terreur des femmes en larmes) tentait de la consoler du mieux qu'il pouvait, lui tapotant l'épaule d'un air gauche en marmonnant :

— Là, là… Et si tu arrêtais un peu de pleurer, on pourrait peut-être prendre une tasse de thé ? Hein ? Une bonne tasse de thé ? Allez, allez…

Le chien s'était replié vers son petit lit – il partage la phobie de Simon pour les femelles émotives.

Ce dernier a paru profondément soulagé de me voir. Il a interrompu ses tapotements d'épaule pour lancer :

— Tiens, regarde, sœurette ! Ellen est rentrée. ELLE va savoir quoi faire. Et si tu lui racontais tout, pendant que moi, je… euh… je refais du thé ? Oui, voilà. Je vais refaire du thé. À moins que tu préfères quelque chose de plus fort ? Oui, voilà ! Un petit verre ! Excellente idée ! Tu veux un gin-tonic, Lou ? Ellen ?

Pour toute réponse, Louisa s'est remise à sangloter – la saouler au gin n'était peut-être pas l'idée la plus brillante qu'ait eue Simon.

— Du thé, chéri, pour le moment, ça ira très bien, ai-je dit d'un ton ferme, en essayant de trouver un siège qui ne soit pas jonché des mouchoirs de Louisa, des loques dégoulinantes de morve.

Peu à peu, entre son brame entrecoupé de hoquets et les quelques marmottements maladroits de Simon, j'ai réussi à reconstituer ce qui s'était passé.

Il semblerait que Bardo, dans le cadre de sa prestation « régression dans les vies passées » proposait à des femmes crédules et vulnérables une « thérapie très personnelle » sous sa yourte. En « supplément », pour ainsi dire. Louisa, de son côté, ignorait qu'il trempait allègrement sa nouille végane à chaque fois que c'était possible, jusqu'au jour où leur dernière « cliente », une riche Américaine complètement perchée, était venue en Écosse faire valider son sentiment d'être la réincarnation d'une reine guerrière celtique. Bardo le lui avait obligeamment confirmé, avant tout aussi obligeamment de lui dévoiler bien d'autres choses.

L'Américaine zinzin avait ensuite décrété que Bardo était son âme sœur, celle qu'elle cherchait depuis des siècles (elle a peut-être un peu abusé des rediffs d'*Highlander*) et qu'ils étaient faits l'un pour l'autre.

Bardo n'était pas hostile à cette idée, sans doute parce que, dans sa quête du grand amour, l'Américaine avait déjà divorcé à trois reprises, amassant à chaque fois des sommes de plus en plus importantes, et qu'elle était prête à lui donner libre accès à tout son fric.

Du coup, Bardo et Sgathaich (anciennement Carol) avaient suggéré à Louisa de vivre tous ensemble, Louisa et la zinzin pétée de thune devenant les « épouses-sœurs » de Bardo. Il faut au minimum reconnaître un mérite à ce crasseux : quand il s'agit d'obtenir le beurre et l'argent du beurre, il ne manque pas de culot. Un mec moins goujat que lui se serait tiré avec la riche divorcée, point barre.

Louisa, outrée de façon bien compréhensible par cette proposition, avait pour toute réponse embarqué les six enfants dans le camping-car déglingué, en même temps que tout ce qu'elle pouvait y caser, elle avait planté là Bardo, Sgathaich/Carol et l'ashram pour foncer s'en remettre à la compassion de son grand frère. À présent, elle le poussait à aller se battre avec Bardo afin de laver son honneur. Simon, lui, se défilait en prétextant l'éloignement et la carrure de son beau-frère, un sacré gaillard.

Il semblerait donc que Louisa et sa marmaille vont s'installer ici, et ce dans un avenir très proche. Où exactement, je n'en sais rien. Car il ne s'agit pas de les loger pour quelques jours comme à Noël : Louisa a en effet déclaré qu'elle ne voulait plus revoir ni Bardo ni l'ashram.

J'ai suggéré un hôtel. Simon estime trop cruel de la laisser seule avec ses enfants dans son état de fragilité actuel. J'en suis moins convaincue, mais Louisa n'ayant pas le sou, c'est nous qui devrions payer la note. Du coup, il vaut peut-être mieux qu'elle reste ici et vide ma cave plutôt que le minibar d'un hôtel… Ses petits démons abuseraient du service d'étage et faucheraient tout ce qui ne serait pas rivé au sol.

Se ressaisissant un peu, elle a marmonné qu'elle pourrait peut-être avaler une larmichette de vin. J'ai profité de cette parenthèse dans les braillements pour foncer à la salle de bains et planquer mon flacon tout neuf d'huile de bain Penhaligon's. Ce faisant, j'ai découvert Peter et Jane occupés à prendre les mêmes précautions avec l'ensemble de leurs jouets électroniques, la mine sombre à la perspective d'un séjour prolongé de leurs cousins.

Cela dit, ça pourrait être pire. Au moins, Louisa a déclaré qu'il fallait à nouveau l'appeler par son prénom. Fini Amaris ! Elle rejette tout ce qui peut lui rappeler ce « connard de Kevin » (je ne sais pas comment elle va faire, avec les six souvenirs grandeur nature qui sont présentement assis devant ma télé) et, hourra ! elle a enfin ordonné aux chieurs free-style de faire ça dans les toilettes.

Vendredi 17 juin

Ma maison est un chantier. Il y a des enfants dans tous les sens. J'ai l'impression de vivre dans une horrible communauté. Ou dans un orphelinat – des petits sauvageons sont tapis dans tous les coins. Louisa est encore sous le coup de sa rupture et sa situation n'est pas enviable, c'est clair, le moins pire étant la perspective d'élever seule ses six mouflets (le genre de détail qui calme tout de suite). J'essaie d'être compréhensive, vraiment, mais je ne peux pas m'empêcher de penser que ça ne la tuerait pas de passer l'aspi pendant que je suis au boulot, ou même de ranger un peu le champ de désolation que ses enfants laissent derrière eux.

Hier, le bébé a mangé mon savon Crabtree & Evelyn (celui que je n'expose dans les cabinets d'en bas que lorsqu'on a la visite de gens chics que je veux impressionner) puis il a vomi de la mousse dans tout l'escalier. Louisa s'est contentée de le regarder faire, puis elle a reniflé bravement.

— Oh, pauvre petit privé de père !

Il ne m'a pas échappé non plus que, tout en se vautrant dans son auge de désespoir, elle garde assez de lucidité pour émettre quelques murmures de convoitise à propos des meubles que nous avons hérités de la grand-mère de Simon.

En même temps que le buffet bousillé, elle lorgne d'autres jolies choses. Mais, marmonne-t-elle, comment pourrait-elle commencer à meubler une maison qu'elle n'a pas ? Cela dit, elle a toujours *adoré* l'ottomane de Granny. Quelques belles pièces de mobilier, ça change tout, tu sais… Et ça, de la part d'une femme qui, il y a peu, aimait à rappeler qu'on ne possède que son âme et qui, quand on lui a proposé quelques meubles de sa chère Granny, juste après que celle-ci a passé l'arme à gauche, a déclaré que les biens matériels ne l'intéressaient absolument pas. À l'époque, elle avait même ordonné à Michael de vendre tout ce qu'il ne voulait pas garder et de lui reverser une partie de l'argent. Il me reste plusieurs pots de peinture à la craie : je n'hésiterai pas à m'en servir si ça doit empêcher Louisa de mettre ses sales pattes sur notre mobilier.

Est-il aussi vraiment nécessaire qu'elle se jette sur Simon comme une tragédienne, quand il rentre le soir, et se remette à sangloter : « Le malheur est mon quotidien » ? Avant d'entendre la clé tourner dans la serrure, elle semble tout à fait heureuse, allongée sur le canapé, l'œil sec, apostrophant la chaîne BBC Jeunesse et ignorant les plaintes de ses enfants affamés :

— Allez demander à tatie Ellen, maman a mal à la tête.

VDM est plus que jamais mon mantra, tandis que je vaque le plus bruyamment possible, remettant de l'ordre en marmonnant dans ma barbe (une femme peut-elle marmonner dans sa barbe ? Sinon, on devrait l'inventer) :

— Non, NON, Louisa ! Ne t'embête pas à lever la table du déjeuner des enfants, j'ai juste passé TOUTE LA JOURNÉE au bureau. Non, bien sûr, je ne m'attends pas à ce que tu essuies le plan de travail ni à ce que tu remettes le fromage au frigo et le pain dans la panetière. Et ne t'en fais SURTOUT PAS si tes enfants ont mangé TOUS LES YAOURTS pour l'école, J'IRAI EN ACHETER D'AUTRES, voyons, CE N'EST PAS GRAVE !

Mais Louisa se fout de tout ça, elle s'affale tragiquement dans une autre pièce, et c'est tout.

Samedi 18 juin

J'ai failli annuler mon pot avec Charlie. Serais-je de taille à supporter un supplément de drame ou de sentimentalité par-dessus les lamentations désespérées d'une Louisa qui s'effondrait un peu partout dans la baraque ? Cependant, après toute une journée de pleurnicheries au bénéfice de Simon, l'idée de m'éloigner pendant une heure ou deux avait de quoi me séduire.

Quand je suis entrée dans la cuisine pour leur dire au revoir, Louisa était dans sa position du soir, devenue un classique. Face contre table, elle sanglotait, ne relevant la tête que pour avaler une grosse lampée de vin (un excellent barolo que je gardais pour une grande occasion, soit dit en passant) pendant que Simon, recroquevillé à l'autre bout de la table, se bornait à l'empêcher de pleurer littéralement *sur* lui – c'est sa façon de dire : « Enfin, Louisa, ressaisis-toi, bordel ! »

Personnellement, j'ai l'impression qu'elle se complaît dans son rôle de femme abandonnée et qu'elle en profite à fond. En tout cas, elle sait qu'avec moi, il ne sert à rien de pleurer. La première fois qu'elle m'a fait le coup, j'ai sorti mon iPad et, d'un ton enjoué, j'ai proposé qu'on prenne rendez-vous au centre d'aide sociale afin qu'elle puisse se renseigner sur ses droits. Tandis qu'avec Simon, elle joue sur du velours, ses crises d'hystérie le paralysent d'effroi. Il préférera toujours laisser courir, de peur qu'un quelconque discours pratique puisse aggraver l'état de sa sœur.

J'ai désigné le calendrier en articulant :

— Je sors. C'est marqué là !

En effet, on ne remet pas en question un événement qui a

été consigné sur le calendrier de la famille, c'est gravé dans le marbre.

Simon a baissé les yeux sur mes pieds, sourcils froncés.

— Ce sont ENCORE de nouvelles chaussures, Ellen ? Bon Dieu ! mais tu en as combien de paires, maintenant ?

J'ai nié avec vigueur que mes chaussures toutes neuves puissent être toutes neuves, sous le regard sceptique de Simon. Son incrédulité s'expliquerait-elle par le fait que ma collection a atteint un volume critique qui ne me permet plus de la planquer sous le lit ? Autre raison pour laquelle je veux être débarrassée de Louisa : je pourrais les ranger dans la chambre d'amis. Bien sûr, si Simon écoutait la voix de la raison et me laissait acheter mon adorable cottage à Wells-Next-the-Sea, je pourrais y entreposer tous mes trésors. Simon affirme qu'acquérir une maison pour pouvoir y ranger des chaussures n'est pas un projet raisonnable, mais il se trompe, c'est évident.

Louisa m'a regardée de ses yeux noyés de larmes, aux paupières rougies.

— Ça doit être sympa de sortir le soir… le cœur léger, a-t-elle chevroté pitoyablement.

J'allais la plaindre quand elle a ajouté d'un ton appuyé :

— Et tu as de nouvelles chaussures, en plus ! Je ne me souviens même plus de la dernière fois que je me suis acheté des chaussures, moi…

Bordel de bitaculs ! Cette fille n'a aucune honte ! Elle ne cesse de glisser qu'on chausse presque pareil, mais c'est faux. Elle fait une bonne pointure de plus que moi et il est hors de question qu'elle mette ses grosses pattes (toujours aussi abominablement crades) sur mes princesses chéries.

— Et si tu sortais toi aussi, Lou ? a suggéré Simon, en désespoir de cause. Je pourrais garder les enfants. Ça ne te prendrait pas longtemps de te préparer. Un peu d'eau sur le visage, un coup de brosse dans les cheveux, et hop ! Ellen pourrait te prêter quelque chose à mettre, et des chaussures… Ça te ferait du bien, tu sais.

Bon sang, Simon devait crever d'envie d'avoir quelques

heures de tranquillité loin de sa tarée de sœur pour proposer volontairement de garder HUIT enfants tout seul ! Sauf que c'était moi qui m'étais astucieusement débrouillée pour fuir la maison, ce soir et je n'allais pas le laisser contrecarrer mes plans sans me battre. Endurer les diatribes de Louisa sur les capitalistes bourgeois qui lui ont bousillé sa vie et volé sa jeunesse… et dans un lieu public, en plus ! Merci bien.

Et puis, il faudrait plus qu'un coup de brosse pour venir à bout de la tignasse de Louisa qui ne doit pas avoir vu de peigne ni de ciseaux depuis la nomination de Tony Blair au poste de Premier ministre.

Il va falloir que tu trouves mieux que ça, Simon, ai-je pensé sombrement, en tapotant affectueusement l'épaule de Louisa (traduire : en la faisant rasseoir).

— Ne dis pas de bêtises, Simon, Louisa n'est pas encore en état de sortir, c'est clair. Elle vit une période extrêmement pénible. Elle a envie de tout sauf de se retrouver dans un pub plein de bruits et d'inconnus. Je resterais volontiers à la maison avec toi, Louisa, mais je ne peux pas annuler, désolée !

Sur ce, j'ai filé, laissant Simon s'affaler sur sa chaise, écœuré. Lui qui rêvait déjà de donner des bonbons aux enfants pour qu'ils le laissent regarder *Occasions à saisir*, vautré sur le canapé… Il allait devoir écouter sa sœur bramer : « LES HOMMES SONT TOUS DES SALAUDS ! » pour le quatrième soir d'affilée. (Le répertoire de Louisa est assez limité : elle commence par exprimer ses envies de meurtre à l'endroit de Bardo et de Sgathaich, puis elle se plaint que la Déesse l'a abandonnée : que va-t-elle devenir sans elle ? Enfin, arrivée au fond de la bouteille, elle se met à gueuler comme une harengère contre cette société patriarcale qui l'opprime.) L'avantage, c'est que Simon était trop abattu pour me demander qui j'allais retrouver. Ce n'était sans doute pas plus mal, vu que je n'avais pas encore décidé jusqu'à quel point je devais lui parler de Charlie.

En définitive, la soirée ne s'est pas du tout déroulée comme prévu. On s'est retrouvés dans un bar à vin qui venait d'ouvrir, plutôt chicos (c'est moi, ou les bars à vins seraient-ils en train de redevenir « branchés » ? Quand je pense qu'ils avaient disparu de la circulation à la fin des années 1980, voilà que tout d'un coup il en fleurit de toutes parts). On a d'abord poliment fait causette : « Comment vas-tu ? » « Et toi, qu'est-ce que tu deviens ? » Je me disais : « Ah ah ah, tout va très bien se passer, on ne va pas parler sentiments, juste boire un verre bien gentiment, comme deux êtres civilisés, puis repartir chacun de notre côté. » Tout ça m'allait très bien, Louisa m'ayant fourni suffisamment d'émotions pour toute une vie, lorsqu'il y a eu un blanc dans notre conversation à bâtons rompus. Puis Charlie a attaqué, bille en tête :

— Pourquoi tu passes ton temps à m'éviter ?

Chiottes ! Moi qui pensais avoir établi une bonne fois pour toutes que je ne l'évitais pas en lui affirmant que je ne l'évitais pas… C'est vrai, on est censé prendre ce genre de déclaration au pied de la lettre, même si le mensonge est flagrant. Je commence à me demander si Charlie est vraiment de nationalité britannique, tout compte fait. Du reste, n'a-t-il pas pris une année sabbatique aux États-Unis ? C'est sans doute là-bas que ça a commencé, ce désir de communiquer à tout prix au lieu de mener une bonne petite vie faite de silences embarrassés et d'expressions convenues.

J'ai répondu ce qui se dit dans ce genre de circonstance, j'ai poussé un rire strident et je me suis écriée :

— Moi, t'éviter ? Mais bien sûr que non, quelle idée ! Ah ah ah ! Désolée, vraiment, c'est juste que je ne touche pas terre en ce moment !

En jacassant, je fixais la table, fuyant obstinément son regard : il était inutile de rendre la situation encore plus gênante. Charlie, néanmoins, m'a fait relever la tête d'une main sous le menton, puis il a gentiment dégagé les cheveux qui me tombaient devant les yeux. Merde. Je savais que j'aurais dû mettre une pince kirby, comme Lucy Worsley, la présentatrice histoire de la BBC, je ne lui aurais pas fourni de prétexte pour faire ce geste. Ah, si seulement j'avais autant de jugeote que Lucy Worsley ! Elle ne se mettrait jamais dans ce genre de situation, elle. Ou alors, elle mettrait les points sur les « i » au bonhomme vite fait, par quelques formules frappées au coin du bon sens, sans équivoque, à coups de crosse de hockey, pour ainsi dire, telle la capitaine de l'équipe qui remet un joueur en place s'il a le béguin pour elle. D'ailleurs, je parie que Lucy Worsley était capitaine de son équipe, au lycée. En tout cas, elle était sûrement déléguée de classe. Je me demande si je pourrais chercher Lucy Worsley sur Google, en cachant mon téléphone sous la table, histoire de me détourner de l'inévitable et désolante scène qui va se jouer dans les secondes à venir.

Charlie a déjoué mon plan Google en me prenant la main. Oh, non ! ENCORE un contact physique… Mauvais signe. Je pourrais peut-être, ai-je songé, au désespoir, nous éclabousser de vin en renversant mon verre. Ça casserait le moment, on épongerait nos tenues foutues, j'attraperais mon sac en disant : « RHOOO ! C'est l'heure, ça ? Faut que je file, ça m'a fait superplaisir de te voir, saluuuuuut ! » et je partirais m'installer en Mongolie-Extérieure sous une nouvelle identité.

Sauf que Charlie tenait ma main la plus proche du verre. Du coup, pour le renverser, il aurait fallu que je m'avance au-dessus de la table et que je déquille mon verre de l'autre main. C'était tout à fait à ma portée. Je pouvais aussi m'écrier que j'avais une diarrhée explosive et qu'il fallait que j'aille TOUT DE SUITE aux toilettes ! Je défie quiconque de créer un « instant romantique » face à quelqu'un qui a une chiasse incontrôlable. Et merde… voilà qu'il recommençait à parler.

— Ellen, tu m'écoutes ?

— Mais bien sûr. Dis, tu crois que Lucy Worsley était déléguée de classe ou capitaine de son équipe de cricket, au lycée ?

— Hein ? Lucy Worsley, qui est-ce ? Que vient-elle faire là-dedans ?

— Mais si, tu sais bien… cette historienne qui présente des émissions à la télé. Blonde, pleine de bon sens. Elle a toujours une pince sur le côté et des chaussures plates qui ont l'air bien confortables.

— Je ne vois pas du tout de quoi tu parles.

— LUCY WORSLEY ! SA PINCE KIRBY ! Toutes ces émissions sur Henry VIII ! Elle porte toujours une putain de pince kirby ! Y en a combien, des historiennes qui passent à la télé et qui portent des pinces kirby, bordel de merde ? Tu la connais *forcément* !

— Ellen, je ne sais même pas ce qu'est une pince kirby, et encore moins pourquoi ce truc t'obsède brusquement. Pourrait-on parler de ce qui…

— C'est un genre de pince à cheveux. Ça t'empêche d'avoir la mèche devant les yeux ou ça maintient ton chignon en place. C'est une fille très pragmatique, tu vois… oui, elle était sûrement capitaine de son équipe ou déléguée de classe, l'un ou l'autre. Perso, je dirais déléguée de classe. Notre déléguée à nous était hyper-futée, hyper-pragmatique. Moi, par exemple, je n'ai jamais pu être tutrice au collège parce qu'on disait que j'étais la meneuse des rebelles, tout ça parce que je portais mes chaussettes d'uniforme en tire-bouchon au niveau des chevilles ! C'était pas tout à fait *Star Wars*, non plus, pas vrai ? Tu veux que je cherche Lucy Worsley sur Google pour que tu voies qui c'est ? Peut-être que sur Wikipédia, on pourra savoir si elle était déléguée ou pas. Je te parie 5 livres que oui ! Mais j'y pense, je dois avoir une pince kirby au fond de mon sac, je peux te montrer ce que c'est…

Charlie semblait assez dérouté. Profitant de cette confusion passagère, j'ai récupéré ma main sous prétexte de consulter le parcours scolaire de Lucy Worsley et de lui donner un cours magistral sur les pinces kirby, mais il m'a prise de vitesse.

— Ellen, je me fiche de ce que cette bonne femme de la BBC faisait à l'école et, comme tu l'as peut-être remarqué, je n'ai pas assez de cheveux pour m'intéresser un tant soit peu à tes foutues pinces kirby. Je veux te parler !

— Mais ON PARLE, Charlie ! On discute d'un large éventail de sujets, tels que l'histoire, la télévision et la mode.

J'ai réussi à lui reprendre ma main pour la plonger au fond de mon sac et brandir, triomphante, une pince kirby assez crade ainsi que mon téléphone.

— REGARDE ! Tu vois, c'est ça une pince kirby ! Alors, tu vois maintenant de qui je parle ? Regarde, une petite recherche sur Google et…

Charlie m'a confisqué ma pince et mon téléphone qu'il a posés sur la table. Il a quand même pris le temps de regarder, vaguement horrifié, le grumeau de matière molle et poussiéreuse qui s'était collé à la pince (sans doute un vieux nounours Haribo oublié au fond de mon sac).

— Ça suffit ! a-t-il lancé.

(Très autoritaire, Charlie. Si je n'avais pas eu si peur de devoir discuter de mes sentiments pour lui, j'en aurais presque eu le frisson.)

— Je me fous de cette bonne femme ! Et je ne me porte pas mieux depuis que je sais ce qu'est une putain de pince kirby ! Il faut qu'on parle, Ellen. Est-ce qu'on peut se dire les choses franchement, s'il te plaît ?

NON ! Ne nous les disons pas, pitié.

— Pourquoi as-tu accepté de venir, Ellen ?

— Ah ah ah ! Pour boire un verre ! M'en jeter un petit derrière la cravate ! Tu peux me rendre ma pince, s'il te plaît ? C'est très utile, ces trucs-là, on peut forcer une serrure avec, il paraît. Moi, je ne l'ai jamais fait, mais apparemment c'est possible. On doit pouvoir trouver des tutos sur YouTube. Je pourrais chercher sur Google ! Sous ses airs de déléguée de classe, Lucy Worsley est peut-être en fait un rat d'hôtel quand elle ne bosse pas, c'est pour ça qu'elle porte toujours une pince kirby, pour pouvoir entrer par effraction chez les gens et leur piquer tous leurs diamants !

— ELLEN ! LA FERME ! Si tu reparles encore une fois de ces putains de pinces kirby ou de cette Lucy Worsley, JE NE RÉPONDRAI PLUS DE MES ACTES, BORDEL DE MERDE ! IL FAUT QU'ON PARLE !

— Mais qu'est-ce qu'on fait, là ? On parle ! On parle de…

— On ne parle pas, tu n'arrêtes pas de me dire des conneries, nuance. Maintenant, on va se parler. Réponds-moi : si tu veux aller boire un verre avec quelqu'un, tu n'as que l'embarras du choix. Alors, pourquoi es-tu ici, avec moi ?

Rhaaa, il ne lâche jamais l'affaire, bordel à culs !

— Parce qu'on est amis, quelle question ! Ah ah ah !

— Je t'en prie, Ellen, tu veux bien arrêter de rire comme ça ? C'est très déstabilisant.

— Ah ah ah ! Oups, pardon !

Héhéhé. À la place, j'ai décidé de le dégoûter avec mon atroce rire nerveux. Un gloussement strident, un tue-l'amour aussi efficace que de se souiller à table ou de proposer un récit détaillé de l'histoire de la pince kirby.

— Ellen, je t'en prie. J'espère bien que nous sommes amis. Mais je pensais que tu m'évitais depuis quelque temps, de crainte que j'insiste pour être plus que ton ami, peut-être ?

— Oh, non ! Nonononononon ! Bien sûr que *non*, quelle IDÉE !

Et si je m'énucléais avec la pince, ça suffirait pour faire diversion ?

— Ellen, tu vas te taire à la fin ? Ça devient franchement pénible, là. Si tu veux qu'on soit amis, je pense qu'il faut d'abord mettre certaines choses au point.

— Ah oui ?

— Tout d'abord, oui, je te trouve toujours séduisante. Tu as été mon premier amour. Mon premier…

— Coup ? ai-je lancé, serviable.

— Eh bien, oui, j'allais employer une expression plus adulte, comme…

— Ton premier frotti-frotta ? Ta première baise ? Ta première bête à deux dos…

— Amante. Tu as aussi été ma première amante.

J'avoue que ça sonnait bien mieux que toutes mes autres suggestions.

— Et le jour où on s'est recroisés, l'idée qu'il puisse se passer quelque chose entre nous m'a traversé l'esprit, c'est vrai. En réalité, j'espérais vraiment qu'il se passe quelque chose. Et si tu avais été seule, ça aurait pu se faire. Mais tu ne l'es pas, n'est-ce pas ?

— Ah, non, clairement. Je n'ai jamais prétendu le contraire. Tu savais que j'étais mariée.

— Mais tu vas arrêter de m'interrompre, bordel ?

— Tu m'as posé une question !

— Une question de pure rhétorique ! Bref, toujours est-il que tu n'es pas seule et que tu n'es pas non plus ce genre de fille, n'est-ce pas ?

J'ai ouvert la bouche pour lui demander quel genre de fille, mais Charlie m'a lancé un tel regard que je me suis abstenue. N'empêche, j'ai bien aimé qu'il emploie le mot « fille » pour parler de moi.

— Le genre de fille qui a une liaison, a-t-il enchaîné. Parce que je te connais bien, Ellen, malgré toutes ces années où on s'est perdus de vue. Je sais que tu peux être capricieuse, souvent superficielle, très souvent égoïste et même horripilante.

Eh bien, s'il veut me convaincre de m'envoyer en l'air avec lui, il a des progrès à faire en compliments !

— Il n'y aura jamais aucun homme à part Simon dans ta vie. Je l'ai su le premier soir où je vous ai vus ensemble. Et puis, je ne te vois pas briser le foyer de tes enfants, leur faire ce que tes parents t'ont fait, les ballotter d'une maison à l'autre chaque week-end, leur imposer des beaux-parents et toute une famille recomposée. Du coup, j'ai compris assez vite qu'il n'y aurait jamais quoi que ce soit entre nous.

— Mais si, je serais tout à fait capable d'avoir une liaison ! Trop, même ! me suis-je indignée.

Le portrait que Charlie brossait de moi ne m'emballait guère : une maman banlieusarde, terne, coincée, gâtée… Je serais tout à fait capable d'aller dans un club de jazz enfumé, où un homme pas comme il faut me conterait fleurette. *Si !*

— Tu sais pourquoi mon mariage a échoué ?

— Non, ai-je marmonné, boudeuse, en pensant : Rholala, aurais-je *oublié* de le lui demander ? Est-ce une autre preuve de mon égocentrisme, de ma superficialité, de mon égoïsme ?

Mais non, bien sûr que je le lui ai demandé – ma curiosité me l'aurait commandé, à défaut d'autre chose. Et je suis presque sûre qu'il est resté dans le vague. Ils se sont peu à peu éloignés l'un de l'autre, je crois, leurs aspirations divergeaient…

— J'avais une liaison, a-t-il dit calmement.

— TOI ? ai-je bafouillé. TOI, tu avais une liaison ?

— Ça te semble donc si ridicule ? Qu'une autre femme que la mienne me trouve assez attirant pour coucher avec moi ?

— Non ! Mais ce n'est pas comme ça que je t'imaginais. Tu es censé être un mec bien. Comme il faut. Le genre qui ne trompe pas sa femme. Tu es le Gentil-Charlie. C'est comme ça qu'on t'appelait, à la fac. Le Gentil-Charlie. Parce que tu étais toujours correct et franc du collier.

— Le Gentil-Charlie ? Pas assez gentil pour toi, cependant. Être un mec bien ne m'a pas rendu service, sur ce coup-là. Et de toute façon, je ne suis pas quelqu'un de bien. Je suis superficiel et égoïste, moi aussi. Je me suis lassé de mon couple, je n'étais pas heureux en ménage. Alors, ça m'a flatté qu'une autre femme me remarque. J'étais tout excité que quelqu'un semble m'offrir tout ce que Rachel ne m'apportait pas. J'ai donc eu une liaison, Rachel l'a découvert et ça a signé la fin de notre mariage. Ma liaison m'a paru beaucoup moins excitante et glamour – elle était plutôt sordide. Beaucoup d'hôtels Campanile et de moquette beige, ajoutés à un sentiment de culpabilité permanent, une fois passée l'excitation des débuts. Tu vois, je ne suis pas le preux chevalier sans peur et sans reproche que tu imagines, je suis un peu con sur les bords. Quand on s'est rencontrés l'autre jour, à la galerie, tu devais te sentir un peu comme moi au début de ma liaison avec Sarah. Tu en avais marre de tout, Simon te tapait sur les nerfs et tu avais envie d'autre chose. Sauf que je ne pense pas que tu irais jusqu'à tromper ton mari, tu aimes trop Simon. Alors que moi, je n'ai jamais vraiment aimé Rachel. Oui, c'est sans doute en rapport avec toi, je n'aurais jamais dû me mettre avec elle par dépit. Ensuite, on s'est retrouvés embringués dans une logique de mariage que je n'ai pas été capable de stopper à temps, je n'en suis pas fier. Toi, tu étais gênée de me revoir, tu pensais que tu allais encore me faire mariner, comme autrefois. Alors tu t'es mise à m'éviter, tout ça à cause de ta peur ridicule d'aborder franchement les choses et voilà où ça nous a menés. J'ai raison ?

J'ai fixé obstinément la table en me demandant si je devais changer de sujet.

— Ellen ? Je t'en prie, dis quelque chose. Et ne change pas de sujet. Est-ce que tu m'évitais de peur que je veuille aller plus loin avec toi ? Parle-moi.

— Ouiiiiiii, c'est vrai… Mais pourquoi fallait-il qu'on en parle ? Si tu ne veux pas me sauter, pourquoi est-ce que tu ne me laisses pas t'éviter ? Pourquoi est-ce que tu as insisté comme ça pour me revoir ?

— Je n'ai jamais dit que je ne voulais pas te sauter. Je ne pense pas que ce soit une bonne idée, c'est tout, même dans le cas fort improbable où j'arriverais à te saouler suffisamment pour parvenir à mes fins. Mais, tu sais, je viens de m'installer ici et je ne connais pas grand monde en dehors de mon travail. Mon job à St. Catherine m'a paru l'occasion ou jamais de recommencer à zéro, mais je ne m'étais pas rendu compte que j'allais être aussi seul – j'ai perdu pas mal d'amis au moment du divorce. La plupart se sont rangés du côté de Rachel, ça se comprend, quoiqu'à mon avis, elle ait un peu surjoué son rôle de martyre. Mais peu importe… Je l'ai trompée, c'est la vérité, et j'imagine que j'ai bien mérité ce qui m'arrive. En fait, j'aimerais vraiment qu'on soit amis, toi et moi, parce que pour l'instant, c'est d'amitié que j'ai besoin, pas d'embrouilles ou de relations compliquées, ce qui est le cas quand on a une liaison avec une femme mariée. J'ai besoin de vrais amis et de rien d'autre. Je ne veux pas me prendre la tête au sujet d'une quelconque allusion masquée ni m'inquiéter d'un éventuel quiproquo. Mais si tu continues à te conduire bizarrement et à croire que je suis resté ce bon vieux Charlie, ton amoureux transi, on n'y arrivera jamais. Et puis, a-t-il ajouté avec un sourire coquin, c'était drôlement marrant de te regarder te tortiller quand tu étais obligée de parler de tes sentiments au lieu de tout fourrer sous le tapis et de te carapater.

— Grossier personnage !

— Et puis, a-t-il poursuivi, plus sérieusement. Je tiens encore à toi, tu sais. Quand j'entendais les gens parler de toi, je me disais : « Bon, je suis content qu'Ellen et Simon soient toujours ensemble. Elle m'a brisé le cœur, mais au moins, ce n'était pas pour une stupide amourette qui a capoté au bout de deux ans. » Je me disais que vous étiez faits pour vivre ensemble, tous les deux. Au fond, je voulais peut-être que tu me le rappelles, c'est tout. Tu as l'air bien plus heureuse aujourd'hui, bien plus sûre d'être à ta place auprès de ton mari que la fois où je t'ai vue à la galerie. C'est peut-être pour ça qu'il ne s'est rien passé entre nous. Tu sais, si jamais tu repasses par une phase difficile et que tu es tentée par un autre homme, méfie-toi : ça ne sera pas forcément quelqu'un qui veut vraiment ton bien et ça risque de très mal se finir.

— Alors sois sage, Ellen, c'est ça ? ai-je maugréé, furieuse.

— Non. Souviens-toi juste que très peu de gens ont la chance de connaître le bonheur que tu vis avec Simon. Ne va pas tout gâcher pour un peu d'excitation quand le quotidien devient dur ou ennuyeux, parce que la vie *est* dure et ennuyeuse, comme le mariage. C'est tout. Et ainsi se termine mon sermon. On commande une autre bouteille ?

— Peut-être. Tu viens quand même de me dire que tu avais toujours envie de me sauter. Dans ces conditions, comment veux-tu qu'on soit amis ?

— Oh, *ça* ! s'est exclamé Charlie d'un air détaché. Tu as un joli cul, je suis un homme seul qui n'a pas fait l'amour depuis un bout de temps… Alors, c'est vrai, cette pensée m'a traversé l'esprit. En toute honnêteté, tu n'es pas la seule… Il y a quelques femmes tout à fait baisables dans le quartier.

— GOUJAT ! Si ce n'est que ça, alors oui, commandons une autre bouteille ! Mais je vois bien que tu veux me saouler pour qu'on parle de *sentiments*.

La fin de la soirée s'est déroulée dans une ambiance bien

plus détendue, et même agréable. On a parlé d'Hannah et je lui ai enfin donné son numéro de téléphone en lui suggérant de l'appeler – en ami. Je croise les doigts pour qu'ils deviennent bien plus que des amis, mais je n'ai pas osé dire à Charlie : « Je t'en prie, appelle Hannah. Elle se voit déjà finir sa vie toute seule dans un sous-sol minable, en mémère à chats complètement pinpin, pleurant sur sa jeunesse envolée. Et comme toi, elle crève d'envie de tirer un coup. » Résumé en ces termes, ça aurait pu le rebuter.

Durant le retour, j'ai cherché Lucy Worsley sur Google. Ça m'énerve. Internet ne donne aucun indice qu'elle ait pu être déléguée de classe ou capitaine de son équipe. Mais maintenant, je sais comment forcer une serrure avec une pince kirby, si jamais l'occasion se présente.

JUILLET

Mercredi 6 juillet

Louisa est toujours chez nous. Tous ses enfants aussi. Il y a longtemps qu'elle ne pleure plus, c'est déjà ça, mais elle ne montre aucun désir de chercher du travail, de refaire sa vie ou de trouver un toit pour ses enfants. Le soir, elle fait de longues promenades solitaires, laissant les huit enfants à nos bons soins. (Huit enfants. Ai-je précisé qu'on a *huit putains de chiards* qui vivent chez nous ? L'AI-JE BIEN PRÉCISÉ ?)

J'ai l'impression qu'elle nous en veut de ne pas pouvoir lui fournir un décor plus dramatique, de vastes étendues balayées par les vents, des landes désolées qu'elle arpenterait avec passion, confiant sa détresse aux bruyères et aux rochers. À défaut, elle fait le tour du parc, encore et encore, marchant d'un pas décidé en marmonnant toute seule (Sam l'a vue alors qu'il faisait sortir le chien). Elle ressemble plus à l'épouse démente de Mr. Rochester qu'à Cathy Earnshaw à la recherche d'Heathcliff…

Aujourd'hui, c'est mon jour de congé. Ce matin, j'ai donc suggéré à Louisa d'aller faire les courses avec les enfants : les stocks de pain et de lait sont au plus bas. On manque constamment de pain et de lait. Il faut dire qu'on a sept bouches de plus à nourrir. En vrai, je lui ai *ordonné* d'aller en acheter. Quand je traite avec Louisa, je me transforme en créature à mi-chemin entre Mary Poppins et Miss Ratched, l'infirmière-chef de *Vol au-dessus d'un nid de coucou.* Je ne souffre aucun argument et je m'adresse à elle d'une voix claire et enjouée, de la même façon qu'on parle à un bambin récalcitrant qui fait sa crise dans un lieu public (parce qu'on ne peut pas hurler : « Tu vas faire ce que je te dis, petit con ! » devant témoins).

Incapable d'affronter le bazar de la maison (*huit putains de chiards, bordel !*), j'ai décidé de désherber la bordure de devant, histoire que le jardin perde un peu son allure de casse-auto abandonnée. Le camping-car de Louisa (« Gunnar » ainsi qu'elle ne cesse de nous le rappeler) est toujours garé devant la maison. Ses pneus qui se dégonflent le font doucement gîter à tribord, tandis qu'une flaque d'huile s'agrandit sous lui, jour après jour.

Nous n'arrêtons pas de dire à Louisa qu'elle doit faire quelque chose de son tas de boue, le vendre à la casse, par exemple, ou au moins faire faire un devis des réparations qui lui permettraient de reprendre la route. Toutes nos suggestions sont accueillies par un déferlement de chagrin : nous voulons « tuer » son Gunnar bien-aimé ! Gunnar qui l'a « sauvée » de Bardo/Kevin et de Sgathaich/Carol ! (cette méchante sorcière qui a jeté un sort à Bardo et qui aurait réduit ses pauvres enfants en esclavage, si ce brave Gunnar ne les avait pas emportés vers la liberté. Je pense que Louisa a trop regardé de vieux Disney). Ou par un soupir frémissant d'horreur : comment peut-on lui demander d'envisager de sordides considérations financières alors qu'elle est la proie de sentiments autrement plus élevés ?

N'empêche qu'un voisin ne va pas tarder à se plaindre à la municipalité de cette nuisance visuelle qui, en déparant le quartier, dévalorise notre rue et, plus grave, le prix des maisons.

J'entamais la terre craquelée au plantoir, hésitante – ce spécimen flétri était-il une mauvaise herbe ou quelque chose censé se trouver là ? –, lorsqu'un toussotement nerveux m'a fait me retourner. C'était cet éteignoir de Katie, la voisine d'en face, celle qui vit dans ce que je dois cesser de considérer comme la maison des Jenkins, vu qu'elle appartient désormais à Katie et à son mari, Trucmuche. (En vrai, j'ai essayé de me souvenir de son nom, mais impossible de le retenir.)

— Hummm, Ellen… J'espère que tu ne m'en voudras pas de te demander ça, mais euh… est-ce que c'est le camping-car de ta belle-sœur ?

J'ai soupiré.

— Ah. Je suis tout à fait désolée. Oui, je sais que se garer est un problème dans la rue et non, je ne sais pas combien de temps ce tas de boue va rester là ni ce qu'elle compte en faire.

(Ce n'était pas la première fois que j'avais cette conversation avec un voisin depuis l'arrivée de Louisa.)

— Oh, non ! s'est récriée Katie en rosissant de façon tout à fait seyante (elle est chiante comme la pluie, mais elle pique des fards délicieux, genre fleur timide. Moi, je vire au ravissant bordeaux, genre gros rouge qui tache). Non, je me demandais juste si Louisa était là. Comme il y a son camping-car…

Katie n'a-t-elle pas remarqué que ce tas de ferraille n'a pas bougé d'un centimètre depuis l'arrivée de Louisa, il y a bientôt un mois ?

— Non, elle n'est pas là, ai-je répliqué sèchement. Elle est partie faire des courses.

— Ah, a soufflé tristement Katie. C'est dommage, je voulais l'inviter à boire une tasse de thé… Je lui ai acheté son infusion bio préférée.

Katie voulait inviter *Louisa* à boire une tasse de thé ? *Louisa ?* Depuis qu'ils ont emménagé ici, il y a des mois, Katie et Trucmuche ne nous ont même pas invités à boire un verre d'eau, malgré (ou peut-être à cause de) notre hospitalité des plus généreuses à Pâques. Et voilà maintenant que Louisa se fait inviter pour le thé, et qu'en plus on lui achète des sachets d'infusion exprès pour elle !

Non seulement c'était injuste, mais c'était grossier. Ce n'est pas comme ça que se conduisent les habitants de la rue. Nous sommes des gens respectables, qui obéissons à un code de conduite très strict en ce qui concerne les invitations aux soirées de Noël, aux barbecues, aux feux d'artifice (dangereux ou pas) et même aux *tasses de thé* ! EN TOUT CAS, ÇA NE MARCHE PAS COMME ÇA !

Mon visage a dû trahir mon indignation (j'avais les yeux étrécis et le sourcil mauvais), car Katie s'est empressée d'ajouter nerveusement :

— Et toi aussi, bien sûr ! Ça te dirait de venir prendre une tasse de thé à la maison ?

Non, Katie, ça ne me dirait pas. C'est trop peu, Katie, trop peu et trop tard. Quand je pense que tu as allègrement fait infuser une infusion spéciale pour cette connasse de Louisa pendant que moi, je TRAVAILLE pour nourrir les huit enfants qui vivent actuellement sous mon toit ! Mais elle n'allait pas s'en tirer comme ça. En plus, je voulais voir ce que Trucmuche et elle avaient fait sur la maison. J'ai posé mon plantoir et je me suis exclamée :

— Avec plaisir !

La maison de Katie ressemble à un… catalogue. Comme si quelqu'un avait déchiré les pages d'un prospectus de meubles et leur avait donné vie. Son intérieur était extraordinairement sans âme, ce qui m'a ravie. J'aurais été furieuse de découvrir que cette petite souris terne et soporifique, que cette TRAÎTRESSE, cachait un goût exquis en décoration.

Katie, ai-je découvert, nourrit une fascination de midinette pour Louisa. Au début, cette découverte m'a laissée perplexe. Katie est tellement *propre sur elle* ! À la voir, on dirait qu'elle se récure au tampon Jex et au Sanytol chaque matin. Louisa, elle, a *besoin* d'être récurée de pied en cap au Sanytol et au tampon Jex. Voire fumigée. Et par mesure de précaution, nettoyée à la vapeur, au cas où.

Eh bien, Katie trouve Louisa merveilleuse ! Un « authentique esprit libre », c'est comme ça qu'elle l'a décrite. Louisa, semble-t-il, n'a rien trouvé de mieux que de confier à Katie son tout nouveau projet : faire le tour de l'Europe au volant de Gunnar, afin d'éduquer ses enfants à l'école de la vie. Et après l'Europe, qui sait ? Elle pourrait sillonner l'Afrique ou aller en Asie. Apparemment, tout dépend du karma, de la sérendipité et du lieu vers lequel les vents la porteront.

Louisa semble ne pas avoir capté que même la phase n° 1 de son plan grandiose – arriver jusqu'à Folkestone – va requérir un véhicule en état de rouler et de l'argent pour le diesel et le ferry, deux choses qui lui font actuellement défaut. Ne parlons même pas de certaines réalités fastidieuses, comme se nourrir elle et ses six enfants pendant qu'elle les éduquera à l'école de la vie. (Et puis, je crois Coventina tout à fait capable d'élever quelques vigoureuses objections : c'est une enfant pleine de bon sens, douée d'une remarquable conscience citoyenne, et qui m'a appris l'autre jour que quand elle serait grande, elle ne ferait ses courses que chez John Lewis. Pour un enfant de Louisa, il n'existe pas de plus grande rébellion.)

Katie, néanmoins, devenait lyrique en me décrivant, des étoiles dans les yeux, le courage et la force morale qu'il fallait à Louisa pour se jeter dans une telle aventure. Ne devrais-je pas lui ôter ses illusions sur la faisabilité de ce projet ? Car jamais Louisa n'entreprendra une telle expédition, du moins pas avant d'avoir pu extorquer à Bardo une pension alimentaire pour faire vivre toute sa tribu. Mais Katie était lancée à fond sur l'incroyable personnalité de Louisa et il n'était plus question de l'arrêter.

— Ça doit être vraiment extraordinaire d'être libérée à ce point du train-train quotidien ! a-t-elle soupiré avec envie.

J'en avais par-dessus la tête. Qu'est-ce que l'autre avait bien pu lui raconter comme conneries ? De toute façon, j'en avais marre d'entendre Katie s'extasier sur les miracles accomplis par sainte Louisa-de-tous-les-crasseux.

— Extraordinaire, en effet, ai-je répliqué sèchement. On aimerait toutes se dispenser de remplir le lave-vaisselle, d'aller au supermarché, de vérifier qu'il y a assez de lait pour le petit dèj, d'amener la voiture au contrôle technique, de nettoyer les cheneaux, de récurer la baignoire et autres emmerdements qui nous font perdre un temps précieux, mais le gros problème, Katie, c'est qu'il faut bien que quelqu'un les fasse, ces choses-là.

On aurait dit que je l'avais giflée. Sa lèvre inférieure s'est mise à trembler.

— Mais non, ce n'est pas vrai… a-t-elle chevroté. Louisa ne se soucie pas de ce genre de chose, elle. Elle est libre, libre d'aller où elle veut et de faire ce qui lui plaît !

Ses yeux étaient pleins de larmes, alors que quelques minutes avant, ils brillaient d'enthousiasme. Je me sentais un peu coupable d'avoir bousillé son film, mais j'étais lancée.

— Louisa ne se soucie pas de ce genre de chose parce que c'est une femme-enfant irresponsable qui a décidé de faire porter le poids de sa vie aux autres. Pendant ce temps, elle continue de sortir tout un tas de conneries New Age sur la nécessité d'être vrai envers soi-même et de laisser l'Univers pourvoir à nos besoins. Si Louisa s'en est tirée jusqu'ici, c'est parce que son père et Simon lui renflouent sans arrêt ses comptes et financent ses achats ineptes depuis des années. Il n'en demeure pas moins qu'elle a trente-huit ans et six enfants : il est temps qu'elle grandisse, s'assume et prenne ses responsabilités de mère. Louisa ne partira pas faire le tour de l'Europe avec ses enfants, pas plus qu'elle ne va sillonner l'Asie ou l'Afrique, parce que son tas de ferraille est foutu et qu'elle n'a pas d'argent pour s'en acheter un autre ni même pour nourrir ses enfants. Pourquoi ? Parce que Louisa est une bonne à rien, un poids mort. Mais à partir de demain, elle va cesser de se laisser porter par les autres, remballer son numéro de farfelue allergique à la réalité et se mettre à chercher du boulot et une maison ! Parce qu'il est *hors de question* que Simon et moi financions un autre de ses projets fantaisistes ! Pourquoi devrait-elle poursuivre ses rêves à nos dépens ? POURQUOI, KATIE ? POURQUOI ?

Je m'étais un peu emballée. J'avais tapé si fort du poing sur la table que l'une des lettres en bois formant le mot MANGER s'était détachée du mur. À présent, Katie sanglotait ouvertement. Merde. Déjà que son mari et elle nous prenaient pour des cinglés, je venais de lui confirmer son intuition en pétant les plombs dans sa cuisine aux teintes coordonnées.

— Oh, Katie… Excuse-moi. Je suis vraiment désolée, je ne voulais pas m'emporter à ce point. Mais tu comprends, c'est terriblement frustrant de vivre avec Louisa, de devoir la bousculer tout le temps pour qu'elle cesse de faire…

J'allais dire « sa grosse bouse », mais j'avais déjà suffisamment choqué Katie avec mon vocabulaire de charretier. Cette fille semble être du genre à dire « Oh, mer… credi ! », mais en plus à le penser vraiment.

— … de faire l'autruche pour ne pas voir tout ce qui lui déplaît dans la vraie vie. Je n'aurais pas dû me mettre à crier, je te demande pardon, Katie. Je t'en prie, ne pleure plus !

Ses sanglots ont redoublé et elle a bredouillé quelque chose d'incohérent.

— Excuse-moi, Katie, mais je n'ai pas bien saisi. Tu veux que je m'en aille, c'est ça ?

Katie a secoué violemment la tête et elle s'est mise à brailler :

— Un si beau RÊVE ! Les idées de Louisa, faire ses valises et aller où on veut ! Chaque jour un lieu différent ! Laisser tout ÇA derrière soi !

D'un geste exaspéré, elle a désigné sa cuisine immaculée.

— C'est toujours PAREIL, Ellen… a-t-elle gémi. JOUR APRÈS JOUR, BORDEL !

La vache, elle connaît des jurons…

— Je me lève. Je fais manger les filles, je les laisse dans une petite classe de maternelle à la con où les autres mères sont toutes nickel, souriantes, parfaites ! Elles kiffent leur vie, elles me disent toutes que j'ai de la chance… Et c'est vrai, je le sais que j'ai de la chance… J'ai des filles que j'adore et j'ai Tim. (*TIM ! Bien sûr ! C'est le prénom de Trucmuche.*) Mais c'est tellement répétitif, tellement fastidieux… Moi, avant, j'étais quelqu'un, Ellen ! J'étais directrice du marketing pour une très grosse boîte, on respectait mon avis, on écoutait ce que j'avais à dire dans les dîners ! JE SAIS que j'ai une chance folle de pouvoir rester à la maison pour m'occuper des filles, mais j'en ai tellement marre de n'être que la-maman-de-Ruby-et-Lily, et pas une personne à part entière. Et puis quand Tim rentre le soir et qu'il me dit qu'il est crevé, crevé d'être très-occupé-et-très-important, sous-entendant par là que moi, je n'ai fait que jouer à la poupée toute la journée, je me mets à hurler que lui au moins, il peut aller pisser tranquille, putain ! Moi, je ne peux pas en dire autant ! Je me sens si SEULE, Ellen ! Et je m'en veux tellement d'être comme je suis… Je vois bien que toutes les autres mamans s'en sortent mieux que moi. Moi, je ne suis qu'une grosse nulle. Et le projet de Louisa, c'était une idée tellement merveilleuse ! Partir en laissant tout derrière soi. Partir à l'aventure ! De l'aventure, je veux de l'aventuuuuuuuuuuure !

J'étais stupéfaite. Je m'en voulais d'avoir jugé la maison de Katie fade et sans âme, alors que de toute évidence ça lui coûtait d'être une bonne mère au foyer. Elle en bavait, la pauvre… Charlie a raison, je suis superficielle. Et, autre preuve de ma superficialité, même si je compatissais avec Katie, une petite voix me murmurait : « Pourquoi mon existence est-elle remplie de femmes qui pleurent ? » C'est peut-être ce qu'éprouve Simon une fois par mois.

D'un geste gauche, j'ai gratifié Katie de quelques tapotements sur l'épaule (une fois de plus, je semblais me transformer en Simon, mais je portais un nouveau T-shirt et je ne voulais pas récolter du mascara dessus – et puis, j'ai toujours ce petit problème d'espace vital).

— Katie… Ne te mets pas dans un tel état. On ressent toutes la même chose, tu sais.

— NOOOOON ! a bramé Katie qui, ayant décidé de vider son cœur, y allait à fond. Je suis la seule, je le sais ! Toutes les autres sont parfaites ! Et moi, j'essaie, je fais des efforts, mais j'y arrive paaaaaaaaaas ! J'ai l'impression que je rate tout ce que je fais.

Peu à peu, elle s'est calmée, déglutissant et reniflant d'un air sombre.

— Sérieusement, ai-je repris, endossant le rôle de sage doyenne de la tribu alors que Katie doit avoir le même âge que moi. On éprouve toutes la même chose. On s'assied toutes dans ces classes de maternelle, on agite des maracas en bouteilles de yaourt, on boit l'infâme café des réunions mamans-bambins et on regarde les autres en se demandant comment elles font pour tenir le coup alors que nous, on se sent complètement dépassées. Simplement, personne n'en parle. Ce n'est que plus tard, un soir, alors que tu bois un verre avec une maman qui t'avoue qu'elle a sérieusement pensé à se cogner la tête par terre si elle devait chanter encore une fois *Une souris verte* dans le hall de l'école que tu te rends compte que tu n'es pas seule, qu'on galère toutes au quotidien et que ça serait bien mieux pour tout le monde si on acceptait de le reconnaître. Je te parie que si demain, à la séance d'éveil à la musique, tu déclares à la cantonade que tu trouves ça très difficile et que tu te sens un peu perdue, quatre-vingt-dix-neuf pour cent des mamans présentes vont s'exclamer : « MOI AUSSI ! »

— Elles ne vont pas mal me juger ? a gémi Katie.

— Elles te considéreront sûrement comme une héroïne des temps modernes d'avoir eu le cran de le reconnaître devant tout le monde ! Quand mes enfants étaient petits, j'avais l'impression d'être la pire des mamans parce que je ne faisais pas de décorations de Noël en pâte à sel avec eux. Quand ils ont été scolarisés, j'ai eu l'impression d'être la pire des mamans parce que je travaillais et je croyais que toutes les mères au foyer me jugeaient mal. Et puis j'ai conçu cette appli débile – pour moi, c'était plus une thérapie qu'autre chose – et des milliers de personnes l'ont achetée. Aujourd'hui, je m'aperçois que toutes les mamans de l'école éprouvent la même chose que moi et qu'on a toutes besoin d'en parler, au lieu de faire comme si tout allait bien, comme si tout était parfait, comme si on gérait à merveille, sans aucun souci. Fuir comme Louisa, ce n'est pas la solution, ce qu'il faut c'est SE PARLER !

J'avais recommencé à taper du poing sur la table. Une deuxième lettre s'est décrochée du mur de la cuisine.

— Je ne savais pas, a dit Katie. Je n'aurais jamais imaginé que c'était ce que tu ressentais. Simon et toi avez l'air de mener une vie si parfaite, vous êtes si glamours, si fascinants… Je t'ai trouvée géniale après ce repas de Pâques, tu étais tellement cool et intelligente ! Même ton buffet est cool !

— Ah ah ah ah ! Ce buffet, depuis que je l'ai repeint, c'est la pomme de la discorde entre Simon et moi. Et nous ne sommes pas parfaits, glamours et fascinants. Hier soir, le chien m'a gerbé sur les chaussures, j'ai très souvent envie de poignarder

Simon quand il fait son connard condescendant et PERSONNE n'a une vie aussi parfaite qu'elle en a l'air. PERSONNE !

Une troisième lettre s'est détachée du mur.

— Je déteste ces putains de lettres ! s'est écriée Katie. FOUTONS-LES AU FEU ! Et ouvrons une bouteille. Du vin, BORDEL DE MERDE !

Jeudi 21 juillet

Les calamités s'accumulent. L'artillerie lourde a débarqué en la personne de Michael et de Sylvia. Après ma journée avec Katie, j'ai révélé à Simon les projets de voyage de Louisa. Il a pété les plombs et pointé les nombreuses failles du plan de sa sœur qui s'est mise à hurler qu'il n'était pas son père et qu'il ne pouvait pas lui dicter sa conduite (quant à régir l'Univers avec lui, il ne fallait pas compter sur elle).

Elle a ensuite piqué une méga-crise contre Katie et moi qui l'avions « trahie » en allant raconter ses projets à Simon. D'autant qu'il semblerait que nous l'ayons trahie, elle, mais aussi l'ensemble de la Sororité et surtout la Déesse. Elle me l'a répété à plusieurs reprises. Pour quelqu'un qui déclare au moins trois fois par jour qu'elle ne me parle plus, elle me parle vachement. Je préférerais qu'elle s'en tienne à sa promesse de ne plus jamais m'adresser un mot.

Autre contradiction qui ne semble pas la gêner, elle prétend à peine supporter d'être dans la même pièce que moi et pourtant, elle se plaît bien sous mon toit, à mes frais. Simon lui aussi en prend pour son grade. Bien qu'il ne soit pas son père, comme elle le lui fait souvent remarquer, il fait peser sur ses frêles épaules tout le poids du patriarcat, pour le simple plaisir de l'opprimer. Ça l'amuse, sans doute.

Louisa refuse d'écouter la voix de la raison, elle continue d'affirmer qu'elle va voyager à bord de Gunnar qui est tout à fait en état de rouler (pourtant, pour quelqu'un si pressé de partir, elle ne montre aucune velléité de monter dans son foutu camping-car, si tant est qu'il puisse ne serait-ce que démarrer). En d'autres termes, il n'est pas question qu'elle cherche du travail ou une maison. Comme les vacances d'été approchent à grands pas et que l'ambiance devient chaque jour plus irrespirable dans la maison pleine comme un œuf, Simon a pris le taureau par les cornes : il a téléphoné à ses parents pour leur demander d'intervenir auprès de leur bourrique de fille.

Michael et Sylvia ont donc débarqué aujourd'hui. J'avais certaines réserves sur leur capacité à ramener Louisa à plus de raison, je l'avoue, mais finalement, ils ont été formidables.

Louisa, comme prévu, est entrée dans une colère noire dès leur arrivée. Elle a traité Simon de cafteur et Michael, que j'avais toujours pris pour un personnage « bougrement » sympathique mais un peu bouffon sur les bords, le genre de bonhomme qui prend tout à la rigolade hormis ses scores au golf, a rugi d'une voix terrifiante :

— LOUISA CATHERINE RUSSELL, ASSIEDS-TOI ET TIENS-TOI CORRECTEMENT ! Ellen et ton frère se sont montrés plus qu'accueillants en t'hébergeant, toi et tes enfants, depuis plus d'un mois. Il n'y a pas grand monde qui en ferait autant. Alors, tu vas immédiatement leur présenter tes excuses !

— Je veux bien faire des excuses à Simon, mais je n'adresse plus la parole à Ellen, a marmonné Louisa d'un air buté.

— TU VAS LEUR FAIRE DES EXCUSES À TOUS LES DEUX ! ET TOUT DE SUITE ! a tonné Michael. ET LES REMERCIER POUR TOUT CE QU'ILS ONT FAIT POUR TOI !

— Pardon Simon, pardon Ellen. Merci à tous les deux, vous avez été très gentils, a grommelé Louisa, à ma grande surprise.

— Bien. Te rends-tu compte, jeune fille, que les efforts d'Ellen et de Simon pour déjouer tes projets ne sont pas, comme tu ne cesses de le hurler, destinés à bousiller ta vie, mais à t'éviter la prison ? Si, à une frontière, un policier s'aperçoit de l'odeur qui règne à l'intérieur de ce cercueil à roulettes…

— Gunnar ! a protesté Louisa. Il s'appelle Gunnar !

— Hein ? C'est qui, ce Gunnar ? Je croyais que ton abruti de mari s'appelait Conno ou je ne sais plus quoi ? Oh, sacrebleu ! dis-moi que tu ne t'es pas déjà remise avec un de tes hippies à la noix ? Tu n'es pas de nouveau enceinte, hein ? Simon, pourquoi tu ne m'as pas parlé de ce Gunnar ?

— Gunnar, c'est mon camping-car ! a reniflé Louisa. C'est son petit nom !

— Mais, foutre de foutre ! Tu as trente-huit ans, Louisa ! J'en ai soixante-huit ! Je ne donne pas de noms à de foutus camping-cars ! Grandis un peu, s'il te plaît ! Je disais donc : si tu t'approches à moins de mille mètres d'un policier dans ton espèce de ruine ambulante, surtout avec tous ces mioches qui sautent dans tous les sens à l'intérieur, tu te feras arrêter illico presto et tes enfants seront placés en foyer. C'est ça que tu veux ?

Louisa a marmonné quelque chose d'indistinct.

— J'AI DIT, C'EST ÇA QUE TU VEUX ?

— Non, papa, a répondu Louisa d'une toute petite voix.

— BIEN ! Là, on avance. Alors, dis-moi comment tu t'es mise dans ce pétrin et voyons si nous pouvons trouver une solution pour la suite.

Louisa a commencé à lui expliquer pourquoi et comment elle se retrouvait littéralement à la rue et sans le sou. L'ashram et tout ce qu'il contient sont la propriété de Bardo, par le biais d'une société à responsabilité limitée établie à son nom. Du coup, Louisa n'a aucun droit dessus. De plus, elle ne possède pas un seul document prouvant qu'elle a investi de l'argent dedans, en particulier après la vente de son appartement. Il n'y a aucune trace non plus des dons considérables que Michael lui a consentis. Au bout de quelques minutes, Sylvia m'a désigné la porte d'un signe de tête pour qu'on les laisse discuter seuls.

Une fois dans la cuisine, elle s'est laissée choir sur une chaise et a poussé un gros soupir. Elle m'a paru soudain très vieille et très fragile.

— Pensez-vous que je pourrais boire un petit verre ? m'a-t-elle demandé. À condition, bien sûr, que mon parasite de fille vous ait laissé quelque chose dans la maison. Miséricorde ! Quelle calamité, cette petite ! Dans quel pétrin elle s'est encore fourrée !

En fait, tout est ma faute, je l'ai trop gâtée quand elle était petite. Son père était le seul à pouvoir la cadrer. Moi, j'ai fini par tout lui céder quand il n'était pas là, c'était plus facile que d'affronter ses caprices et ses explosions de colère. Et bien sûr, Michael travaillait tout le temps, à cette époque, il n'était jamais à la maison. Louisa a toujours fait tout ce qu'elle voulait, c'est sûrement pour ça qu'elle est devenue aussi insupportable. J'aurais dû m'opposer à elle, au lieu de la laisser grandir dans l'illusion qu'il lui suffisait de taper du pied pour obtenir ce qu'elle voulait. Merci mille fois de l'avoir hébergée, Ellen, je vous en suis reconnaissante au-delà de tout. J'imagine qu'elle a dû être épouvantable.

J'étais sidérée : Sylvia se montrait humaine. Sylvia admettait qu'elle pouvait s'être trompée et faisait son mea culpa. Sylvia admettait que l'un de ses enfants était moins que parfait. Et tout ça, le jour où Michael venait d'arriver à faire taire sa fille et à lui extorquer un semblant de bonnes manières. Où allait-on, si Sylvia et Louisa se mettaient à adopter des comportements aussi inhabituels ? Je redoutais le pire…

Dans la pièce d'à côté, Michael avait recommencé à crier. Simon a fait irruption dans la cuisine.

— Mieux vaut les laisser seuls, a-t-il bafouillé tandis que les rugissements de mon beau-père couvraient les protestations plaintives de Louisa. Apparemment, si elle a refusé jusqu'ici de se remuer le popotin, c'est parce qu'en dépit de toutes ses protestations, elle espérait que Bardo viendrait la chercher, lui déclarerait son amour éternel, renoncerait à Machine, qu'ils vivraient heureux et auraient encore plus d'enfants. Papa vient de lui ôter ses illusions. Euh, chérie, m'a-t-il dit en reposant la bouteille de vin, on n'aurait pas quelque chose de plus fort ?

Bien sûr qu'on avait quelque chose de plus fort. Maintenant que j'étais riche à *n'appli* savoir qu'en faire (Simon m'a regardée sans rien dire quand je lui ai servi ce remarquable jeu de mots), j'avais pris l'habitude d'acheter des caisses de gin artisanal au lieu de la marque distributeur de Waitrose. J'en ai donc sorti plusieurs bouteilles et proposé qu'on se change les idées avec une petite dégustation.

Le gin n'était peut-être pas le choix le plus indiqué, vu les circonstances. Simon ayant été reconvoqué au salon par un énième rugissement de Michael, Sylvia et moi sommes restées seules avec les bouteilles. Au bout d'une heure, on était passablement sentimentales :

Sylvia a bredouillé :

— J'ai renoncé à tout pour mes enfants. À tout. Certains jours, je savais même plus qui j'étais. Ça m'arrive encore. Et tout ça p-pour quoi ? Louisa fout sa vie en l'air avec cette espèce de hippie crasseux ! C'est ma f-faute… j'y ai donné le mauvais z-zexemple, j'y ai fait croire qu'on avait besoin d'un homme. Pff ! On n'a pas besoin d'hommes. De ces crétins d'hommes. La poule et le couteau, t'sais ? La femme a besoin d'un homme comme une poule d'un couteau. Moi, j'aurais dû faire comme toi, Ellen. Tu travailles sur cezo… zorribles zordis, mais tu es indépendante, toi. Tu peux quitter Simon demain si tu veux… sans problème ! Mais tu vas pas le faire, hein ? P-promets-moi que tu vas p-pas quitter Simon ? Tu donnes le bon exemple à Jane, toi… L'indépendance ! De l'argent à soi ! Ah, si seulement j'avais eu mon propre argent à moi ! Et un m-métier…

J'ai hoqueté.

— Quoi, tu trouves pas que chuis une mauvaise mère, que je délaisse mes z'enfants ? Que c'est les autres qui les z'élèvent ? Paske c'est pas bien de faire ça. Moi, j'ai trop honte. Me sens coupable. Toujours trop occupée.

— Naaan… a articulé Sylvia d'une voix pâteuse. Moi, j'ai toujours été là pour mes z'enfants et regarde le résultat ! Et j'me sens cou-coupable aussi. Trop p'angoissée du qu'en-dira-t-on. Trop p'occupée à faire attention que les coussins, les rideaux et les fleurs soient assortis. Les z'apparences, c'est pas tout ! J'aurais dû être plus… plus… comment c'est qu'on dit… plus « cool ». Je les laissais jamais entrer dans le salon, pask'ils auraient mis du désordre. J'aurais dû les laisser entrer dans le s-salon. Peut-être que Louisa serait quelqu'un de bien si je l'avais laissée entrer dans le s-salon ? Peut-être que toutes ses conneries hippies c'est une… c'est un… chais pas, une rébellion c-contre moi, moi et mes rideaux Laura Ashley ? Quoique… (Sylvia m'a coulé un regard oblique) S-Simon, il l'est pas trop mal, lui. Il t'a toi. T'es bien, toi. À part tes z'ordis. Internet. Mauvais. Peur. Y reste du gin ?

— Oooh, je sais ! ai-je susurré alors que je remplissais le verre de Sylvia qui, bizarrement, n'était pas assez grand pour le tonic, il ne contenait que le gin. Eh, tu sais quoi ? Je peux t'apprendre à te servir d'internet, moi. Tu pourrais t'acheter plein d'trucs ! Et tu pourrais aller sur eBay et remporter des trucs et apprendre à tout faire avec les tutos YouTube. À part le trait ch-chic d'eye-liner. Ça, c'est c-coton. Mais tu pourrais faire des tas de trucs ! Moi, j'adore remporter des trucs sur eBay. La semaine dernière, j'ai remp-porté trois chandeliers et… et… et un ananas en cristal géant ! Sur eBay. Les chandeliers, ils étaient tous pareils, je m'étais pas rendu compte que j'avais enchéri sur tous les mêmes, j'vais les mettre dans mon co-cottage de Wells-Next-the-Sea, avec mes chaussures. À moins que t'en veuilles un ? me suis-je enquise généreusement.

Quand Michael, Simon et Louisa ont eu fini de s'expliquer, Sylvia et moi chantions sur des vidéos de Kate Bush, nous entraînant à la choré de *Wuthering Heights* avec l'aimable autorisation de YouTube.

— Eh Michael, REGARDE ! a crié Sylvia. JE SAIS FAIRE LES ZORDIS, MAINTENANT ! Ellen m'a montré comment on fait et je vais gagner des trucs sur eBay aussi ! C'est GENIAAAL, les zordis ! Eh, Ellen ! je peux gagner un nordi pour moi sur eBay ?

— Dieu du ciel ! Mais qu'est-ce que c'est que ce binz ? s'est exclamé Michael, horrifié, tandis que Sylvia s'effondrait dans ses bras, après avoir tenté un grand battement.

Vendredi 29 juillet

La cellule de crise continue ses pourparlers. Au menu : comment-résoudre-un-problème-tel-que-Louisa. Depuis une semaine que les grandes vacances ont commencé, je dois avouer qu'elle s'est montrée passablement utile en gardant Peter et Jane pendant que j'étais au bureau. Michael doit lui aussi avoir eu une petite conversation avec elle, car elle a même tenté de ranger et de passer l'aspirateur en mon absence. Elle s'y prend comme un manche, bien sûr, et je dois repasser derrière elle en rentrant, mais au moins, elle fait des efforts.

De mon côté, j'essaie d'y mettre du mien. Je me concentre sur les frais de garde qu'elle me fait économiser, pas sur l'argent qu'elle me coûte depuis des mois, sachant que j'ai quand même dû changer le blender à cause de ses smoothies au sperme. Bien qu'ayant appris depuis avec quelle générosité Bardo dispensait cet ingrédient très particulier, je suis bien contente de l'avoir fait, car toute la Javel du monde n'aurait pas suffi à stériliser mon blender. Ce soir, j'ai retrouvé Hannah et Sam pour un petit apéro-débrief de « première semaine des vacances ». J'ai demandé à Katie de m'accompagner. Elle a besoin de passer un peu plus de temps avec des adultes et un peu moins à s'arracher les yeux d'ennui devant *La Pat Patrouille*.

Katie se révèle être une sorte d'âme sœur pour moi. Quel dommage que j'aie mis des mois à m'en apercevoir ! J'ai pris l'habitude de me réfugier chez elle chaque fois qu'une dispute éclate entre Louisa, Simon et mes beaux-parents, et toutes les deux, on prend beaucoup de plaisir à refaire le monde autour d'une bonne bouteille.

Tandis que je me préparais, Simon traînait dans la chambre avec une mine de chien battu à l'idée de passer encore une soirée entre sa sœur et ses parents. Louisa alternait pleurs et colères face au refus de Michael et Sylvia de payer les réparations de Gunnar. Dans ces conditions, son voyage était plus que compromis. Michael, entre-temps, avait chargé ses avocats du dossier « Bardo » afin de lui faire cracher un peu d'argent. Si jamais il obtenait gain de cause, ce trouduc hippie allait avoir une très mauvaise surprise…

Pendant que je me maquillais, j'ai reçu un texto d'Hannah contenant une mystérieuse annonce : elle allait nous « amener » quelqu'un qu'elle voulait nous présenter. Du coup, j'ai eu pitié de Simon.

— Et si tu venais avec nous ? Louisa n'aura qu'à se rendre utile et faire la baby-sitter.

Simon s'est animé illico.

— C'est vrai ? Ça ne te dérange pas si je viens ? Ce serait super !

Pauvre Simon. Quand il se met à juger la compagnie des Gens préférable au sanctuaire de son canapé, c'est que l'horizon est bien sombre.

Je n'ai pas été surprise outre mesure de découvrir qui était ce « quelqu'un » que voulait nous faire rencontrer Hannah. Il s'agissait de Charlie, bien sûr. J'avais pris un café avec lui, quinze jours après le-fameux-verre, puis tous ses messages et invitations avaient brusquement cessé, tandis qu'Hannah devenait elle aussi insaisissable. J'espérais que Charlie l'avait appelée, selon mes conseils, et il semblait bien que oui : tous deux planaient comme un couple de collégiens sous fumette.

Au début, Simon s'est montré un peu réservé envers Charlie, mais celui-ci, bonne pâte et conscient de son hostilité, n'a fait aucune allusion à nos rencontres de ces derniers temps, se bornant à dire qu'on s'était retrouvés par hasard quelques mois plus tôt et que, apprenant qu'il vivait désormais dans le coin en célibataire, je lui avais donné le numéro d'Hannah.

Après cette mise au point, Simon s'est quelque peu dégelé. Il a commencé à plaisanter sur mon enthousiasme à jouer les entremetteuses à la moindre occasion. Il est même allé jusqu'à dire à Charlie qu'il pouvait s'estimer heureux que je n'aie pas su qu'il était célibataire avant l'arrivée de Louisa. Car, dans ma volonté de me débarrasser d'elle à tout prix, j'aurais pu essayer de les caser ensemble.

— Quoique… je ne sais pas ce que tu aurais pu faire à Ellen pour mériter ça ! a-t-il conclu.

J'étais assez jalouse du couple que formaient Hannah et Charlie. Pas par dépit amoureux, mais parce qu'ils étaient si épris l'un de l'autre qu'ils ne pouvaient pas arrêter de se toucher.

— Rhoooo, a fait Simon. Si c'est pas mignon ! Notre petite Hannah a retrouvé l'amour, et sans recevoir une seule photo de bite, qui plus est ! Enfin, à moins que tu lui aies envoyé une photo de la tienne ? a-t-il demandé à un Charlie stupéfait.

Il a fallu lui expliquer l'incursion avortée d'Hannah sur les sites de rencontres en ligne.

— Et toi, Sam ? lui a-t-elle demandé. Maintenant que tu as rompu avec Mark, tu cherches *quelqu'un d'autre* ?

— Oh là là ! Pas vraiment, non. Mark était sympa, mais sa présence m'a coûté pas mal d'efforts. Au lit, c'était génial, OK, mais je ne sais pas si ça valait vraiment la peine de me taper ses opinions sur les séries et les émissions de téléréalité. Franchement, je ne sais pas si j'ai encore envie de m'embêter avec tout ça. J'ai les enfants, mon chien, mes amis, et ça me suffit largement. Je sais que je suis horriblement décevant par rapport à tous les clichés gays, mais je suis tout à fait heureux comme je suis. En même temps, il ne faut jamais dire « fontaine, je ne boirais pas de ton eau ». Si jamais je devais rencontrer l'homme-de-ma-vie, super ! Mais sinon, ce n'est pas la fin du monde. Je peux très bien mater *Poldark* tout seul, pelotonné sur mon canapé avec mes chaussettes en cachemire.

— Ah, *Poldark* ! Oooooh, Captain Ross ! avons-nous soupiré en chœur, tandis que Charlie et Simon échangeaient un regard résigné.

AOÛT

Jeudi 4 août

Ce soir, réunion au sommet. Apparemment, une solution a été trouvée pour Louisa et ses enfants, une issue jugée satisfaisante pour tout le monde.

Il y a une maison à vendre dont le terrain jouxte la propriété de Michael et Sylvia, en France. Elle n'est pas immense, il y a quelques travaux à faire dessus, mais elle est assez grande pour accueillir Louisa et ses enfants. Michael et Sylvia seront à proximité pour la soutenir et s'occuper des petits. De plus, Michael et Simon ont fait jouer toutes leurs relations pour dégoter à Louisa un job de graphiste free-lance qui lui permettra de rester à la maison avec les enfants et de gagner plus ou moins sa vie – une fois qu'elle aura réalisé quelques contrats, on compte sur le bouche-à-oreille pour que d'autres clients fassent appel à elle. Bien que Michael et Sylvia n'aient pas assez de place pour héberger Louisa à long terme (« Ce n'est qu'un *minuscule* château », dixit Sylvia), elle pourra loger chez eux le temps que la vente se fasse et que la maison soit rénovée. Bref, tout ça se présentait magnifiquement bien, pourtant j'avais un mauvais pressentiment. Tout le monde me regardait d'un air d'attente.

Michael s'est raclé la gorge.

— La seule chose, c'est, hem… c'est un peu délicat. C'est l'argent.

— L'argent ? ai-je répété.

— Oui. Le fait est que, entre tout, il faut envisager une somme d'environ 100 000 livres. Or, je crains que Sylvia et moi ne disposions plus d'un tel capital. Et donc, nous nous demandions si Simon et vous pouviez les apporter à ce projet…

— Moi et Simon ?

Dans ma stupéfaction, j'en avais oublié qu'il fallait dire « X et moi » et jamais « Moi et X », ainsi que ma mère me le serinait toujours.

— Cette somme, nous l'avons, Ellen, est intervenu Simon d'une voix calme. On a remboursé l'emprunt sur la maison et il reste encore suffisamment d'argent de l'appli pour qu'on puisse se séparer de 100 000 livres.

— Mais l'appli ne rapporte plus rien ! me suis-je récriée en poussant subrepticement sous la table le tout dernier sac que je m'étais offert.

— Si, ma chérie. Pas autant qu'au début, certes, mais au moins quelques milliers de livres par mois.

— Et donc, vous voulez que je donne tout MON argent de l'appli à Louisa ? Pour qu'elle puisse aller vivre en France et FAIRE DES PUTAINS DE DESSINS ?

Oh, misère, c'est donc ça, ce qu'on ressent quand on vit une expérience extracorporelle ! J'entendais mes glapissements suraigus, je me voyais tambourinant sur la table comme une aliénée, mais j'étais incapable de m'arrêter.

Simon et Michael me disaient quelque chose. Non, il ne s'agissait pas de lui donner cet argent. On serait propriétaires de la maison et du terrain que Louisa occuperait. Mais je n'entendais plus que le sang qui cognait à mes oreilles. Je luttais contre l'envie de me rouler par terre en hurlant, comme une gosse qui fait un caprice. J'ai gueulé que j'allais hurler jusqu'à m'en rendre MALAAADE ! Ça serait profondément satisfaisant, j'en étais sûre. La seule chose qui m'empêchait de passer à l'acte, c'était que je portais une jupe assez courte et que tout le monde allait voir – même de façon fugitive – ma culotte carrément grise et un peu distendue, mais aussi que mon maillot laissait franchement à désirer.

Tout le monde continuait à parler pendant que je m'efforçais de respirer. Une seule pensée tournait en boucle dans ma tête : « MON ARGENT, MON ARGENT, MON ARGENT ! » J'étais également folle de rage contre Simon qui m'avait annoncé ça devant toute sa famille. De toute évidence, il était au courant de tout, il en avait discuté avec ses parents et Louisa, mais il n'avait pas pensé à m'en parler à moi d'abord. Mais qu'est-ce qu'ils croyaient tous que j'allais dire, bordel ?

Oh, oui ! Quel excellent projet, bougrement bien pensé, je suis absolument enchantée, tout à fait, donnons à Louisa (qui n'a pas bossé une minute en dix ans) tout l'argent que j'ai gagné pour mettre *ma* famille à l'abri ! Ainsi, elle pourra se tirer à l'étranger et réaliser *mon* rêve dans son adorable villa en ruine qui sera à n'en pas douter entourée d'oliviers et livrée avec un vieux domestique, Pascal, qui aura perdu à la guerre l'amour de sa vie, Marie-Claire, et Louisa gagnera sa vie en dessinant, ce qui revient pratiquement à peindre des aquarelles. Moi, pendant ce temps-là, je continuerai à trimer dans mon putain de bureau, je jonglerai comme une conne entre les enfants, le boulot et tout le reste, et je n'aurai même pas mon cottage à Wells-Next-the-Sea pour y entreposer mes chaussures ! Je n'aurai même plus de RÊVE puisque LOUISA ME L'AURA VOLÉ, MON RÊVE ! Est-ce que je vais aussi lui payer un joli chapeau de paille POUR QU'ELLE NE PRENNE PAS DE COUPS DE SOLEIL SOUS LES OLIVIERS, PENDANT QU'ELLE SERA OCCUPÉE À ME VOLER MON RÊVE ? Oui, un joli chapeau de paille ! Pour que le rêve qu'elle m'a volé soit complet ? VOUS SEREZ TOUS CONTENTS, APRÈS ?

Je ne m'étais pas rendu compte que j'avais hurlé. Je l'ai compris en voyant que tout le monde me fixait, entre trouble et consternation, en se demandant qui étaient Pascal et Marie-Claire. Je me suis levée avec toute la dignité dont j'étais capable et j'ai annoncé que je sortais, que je ne savais pas quand je rentrerais et j'ai quitté la maison comme une furie. J'étais au bout de l'allée quand je me suis rendu compte que j'étais partie sans argent, sans téléphone et sans clés. J'ai donc dû retourner comme une furie dans la maison, prendre mon sac, et ressortir comme une furie, ce qui a quelque peu gâché le côté théâtral de ma sortie. Une seconde sortie en trombe n'est jamais aussi efficace que la première et ce, quelle que soit l'énergie qu'on mette à claquer la porte.

Dimanche 7 août

Le Louisa gate continue de gronder. Simon a tenté d'en appeler à mon bon cœur, me faisant valoir de façon très réaliste que Louisa ne pourra jamais s'en sortir seule dans la vraie vie et qu'au final, ce sont ses enfants qui en pâtiront. Apparemment, il lui faut vivre quelque part où elle aura le soutien de sa famille. Et vu que même avec l'argent de l'appli (avec MON argent de MON appli), l'achat, voire la location d'une maison ici serait impossible, le mieux c'est encore qu'elle s'installe près de Michael et Sylvia, dans une région où tout est bien meilleur marché. J'entends très bien le côté rationnel de l'argument, mais hélas, il semblerait que je n'aie pas de cœur – le cœur, ce sont les gens qui possèdent un cottage qui en ont ! Des gens à qui on n'a pas VOLÉ LEUR RÊVE !

En fin de compte, saoulée par ces foutus Russell et leur odieux harcèlement, j'ai invité ma sœur à déjeuner, histoire de profiter d'un peu de solidarité familiale (Sam et Hannah étaient tous les deux partis en vacances).

Je lui ai déballé toute l'affaire au-dessus d'une salade hors de prix. Jessica sirotait *un* verre de blanc, de manière fort convenable, tandis que je m'abandonnais sans retenue à la bouteille. J'ai conclu par un :

— Non, mais tu te rends compte ? Ils marchent tous sur la tête ! C'est PAS JUSTE ! De quel droit ils exigent ça de moi ?

Et je me suis renversée contre le dossier de ma chaise afin de laisser l'indignation de ma sœur mettre du baume à mon âme meurtrie.

— En effet, Ellen, je suis comme toi, je trouve tout ça injuste… Cependant, je crois que tu devrais leur donner cet argent.

— QUOI ?

M'étant avachie sur mon siège en attendant la validation de Jessica, je me suis redressée d'un bond.

— Et pourquoi devrais-je leur donner cet argent ?

— Eh bien, tout d'abord, tu ne le leur *donnerais* pas, n'est-ce pas ? Tu investirais dans une propriété qui serait occupée par Louisa.

— DÉTAIL ! C'est un détail ! Louisa me vole mon rêve ! C'est à elle que Pascal se confiera à propos de Marie-Claire, pas à moi !

— Hein ? C'est qui, Pascal et Marie-Claire ? Ellen, tu tiens des propos sans queue ni tête, a-t-elle dit en mettant la bouteille de vin hors de ma portée. Le principal, c'est que l'argent resterait à ton nom, simplement sous une autre forme. Et puis, c'est la seule chose à faire.

— Non, ce n'est pas vrai, ai-je marmonné, boudeuse.

— Bien sûr que si, m'a réprimandée Jessica d'un ton grave. Louisa est la sœur de Simon. Moi, je te le donnerais, cet argent, si tu en avais besoin.

— Toi ? Jamais de la vie !

— Bien sûr que si, parce que tu es ma sœur.

— Tu ne me supportes pas !

— Ce n'est pas la question. Et puis il ne s'agit pas de toi et de moi.

— Non mais, tu pourrais au moins faire semblant de me supporter ! Tu aurais dû me répondre : « Bien sûr que si, Ellen, je t'aime bien, tu sais, je t'aime même tout court. » Même si tu ne me supportes pas ! Ce qui est la vérité.

— Ellen, pour quelqu'un qui vient de passer trois quarts d'heure à m'expliquer que Louisa était une gamine capricieuse, tu te conduis comme elle. Si tu ne viens pas en aide à Louisa, que va-t-elle devenir ? Et surtout, que vont devenir ses enfants ?

— M'en fous.

— Ellen ! Tu es exaspérante. Sois un peu adulte !

— Pas question.

— Je vais te le dire, moi, ce qu'elle va devenir. Louisa va finir allocataire dans un logement social, sans doute à des kilomètres de ses amis et sans aucun soutien familial. Avec ses enfants et sans aide extérieure, elle ne pourra pas honorer ses contrats en free-lance. Du coup, quand son dernier bébé sera scolarisé, on la mettra dans une voie de garage, un job qui lui permettra à peine de nourrir ses enfants. Ils auront tous une vie misérable. Oui, c'est vrai, Louisa est une incapable, doublée d'une irresponsable qui n'aurait jamais dû avoir autant d'enfants sans se préoccuper de savoir comment elle allait subvenir à leurs besoins. Mais le fait est qu'elle les a eus, ces enfants, et que maintenant on doit s'en occuper. Et d'après toi, que va penser Simon, si tu condamnes sa sœur et ses neveux et nièces à ce genre d'existence ?

J'avais très envie de me boucher les oreilles en chantonnant : « Lalalalala, je n'entends rien, je n'entends rien ! » Satanée Jessica ! Pourquoi faut-il toujours qu'elle adopte cette espèce de droiture sur tout ? C'est ma sœur, quand même ! Elle était censée être de mon côté ! C'était vraiment trop injuste. En plus, elle refusait de me rendre la bouteille de vin.

Au comble de l'indignation, j'ai continué à fulminer dans le train du retour, ce qui m'a valu quelques regards bizarres, mais au moins, personne n'a tenté d'engager la conversation avec moi, c'est déjà ça. En temps normal, il semblerait que j'aie le genre de tête qui indique aux autres : « Mais oui, je vous en prie, venez vous asseoir à côté de moi et racontez-moi votre vie/posez-moi des questions indiscrètes/envahissez mon espace vital. »

Vendredi 12 août

Demain, Michael et Sylvia rentrent en France avec Louisa et ses enfants. Gunnar a été envoyé à la casse. À la place, ils lui ont acheté un vieux monospace avec volant à gauche. Je me refuse toujours à lâcher mon argent et tout le monde me déteste.

Après une énième horrible dispute avec Simon, j'ai à nouveau quitté la maison, incapable de supporter plus longtemps les regards pleins de rancœur et les silences lourds de sous-entendus. C'était vraiment trop injuste que tout le monde m'en veuille alors que ce fiasco était entièrement le fait de Louisa et de ses choix de vie calamiteux. Moi, tout ce que je voulais, c'était un cottage comme sur Pinterest ou une oliveraie peuplée de vieux domestiques. Ce n'était pas trop demander, si ?

La mort dans l'âme, je me suis rendue chez Hannah en bus. C'est Charlie qui m'a ouvert. Un seul regard à mon visage maculé de larmes lui a suffi.

— Mon Dieu ! Qu'est-ce qui t'arrive, Ellen ?

Aidée par plusieurs verres de vin XXL, je leur ai raconté mon histoire avec force reniflements et sanglots. Hannah, pendant ce temps, me tapotait la main en me murmurant enfin les paroles de sympathie que j'avais tellement envie d'entendre. C'est pour ça qu'Hannah est ma meilleure amie. Il y a très longtemps, on a conclu un pacte toutes les deux : quoi qui se passe, on se soutiendrait toujours. C'était elle et moi contre le monde entier. J'ai fini de déballer mon histoire dégoulinante de morve et j'ai attendu, heureuse, le tollé de juste indignation que ma propre sœur m'avait refusé.

Charlie et Hannah ont échangé un regard. Et mon tollé d'indignation ? Où était-il ? Charlie a poussé un gros soupir.

— Ellen, ce n'est pas toi, ça.

— Mais si ! C'est tout à fait moi. C'est MON argent.

Hannah est intervenue :

— Oui, bien sûr que c'est ton argent. Mais cette mesquinerie, ça ne te ressemble pas. Pas du tout.

— Mais enfin, Hannah ! À toi, je le donnerais, cet argent, à la seconde ! Louisa, je ne l'aime pas.

— Mais ça n'est pas vraiment le problème, si ? a dit Charlie. Le problème, c'est que Louisa est la sœur de Simon et que c'est la seule chose à faire.

— C'est vrai, Ellen, a renchéri Hannah. Et tu le sais très bien.

— Enfin, Hannah ! Tu es censée être de MON côté ! ai-je chouiné. Toi et moi contre le monde entier, alors, ça ne compte plus ?

— Mais justement, je suis de ton côté, Ellen ! J'essaie de t'empêcher de commettre une énorme erreur qui va te coûter ton mariage.

— Considère les choses sous un autre angle, m'a suggéré Charlie. Tu te sentiras comment dans ton joli cottage à Wells-

Next-the-Sea (à ce propos, pourquoi là-bas ? Tu as l'air de faire une fixette sur cet endroit), en sachant que Louisa et les cousins de tes enfants vivent dans un meublé sombre et humide au papier peint qui se décolle ?

— Je me sentirai très bien. Voire contente de moi. Et j'ai cherché Wells-Next-the-Sea sur Google. Ça a l'air très mignon. Rien que des plages et des salons de thé. En plus, c'est moins cher que la Cornouaille. Et moins loin.

— Non, ce n'est pas vrai, a répliqué Charlie. Tu te sentirais comme une merde et au fond de toi, tu le sais très bien. Alors, fais ce qu'il faut.

Oh, bordel de bitacouilles !

J'ai repris le bus. D'un pas martial, je suis rentrée à la maison en faisant violemment claquer la porte (puisqu'il fallait en passer par là, j'entendais bien me la jouer avec un max d'effets dramatiques).

Simon était scotché à sa connerie d'*Occasions à saisir*. Louisa et les enfants s'étaient installés chez Michael et Sylvia quelques jours auparavant – à l'hôtel, « les pieds sous la table ».

— TRÈS BIEN ! ai-je crié. Ils l'auront, cet argent !

Simon a bondi du canapé.

— Tu es sérieuse ?

— Oui, ai-je grommelé avec rancœur, incapable de croire à mes propres paroles.

Simon me serrait dans ses bras en m'embrassant, en me répétant que j'étais une femme formidable, merveilleuse et qu'il m'adorait. C'était bien agréable, à défaut de cottage. Ensuite, il a téléphoné à son père qui a convenu avec lui que, décidément, j'étais vraiment une femme exceptionnelle. Ça m'a fait réfléchir… Et si ça n'était pas la décision la plus stupide que j'aie prise de ma vie, finalement ?

Quelques minutes et quelques verres de vin plus tard, Simon m'a montré la future maison de Louisa sur son ordinateur. Jusque-là, je n'avais pas voulu la voir, refusant d'être brutalement confrontée à la preuve concrète du rêve qu'on m'avait volé. C'était un petit pavillon de style moderne, plutôt moche, à l'intérieur sombre et minable, bien loin de pouvoir rivaliser avec ma belle maison à moi. Je dois vraiment avoir une mentalité pourrie, car ce détail m'a considérablement rassérénée.

— Mais… et les oliviers, ils sont où ? me suis-je écriée. Où va errer Pascal en pleurant Marie-Claire, son amour perdu ?

— Je pense que tu as un peu trop bu, ma chérie, m'a dit Simon en me soutenant jusqu'au lit.

Jeudi 25 août

On est en Cornouaille, région très classe moyenne. Les enfants ont fait les fous sur la plage (comprendre : se sont réciproquement projeté du sable du bout des orteils, puis ont piqué une crise parce que quelqu'un avait marché sur leur château) et ils ont joué à s'éclabousser entre les rochers (comprendre : ont tenté de se noyer l'un l'autre). On a fait un max de pique-niques et en vrai, si jamais je revois un œuf dur ou un sandwich au poulet, je vais vomir. Peter et Jane ont pris l'habitude de se lancer les œufs durs, autrement dit c'est le chien qui les engloutit tous. Un chien qui vomit des œufs durs ne correspond pas à l'idéal de la classe moyenne.

Je continue de coller mon nez à la vitrine de toutes les agences immobilières, soupirant après mon beau rêve envolé, mais je sais que j'ai fait ce qu'il fallait, quoi qu'il m'en ait coûté, et ce, dans tous les sens du terme. Peu après son arrivée en France, Coventina m'a envoyé une lettre dans laquelle elle me remerciait pour la nouvelle vie et la nouvelle maison que je leur offrais, à elle et à sa famille. Ça a légèrement atténué ma rancœur. Chaque fois que je repère en vitrine le « Cottage Chèvrefeuille » de mes rêves, je repense à cette lettre et ma bile reflue un peu.

Ce soir, Peter et Jane sont allés se coucher. Je tentais en vain d'ôter le sable des combinaisons de plongée, tout en guettant d'éventuels signes de vomissement du côté du chien et en marmonnant une fois de plus « VDM » toute seule, lorsque Simon m'a enlacée par-derrière.

— Je t'aime, Ellen. Et je ne te le dis pas assez.

— Non, en effet. Tu es encore très loin du compte.

— Et je vais veiller à ce que tu saches à quel point tu es essentielle à mes yeux.

— Ah, voilà qui me plaît… Tu pourrais me le prouver en m'offrant des choses qui brillent. J'aime les choses qui brillent.

— C'est dans mes moyens, ma petite pie chérie. Je pensais justement que tu aimerais peut-être que je te fasse un petit cadeau pour ton anniversaire, le mois prochain ?

— J'essaie de ne pas y penser. Je ne veux pas avoir quarante ans. Je vais faire comme si de rien n'était !

— Ah. Tu ne veux pas aller à Paris, donc ?

— Bien sûr que je veux aller à Paris ! Mais… et les enfants ? Ils ne sont pas très parisiens.

— Tout est arrangé ! a répliqué Simon d'un air suffisant. Sam et Hannah en prendront un chacun. Et nous, nous passerons un week-end très romantique dans la Ville des amoureux. Romantique et œnologique.

— On ira dans des clubs de jazz ?

— Tu détestes le jazz. Si tu veux, oui, on peut aller dans un club de jazz… Mais à chaque fois, tu te plains de ne pas aimer cette musique.

— Alors, on ira s'asseoir à la terrasse d'un bar de Montmartre et on regardera la terre tourner sans nous, pendant que tu me murmureras des mots doux à l'oreille ?

— Montmartre… C'est très fréquenté, non ? Il va y avoir des tas de gens et…

— SIMON !

— D'accord, on ira s'asseoir à la terrasse d'un bar de Montmartre et je te murmurerai des mots doux à l'oreille, même s'il y a peu de chance que tu puisses les entendre au milieu de *tous ces gens* !

— D'accord, ai-je dit. Moi aussi, je t'aime.

Il semblerait, en fin de compte, qu'avoir quarante ans soit moins terrible que ce que je craignais.

Nous ne sommes plus fauchés, ce qui est une des choses les plus agréables à dire.

Ma belle-mère n'a plus les moyens de distiller ses piques à mon endroit (même si, j'en suis sûre, elle va continuer à essayer) puisque je suis devenue la bienfaitrice-de-la-famille – et aussi parce qu'on s'est pas mal rapprochées, elle et moi, lors de notre soirée gin.

Devant le portail de l'école, je n'oscille plus entre haine et terreur vis-à-vis des autres mères. J'ai découvert qu'en fait, elles sont humaines, comme moi. Cependant, je continue de résister de toutes mes forces aux efforts de Fiona Montague pour me faire intégrer son club de lecture. Apparemment, elle oblige tout le monde à lire des bouquins horriblement intellos, puis elle télécharge des critiques sur internet et s'en attribue la paternité, histoire d'avoir l'air plus intelligente que tout le monde.

Je ne me suis pas fait un, ni deux, mais trois merveilleux amis : Charlie, Katie et Sam. Et je me rengorge légèrement, car c'est grâce à moi que Hannah et Charlie se sont mis ensemble. Du coup, si jamais ça se finit par un mariage, je suis presque certaine d'en être l'invitée d'honneur. Par ailleurs, l'avantage avec Kate, c'est que je n'ai qu'à traverser la rue pour picoler avec une âme sœur.

Enfin, cerise sur le gâteau, je n'ai plus du tout envie d'aller dans des clubs de jazz enfumés avec des hommes peu recommandables qui me murmurent des mots doux à l'oreille. Il s'avère qu'un seul homme suffit à mon bonheur. Un homme tout à fait convenable, qui grommelle sans arrêt qu'il y a *trop de gens* et qu'il a *trop chaud.*

Mes quarante ans vont très bien se passer, je crois. J'ai même l'espoir de parvenir un jour à inculquer un minimum de bonnes manières à Peter et à Jane. J'aimerais qu'ils cessent de vouloir s'entre-tuer. On a bien le droit de rêver !

REMERCIEMENTS

Avant, quand j'arrivais aux pages de remerciements à la fin d'un roman, je m'étonnais toujours qu'il faille autant de gens pour aider quelqu'un à écrire un livre. Après tout, une telle entreprise ne nécessitait qu'un auteur, un éditeur, un correcteur et peut-être une dactylo, si on ne savait pas se servir d'un clavier. Et puis, j'ai écrit un livre et j'ai découvert toutes les personnes dont on a besoin de s'entourer pour mener à bien son aventure. Du coup, je ne citerai que quelques-unes des nombreuses, très nombreuses personnes qui méritent toutes mes remerciements pour leur aide !

Tout d'abord, mille mercis à toute la formidable équipe d'HarperCollins pour m'avoir offert cette extraordinaire opportunité, et plus particulièrement à Grace Cheetham, Polly Osborn et Katie Moss, qui ont fait preuve d'une infinie patience face à mes innombrables mails remplis de questions idiotes.

Également un immense merci à mon fantastique agent Paul Baker de chez Headway Talent, autre personne dotée d'une patience à toute épreuve.

Un merci tout particulier à mon adorable amie Donna Pilcher pour son aide, ses conseils et plus généralement pour sa présence apaisante. Il me faut aussi remercier toutes mes Chèèèries (vous vous reconnaîtrez) qui m'ont soutenue, encouragée et qui m'ont donné la force d'y croire.

À ma bande du French Institute Alliance Française – Tanya, Mairi et Eileen –, merci de m'avoir empêchée de devenir folle.

Jim Peters mérite lui aussi un immense merci pour sa patience, ses talents de photographe et ses nombreuses anecdotes.

Helen et Martin : merci de m'avoir confié Judgy Dog. Et Judgy Dog, merci de m'avoir réchauffé les pieds pendant que j'écrivais.

Mes merveilleux beaux-parents méritent également d'immenses mercis pour avoir gardé les enfants au débotté et fourni des repas chauds en urgence tout au long de l'écriture de ce livre, mais aussi pour avoir toujours répondu présent et être venus à ma rescousse à chacune de mes diverses crises.

Et surtout, bien sûr, merci à mon grand-allumé-du-gadget à moi et à mes loupiots-chéris – merci pour toutes les tasses de thé, pour tous les verres de vin et merci de m'avoir supportée tout au long de cette période.

La dernière, mais non la moindre : merci à Claire Scott d'avoir amorcé cette grande aventure à partir d'une simple remarque en l'air.

Achevé d'imprimer en octobre 2018
sur les presses de la Nouvelle Imprimerie Laballery
58500 Clamecy
Dépôt légal : novembre 2018
N° d'impression : 810280

Imprimé en France

La Nouvelle Imprimerie Laballery est titulaire de la marque Imprim'Vert®